Werner Böhm · Ross und Reiter

Documenta Hippologica

Darstellungen und Quellen zur Geschichte des Pferdes

Begründet von
Oberst H. Handler, Oberst W. Seunig,
Dr. W. Uppenborn, Dr. G. Wenzler

Herausgegeben von
Brigadier Kurt Albrecht, Spanische Reitschule,
General P. Durand, Cadre Noir,
H. J. Köhler, Prof. Dr. E.-H. Lochmann,
E. v. Neindorff, Dr. B. Schirg

1996
Olms Presse
Hildesheim · Zürich · New York

Werner Böhm

Ross und Reiter
in der Kulturgeschichte

1996
Olms Presse
Hildesheim · Zürich · New York

Die Deutsche Bibliothek – CIP-Einheitsaufnahme

Böhm, Werner:
Ross und Reiter in der Kulturgeschichte / Werner Böhm. -
1. Aufl. - Hildesheim ; Zürich ; New York : Olms, 1996
  (Documenta Hippologica)
  ISBN 3-487-08373-6

© Georg Olms Verlag, Hildesheim 1996
Alle Rechte vorbehalten
Printed in Hungary
Gedruckt auf säurefreiem und alterungsbeständigem Papier
ISBN 3-487-08373-6
ISSN 0175-9108

Inhalt

Vorwort

Arabischer Sage nach soll das erste Pferd erschienen sein, als Adam bei seinem Erwachen nieste.

Wollte man dieser Sage Glauben schenken, so müßte sich dieser Vorgang vor etwa 55 Millionen Jahren auf dem amerikanischen Kontinent abgespielt haben, als der Urvorfahr aller Nashörner, Tapire und Pferde sich anschickte, ganz Amerika in Besitz zu nehmen. Über 50 Millionen Jahre vergingen, bis sich aus diesem, Eohippus genannten, nur etwa 40 cm hohen und dachsähnlichen Unpaarhufer die unter dem Sammelbegriff "Equiden" zusammengefaßten Einhuferarten entwickelten, zu denen alle Zebras und Esel sowie die eurasischen Wildpferde und deren Nachkommen zählen. Ungeklärt ist, warum diese Tiere vor rund 8.000 Jahren in Amerika ausstarben, sich aber, über die damals noch feste Behring-Landbrücke eingewandert, in Asien, Europa und Afrika bestens behaupten konnten.

Ursprünglich diente das Pferd dem Steinzeitmenschen nur als Fleischlieferant. Man fing die Tiere entweder in Fallen oder brachte sie durch künstlich entfachtes Feuer derart in Panik, bis sie blindlings ihrem Leithengst folgend, in einen Abgrund stürzten. So sind bei Solutré (Frankreich) in einer Schlucht Tausende von Pferdeskeletten gefunden worden, die Zeugnis für die vormaligen Jagdmethoden ablegen. Die erste Kunde von gezähmten Pferden kommt aus den weiten Steppengebieten zwischen dem Kaspischen Meer und dem Balschasch-See östlich des Altai-Gebirges. Das dort lebende Volk indo-europäischer Sprache erkannte bereits um 3000 v. Chr. die Zug- und Tragkraft dieser Tiere und war zäh darum bemüht, diese besonderen Qualitäten durch ständige Zuchtauswahl zu verbessern. Für die Kulturvölker zwischen Euphrat und Tigris war das Pferd aber immer noch ein so unbekanntes Tier, daß man es schlicht als "Esel des östlichen Berglandes" oder als "Esel mit dem wehenden Schweif" bezeichnete. Selbst der berühmte babylonische König und Gesetzgeber Hammurabi (1728-1686 v. Chr.) wußte über die Pferde nichts zu sagen, obwohl er z. B. das genaue Honorar, das ein Tierarzt für die erfolgreiche Behandlung eines Ochsen oder Esels fordern durfte, ebenso ausführlich festlegte wie die Höhe der

Strafe, die der Tierarzt zu bezahlen hatte, wenn der Patient die Behandlung nicht überlebte. Über Jahrhunderte hinweg blieb es bei mehr oder weniger flüchtigen und friedlichen Begegnungen zwischen dem Nomadenvolk im Norden und den Kulturvölkern im Süden. Als aber dieses rastlose Volk nicht nur das Sielengeschirr und das Speichenrad, sondern zudem auch den leichtgebauten Streitwagen erfunden hatte, änderte sich um 1600 v. Chr. die Lage radikal. In immer neuen Wellen überfluteten die Streitwagenkrieger verheerend die alten Reiche im Osten, Süden und Westen, und binnen kurzer Zeit wurden aus einfachen Stammesfürsten machtvolle Herrscher der unterjochten Kulturen. So entstanden die Reiche der Assyrer, Hethiter und Thraker sowie die des indischen Subkontinents.

Deren Nachbarn setzten verständlicherweise alles daran, sich mit ebensolchen Pferden und Streitwagen auszurüsten, wobei sich in der Zucht eines größeren und leistungsfähigeren Pferdes insbesondere die arischen Meder, Mitanni und Baktrier hervortaten. Wo immer sattes Weideland vorhanden war, wurden Gestüte gegründet, die angesichts des steigenden Bedarfs an Militärpferden reiche Profite einbrachten. Von allen Seiten her schielte man neidisch und begierig auf das Zuchtprodukt, das man mit einigem Recht als Proto-Turkmenen bezeichnen könnte. Dieses Pferd beschreibt der römische Dichter Oppian im Anfang des 3. Jh. n. Chr. wie folgt:

> "Die Pferde von Nisäa in Medien sind die allerschönsten, nur mächtiger Herrscher würdige Pferde. Sie sind herrlich, bewegen sich schnell unter dem Reiter, gehorchen willig dem Zaum, hoch und stolz tragen sie ihren schafsnasigen Kopf und prächtig flattert ihre goldene Mähne."

Um die Preise für diese edlen Pferde hochzuhalten, wurde ein allgemeines Ausfuhrverbot erlassen, das jedoch vielfach umgangen wurde. Viele dieser Tiere gelangten auf verschlungenen Wegen nach Nordafrika, von dort nach Griechenland und somit nach Europa.

Von nun an wurde ein Kapitel geschrieben, das wir historisch unter den Begriff "Alte Geschichte Europas" fassen.

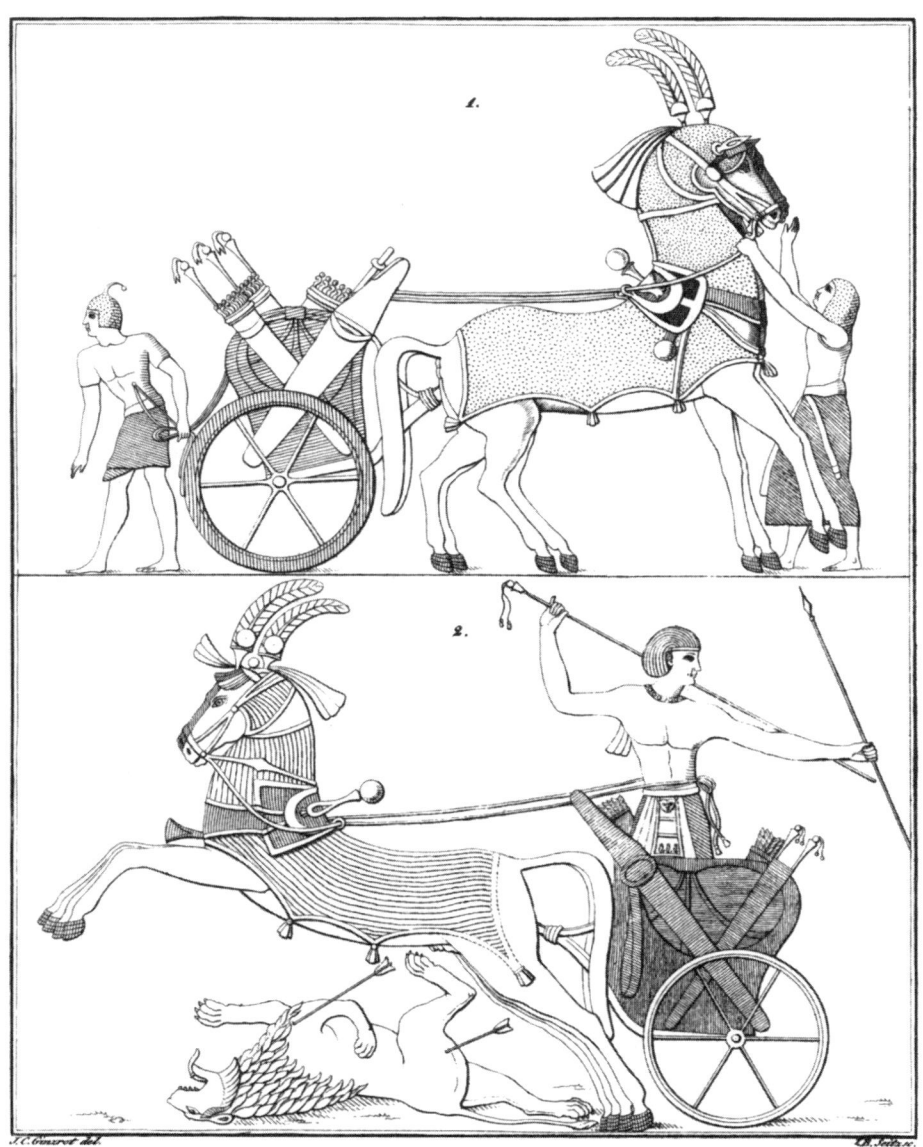

Aus J.C. Ginzrot, Die Wagen und Fahrwerke der Griechen und Römer

9

Recht und Gesetz

Ihrem hohen Wert entsprechend genossen Roß und Reiter seit alters her bei allen Völkern besonderen Schutz im Privat- und Strafrecht.

Bei den Germanen beschützte der heitere Sonnengott Fro die Reisenden. Dieser Gott gestattete z. B. dem Fußreisenden, irgendein beliebiges Pferd von den anliegenden Wiesen einzufangen und zu benutzen, wenn er die Furt eines Flusses überschreiten wollte. Aber der Reisende mußte wieder absteigen, ehe die Hufe des Pferdes den jenseitigen Uferboden berührten - und wehe dem, der das Tier zur Weiterreise entwendete!

Eine der ältesten Bestimmungen gehört dem alemannischen Recht an und betrifft den Notgebrauch fremden Futters.

> "Er lat auch sin pfärde treten mit den vorderen fueszen in daz korn und lat ez ezzen, und er soll des fuoters nit von dannen fueren."

Geradeso heißt es im altnordischen Frostedingsgesetz:

> "Fährt ein Mann seinen Weg zu Pferd und steht Heu nächst dem Weg, so mag er so viel nehmen, als sein Pferd zum Futter braucht; führt er aber etwas davon mit sich fort, so ist er ein Dieb."

Aus diesen altertümlichen Bestimmungen hat sich bis in das 17. Jh. hinein das bekannte "Reiterrecht" erhalten, wonach jeder Reiter, der zur Futterzeit nicht rechtzeitig heimkehren konnte, von der Straße abbiegen und sich vom Felde so viel Futter holen durfte, wie er brauchte. - Heutzutage würde man das allerdings als Felddiebstahl ansehen!

Noch anderen Schutz gewährten die Götter den Pferden und Reisenden. - So war es altnordischer Brauch, daß ein Reiter, der auf freiem Feld abgesattelt und sich "somit Herberge geschaffen hatte", als "zu Hause" betrachtet wurde, so daß ein Angriff auf ihn genau so bestraft wurde, als wäre er auf eigenem Grund und Boden angefallen worden. - Solches

Asylrecht war um so notwendiger, weil ursprünglich der Fremde als vogelfrei gegolten hatte, so z. B. auch in Wales, wo Aussätzige, Irrsinnige und Fremdlinge bis dahin ungestraft getötet werden konnten. Waliser Recht bestimmte aber auch, daß ein freier Mann, der Schulden halber gepfändet werden sollte, nicht seines Schwertes, seiner Harfe und seines Rosses beraubt werden durfte. Dieses Recht setzte auch eine Sühnegeld-Skala für Verletzungen fest, die ein geliehenes Pferd erlitten hatte: - fourpence für eine kleine wundgerittene Stelle; eightpence, wenn "die Haut in das Fleisch gedrückt", und sixteenpence, wenn "das Fleisch auf den Knochen gekommen" war.

Schon in allerfrühester Zeit lassen sich Gesetze zum Schutze des Käufers beim Erwerb von Pferden nachweisen.

Die Angelsachsen kannten beispielsweise eine Gewährfrist: Innerhalb von 30 Tagen konnte ein Kauf rückgängig gemacht werden; bei anderen Stämmen galt nur eine Frist von 3 Tagen für gewisse Hauptmängel wie "stetig", "spadig", "starblind" und "unrechtes anfanges", d. h. gestohlen. Im letzteren Fall verlangte das Gesetz sowohl in Skandinavien als auch in Deutschland und England, daß ein als Eigentum beanspruchtes Pferd in ganz bestimmter Weise von dem Antragsteller berührt werden mußte. - So verordnete noch das Hildesheimer und Magdeburger Rechtsbuch:

> "He sall mit sine rechtem voze deme pferde treten uffe den linken voz vorne und sall mit siner linken hand dem pferde grifen an sin rechte ohre!"

Ließ sich das Pferd diese Behandlung anstandslos gefallen, so wurde es dem Antragsteller zugesprochen.

Wem ein Pferd zugelaufen oder anvertraut war, mußte für den Fall, daß das Tier verstarb, dessen Haut und Haupt aufbewahren, um sie auf Verlangen dem Eigentümer vorweisen zu können. War ihm das nicht möglich, so galt er als Dieb.

Bei den Chatten, den "blinden Hessen", wurden blinde Pferde verwendet, um neue Grenzen abzulaufen, deren Richtung streitig war; und in westfälischen Orten wurde die Ausdehnung des Thingplatzes durch ein trabendes Pferd bestimmt.

In beiden Fällen waren es Grenzfestsetzungen, die sich aus der uralten Erwerbsform durch "Circuation" herleiten. - Bereits die germanischen Fürsten umritten ihr Land nach der Schilderhebung oder Krönung, und nahmen es so rechtlich und formal in Besitz. - Auch Schenkungen wurden auf diese Weise rechtswirksam vollzogen. - So schenkte König Chlodwig dem hl. Remigius so viel Land, wie dieser während des Mittagsschlafs des Königs umreiten konnte. - Waldemar der Däne versprach 1205 dem hl. Andreas den Grund und Boden, den dieser auf einem Pony zu umreiten vermochte, während der König badete. Und der Heilige ritt so scharf, daß die Hofleute bestürzt zum König eilten und ihn baten, das Bad zu verlassen, damit ihm nicht das ganze Land umritten werde.

Ein weiterer wichtiger Rechtsbrauch knüpfte sich an den sogenannten "Rittersprung" oder "Vorritt":

Bereits im alemannischen Gesetz wurde die Handlungsfähigkeit eines Herzogs danach bemessen, ob er ohne fremde Hilfe ein Roß besteigen konnte, und diese Form, die volle persönliche Zurechnungsfähigkeit unter Beweis zu stellen, erhielt sich das ganze Mittelalter hindurch. - Urkunden erwähnen in der Regel, daß der Verfügende gehandelt habe, "dieweil er noch jung und so gesund war, dasz er in seinem kurisz von der erden auf ein hengstmäszig Pferd sitzen und sich in dieser Stellung dem Landvogt erzeigen mag".

Hatte der adelige Besitzer eines Mannlehntums keine männlichen Erben, so durfte er ohne weitere Erlaubnis des Landesherren sein Gut veräußern, sobald er seine "unzweifelhafte Dispositionsfähigkeit" dadurch bewies, daß er in vollem Harnisch ohne fremde Hilfe und ohne die Steigbügel zu berühren "in daz gereite sprang".

Die Verordnung des Sachsenspiegels war milder. - Sie verlangte nur, daß der Vererbende noch vermochte, mit Schwert und Schild auf ein Roß zu kommen, "von einem Stein oder Stock, einer Daumenellen hoch, also doch, dasz man ihm Roß und Stegreif halte".

Der Vorritt wurde stets mit großer Feierlichkeit bei Trompetenschall vollzogen, - letztmalig 1778 in Sachsen.

Bis zur Frankenzeit hin schworen unsere Altvorderen "bei Schwert und Rosseshaupt" oder auch bei "Rossesbug". Manchmal legte der Edle beim Aussprechen der Eidesformel die rechte Hand an den Steigbügel seines Pferdes, so wie wir heute auf die Bibel schwören.

Die Reihe der privatrechtlichen Bestimmungen ließe sich noch lange fortsetzen, doch wenden wir uns nun Roß und Reiter im Strafrecht zu:

Bei den Mongolen wurden Pferde so hoch wie Menschen eingeschätzt, manchmal sogar noch höher. - Von einem Pferdedieb wurde verlangt, neun Pferde für ein gestohlenes zu erstatten oder an ihrer Stelle seine eigenen Kinder herzugeben, anderenfalls er sein Leben verwirkt hatte.

Nach altdeutschem Recht wurde der Pferdediebstahl von jeher mit dem Tode am Galgen bestraft. - Das fränkische Recht sah die Sache etwas differenzierter: Wer ein Pferd raubte, wurde ebenso bestraft, als wenn er einen Knecht geraubt hätte, d. h. er konnte sich durch Zahlung einer Geldbuße von einer "peinlichen" Bestrafung loskaufen. - Tötete aber jemand das Pferd eines freien Herren, so wurde das mit der Tötung seines Reiters gleichgesetzt, und der Angreifer mußte am Galgen baumeln. - Diese auffallende Bestimmung der lex alam. ist sogar in das schwäbische Landrecht übergegangen, wo es heißt:

> "Sitzet ein man uf sinem rosse und will riten an sin geschefte, ein ander man ritet gegen ihn und ziuhet sin swert uz und will ihn slahen und triffet daz roz, daz es stirbet, - nach künig Karles reht soll er ihm buzen, als ob er ihn selber troffen het."

Trotz ihres verwerflichen Tuns erfreuten sich die Pferdediebe bei den einfachen Leuten oft einer gewissen Popularität, so wie das Volk allezeit mit Wilddieben und "edlen Räubern" sympathisierte, deren Taten ihm als "anständige" Straftaten erschienen.

Selbst die sonst so erbarmungslose Justitia scheint zuweilen Anwandlungen jener volkstümlichen Sympathien gehabt zu haben: Noch bis 1848 mußten sich in Raab (Ungarn) die potentiellen Pferdediebe beim hochwohllöblichen Magistrat melden und erhielten dafür die Erlaubnis zum Aufenthalt während der Marktzeit und somit beinahe auch zum Stehlen. Vor Beginn des Marktes wurde dann unter Trommelschlag bekannt gemacht, daß so und so viele Diebe auf dem Markt anwesend seien, und man sich daher hüten solle. - Der ertappte Dieb kam freilich, auch wenn er sich gemeldet hatte, nicht glimpflicher davon als ein unangemeldeter; aber die bloße Absicht und das gewerbsmäßige Betreiben an sich galten damals noch nicht für strafbar.

Ähnlichen Geist atmet der Bericht des Bartholomeus Sastrow, Gesandter der pommerschen Herzöge bei Kaiser Karl V.:

> "Es soll im Kriege gewöhnlich sein und ungestraft, daß ein Kamerad dem andren das Pferd stiehlt, und der Prozess ist folgender: - Wenn einem eines anderen Pferd gefällt, erkauft er mit 6 bis 7 Thalern einen erfahrenen Reiterknaben, daß er ihm das Pferd in die Hand liefere. Darauf schickt er es 5 bis 6 Wochen von dannen, damit es ein wenig vergessen werde, verändert Schwanz, Mähne und Zopf, und läßt es sich dann wieder in das Lager bringen."

Wie außerordentlich naiv der Pferdediebstahl gerade zur Reformationszeit in Deutschland betrieben wurde, wird ebenfalls von Sastrow verdeutlicht:

> "Am Morgen wollte ich meinen Hengst satteln, da war er mir nachts gestohlen. Ich nahm wiederum den nächsten, so ich greifen konnte, putzte ihn, legte den Sattel drauf und ritt meine Straße."

Derselbe Autor berichtet noch von einem Vorfall, der durch seine tragischen Folgen bemerkenswert ist:

Ein deutscher Edelmann ließ sich 1547 im Lager vor Halle a. d. Saale einen spanischen Hengst stehlen. Das Pferd wurde wiedererkannt und zurückgefordert, doch das sonst so gewöhnliche Ereignis gab Anlaß zu einem sehr heftigen Streit zwischen Deutschen und Spaniern, wobei jene 18, diese aber 70 Tote hatten, und selbst Erzherzog Max bei den Vermittlungsversuchen verwundet wurde.

In England glaubte man zu der gleichen Zeit, den Pferdediebstahl durch besondere Maßnahmen eindämmen zu können, indem man ihn mit den Strafen des Kirchenräubers und Mörders bedrohte. Der Erfolg jedoch war mehr als kläglich.

Gestohlene Pferde wiederzuerlangen, ist schwierig, und deshalb griff das Volk, wie bei allen Übeln, die nicht leicht zu heilen sind, zu dem Wundermittel der Beschwörung.

Zu Sensburg in Preußen kehrte man, sobald der Diebstahl bemerkt war, einen Tisch derart um, daß die Füße aufwärts gerichtet waren. War der Dieb noch nicht über der Grenze, so glaubte man, daß er gebannt sei und das Pferd wieder zurückbringe.

In Westfalen nahm man stattdessen drei ungebrauchte Hufnägel, schmierte sie mit "Armesünderfett" ein und schlug sie vor Sonnenuntergang unter Hersagung eines Bannspruchs in einen Birnbaum.

Wenn nichts mehr half, blieb nur noch die Erkenntnis des Altenburgischen Sprichwortes:

"Wenn's Pferd gestule ist, schließt mer'n Stoll zu."

Wußten Sie, daß die letzte Folterung in Deutschland am 12. März 1818 in Hannover an einem Pferdedieb vollzogen wurde? - So ganz ausgedient hatte das strenge Recht also auch in der Neuzeit nicht!

Eine besondere Variante des Pferdediebstahls war der Fohlendiebstahl, und zwar nicht in diesem Sinne, daß schon vorhandene Fohlen gestohlen wurden, sondern vielmehr die Erzeugung derselben. Denn da der Sprung edler Hengste schon immer sein Geld kostete, legten es die Pferdehalter zuweilen darauf an, ihre rossigen Stuten in einem unbeobachteten Moment unentgeltlich decken zu lassen. Namentlich in einer

Zeit, wo alle Welt nur mit Pferden reiste, fand sich hierzu so manche Gelegenheit. Dabei kam es denn auch wohl vor, daß sich die Tiere in den Ställen auch ohne Absicht ihrer Herren nach eigener Wahl begatteten.

So erzählt Prizelius 1777 von "gelten Stuten":

> "Von ungefähr kommen sie in die Ställe, wo sich Hengste von Fuhrleuten aufhalten, welche sie des nachts ohne Vorwissen der Herren mit Wirkung begatten und also deren Wünsche, wenn auch nicht in aller Absicht, erfüllen. Und nennt man dergleichen "gestohlene Füllen". Sie geraten doch am allerbesten - sind sie doch Kinder der Liebe!"

Der Übergang von diesem versöhnlichen Bild zu dem gruseligen Thema "Strafvollzug" fällt schwer.

Ein alter Rechtsbrauch war, Landfriedensbrecher an dem Zaum des eigenen Pferdes zu erhängen. - So widerfuhr es noch im 14. Jh. laut Spruch eines freien Schöffengerichts einem Herrn aus erlauchtem Harzer Grafenhause.

Nicht minder alt war eine andere Form der Strafe, das sogenannte Satteltragen, das für Freie und Edle, ja sogar für Fürsten angewendet wurde. Es bedeutete, daß der Verurteilte sich dem beleidigten Herrn gleichsam zum Reiten anbot. - Das älteste Zeugnis hierfür reicht bis in das 9. Jh. zurück.

Eine besondere Schmach für den Adel war, auf "barfüßigem" Pferd reiten zu müssen. - Namentlich in Schlesien war es noch spät üblich, straffällige Edelleute zu verurteilen, auf einem nur mit zwei oder drei Hufeisen beschlagenen Pferd zu reiten. - Auch auf die Prozeßformen wirkte dieses Handicap ein. Bis tief in das Mittelalter hinein ritten nämlich die Berufungsparteien mit Pferden, die nur vorn, nicht aber hinten beschlagen sein durften. Wahrscheinlich sollte damit bezweckt werden, die Parteien zu langsamem und vorsichtigem Reiten zu bewegen, damit sie es sich unterwegs noch einmal überlegten.

16

Oft wurden auch Todesurteile durch Pferde vollzogen. So berichtet der gotische Geschichtsschreiber Jordanes, daß Sonilda, an den Schweif eines Rosses gebunden, zu Tode geschleift wurde, eine Strafe, die Lothar von Soissons in derselben Weise im Jahre 614 an der greisen Fürstin Brunhilde vollstreckte.

Auch einige christliche Märtyrer mußten diese Todesart erdulden, wie z. B. die hl. Irene, St. Quirin und St. Hippolytus. Dieser Strafe entspricht die alte Sitte, Selbstmörder oder Verbrecher, denen man ein christliches Begräbnis versagte, an den Schweif eines Pferdes zu binden und außerhalb der Ortschaft zu einem Kreuzweg zu ziehen und dort zu verscharren.

Im Hamdirlied der Edda-Sage wird das Zertreten durch Pferde erwähnt:

> "Eure Schwester war es, Swanhild geheißen,
> die der stolze Jörmunreck von Gäulen zerstampfen ließ,
> auf offenem Wege von weißen und schwarzen,
> grauen und gangzahmen, gotischen Rossen."

Swanhilde war so schön, daß die anstürmenden edlen Pferde bewundernd stillstanden, und man mußte die junge Fürstin schon in einen Sack hüllen, um die Rosse über sie treiben zu können. Diese Todesart erinnert an des Zerbrechen der Glieder durch das Rädern, das ursprünglich wirklich durch das Überfahren mit einem Wagen ausgeführt wurde, wie denn auch für Ackerdiebe das Abpflügen des Hauptes üblich war:

> "Wer rain, stein und markung ausgrebt, den soll man in die erden graben bis an den Hals und soll dann vier Pferde, die des ackers nit gewohnt sind, an einen pflug, der da neu ist, spannen.... und so soll man ihm alslang nach dem hals ern (= pflügen) bis man ihm den hals abgeern hat."

(Herrenbreitinger Petersgericht)

Die am häufigsten gebräuchliche der hierher gehörenden Todesstrafen war jedoch das Vierteilen. - Arme und Beine des Delinquenten wurden an Pferden befestigt und diese nach verschiedenen Seiten auseinandergetrieben, bis der Körper zerrissen war. Diese entsetzliche Strafe erscheint besonders im karolingischen Zeitalter, war aber auch schon bei den Römern üblich, und bildet noch heute in manchen Kindermärchen das gerechte Ende für die Bösewichte!

Weissagende Rosse, Hufeisen und andere Glücksboten

Im 10. Kapitel seiner "Germania" berichtet Tacitus, daß es bei den norddeutschen Stämmen Sitte sei, durch Pferdeorakel die Zukunft zu erforschen. Weiße Rosse würden, von jeglicher Arbeit befreit, in heiligen Hainen gehegt, und von den Priestern und dem Gauoberhaupt geleitet, spanne man von Zeit zu Zeit die Rosse vor einen Wagen der Gottheit und deute aus ihrem Wiehern und Schnauben das Zukünftige. Mutiges Gewieher der Hengste galt als gutes Omen.

Noch im 19. Jh. orakelten die mit Napoleon nach Rußland ziehenden Reiterheere sich traurige Zukunft aus dem Verhalten ihrer Pferde, denn wenn sie früher zu Felde zogen, so hatten die Rosse gewiehert, diesmal jedoch ließen sie traurig die Köpfe hängen. Und Napoleon selbst soll geschaudert haben, als er, die Njemenbrücken zum verhängnisvollen Übergang besichtigend, plötzlich von seinem bäumenden Roß in den Ufersand geworfen wurde.

Die slawischen Wilzen hielten einen heiligen Schimmel, der nachts von der Gottheit geritten wurde. Um die Zukunft befragten sie das Pferd, indem sie es über zwei in den Boden gesteckte und gekreuzte Speere führten. Wenn die Deutung Glück verheißen sollte, so mußte es jedesmal mit dem rechten Fuß zuerst vorschreiten.

Merkwürdig und inhaltsreich ist das Märchen von "Fallada", dem Pferd jener Königstochter, die auf der Reise zum zukünftigen Gemahl gezwungen wird, ihrer bösen und gewalttätigen Kammerjungfer den Platz als fürstliche Braut abzutreten, während sie selbst zur Gänsemagd erniedrigt wird. - Fallada, der das falsche Weib zu Hofe hat tragen müssen, wird auf Geheiß der Betrügerin geköpft und sein Haupt an das Tor genagelt. Nun aber beginnt das Pferd zu reden. Wenn die echte Braut des Morgens ihre Gänse durch das Tor trieb, so seufzte sie ihm zu:

"Oh du Fallada, der du hangest!"

Und der Kopf antwortete:

"Oh Jungfer Königin, da du gangest,
wenn das deine Mutter wüßte,
ihr Herz tät ihr zerspringen!"

Durch dieses Wechselgespräch wird das Verbrechen entdeckt, und die
böse Kammerjungfer wird von zwei weißen Pferden zu Tode geschleift.

Bis tief in das Mittelalter hinein glaubte man, daß in der Weihnachts-
zeit den Pferden die Gabe der Sprache und Weissagung zuteil wird. Sie
stecken ihre Köpfe zusammen und erzählen einander, was sie während
des verflossenen Jahres erlebt und erduldet hatten und was sie für die
Zukunft erwarteten. Viele Bauern wagten nicht, in der Weihnacht die
Pferde anzuspannen, weil dieses Reden die einzige Freude sei, die Gott
den Tieren gewährt habe.

Oft schliefen die Knechte in der Heiligen Nacht unter oder gar in den
Pferdekrippen, um die Pferde zu belauschen. Die Mädchen wiederum
ritten auf Besen bis an die Stalltür und horchten. Wieherte ein Pferd, so
kam die Magd bis Johannis unter die Haube, hörte sie dagegen die laute
Blähung eines Rosses, so mußte sie im kommenden Jahr Kindtaufe
feiern, ohne einen Ehemann zu haben. Wenn die Pferde am Weih-
nachtsmorgen schwitzten, bedeutete das, daß sie bald vor einen Leichenwagen kämen, war um Mitternacht des Heiligen Abends Roßge-
wieher zu hören, so stand im Frühjahr Krieg bevor, usw. ...

Segenspendende Spuren reitender Götter waren allerorts die Roßtrappen, die vorzugsweise in der Nähe von Teufelskanzeln, Hexentanzplät-
zen, Thingstätten und Opfersteinen zu finden sind. Ableger der sagen-
umwobenen Roßtrappen sind die von Ostpreußen bis zum Rhein, von
Tirol bis nach Skandinavien als Glückszeichen angesehenen eisernen
Hufeisen, denen die Macht zugesprochen wurde, Spuk aller Art, Zau-
ber, Teufel, Blitz und Krankheit, kurzum jedes Übel abzuwehren. Man
nagelte die Hufeisen auf oder unter die Schwelle des Hauseinganges,
oder befestigte sie an Toren und Mauern, nicht zuletzt auch an Kir-
chenmauern. So ist z. B. an der Kirche des Dorfes Hausen v. d. Rhön
ein Hufeisen von ungewöhnlicher Größe eingemauert. Ein Ritter v.
Rapp (!), berichtet die Sage, hatte in einer Schlacht sein Pferd verloren,
und da er mit dem Leben davongekommen war, weihte er zur dankba-

Der Anfang vom Ende: Napoleon in den Ruinen Moskaus. Albrecht Adam.
Lithographie. Germanisches Nationalmuseum Nürnberg

ren Erinnerung dieses Hufeisen an die Kirchentür. - Auch an Kirchen außerhalb Deutschlands erscheint das Hufeisen und mit ihm Rückbeziehungen auf Wodan und dessen Roß Sleipnir. Von dem im Dom zu Wexiö in Schweden aufgehängten Hufeisen wird gesagt, daß es von Odins Roß herrühre. Als hier nämlich zum ersten Mal Christenglocken zur Messe riefen, soll Odin just über die Berge geritten sein. Das Pferd erschrak, schlug mit gewaltigem Huf den Fels, der noch immer die Spur bewahrt, das Eisen aber fiel ab und wurde im Dom aufbewahrt.

Gewöhnlich findet man die Schwellenhufeisen mit der offenen Seite nach außen und mit der Spitze nach innen gekehrt, um so dem Glück die Tür zu öffnen, böse Geister aber am Eintritt zu hindern. Anderer Meinung nach mußte ein glückbringendes Hufeisen zufällig gefunden sein und so aufgenagelt werden, wie es im Augenblick des Fundes lag.

Überhaupt ist die Art der Befestigung wechselnd, mal liegen die Stollen oben, mal unten, zuweilen ist die geschlossene Seite nach außen gekehrt, und nicht selten begegnet man auch halben Hufeisen.

Zum Schutz vor Gefahr diente das Hufeisen auch den Seeleuten. Wenn z. B. des Fliegenden Holländers furchtbares Geisterschiff einem anderen Fahrzeug begegnet, so kommen einige von der unheimlichen Mannschaft im Boote heran und bitten, ein Paket Briefe mitzunehmen. Die muß man am Mastbaum festnageln, sonst widerfährt dem Schiff ein Unglück, besonders wenn keine Bibel an Bord - oder am Fockmast kein Hufeisen ist!

Kurioser Herkunft ist das bekannte Hufeisen am Palais Friedrich Wilhelms III. zu Berlin. Es war vom Roß des vorbeisprengenden Herzogs Karl von Mecklenburg mit großer Wucht fortgeschnellt und durch das Fenster auf den Arbeitstisch des Königs geflogen, ohne ihn zu verletzen. Der König ordnete daraufhin an, es als Andenken an diesem Fenster zu befestigen. - Aber nicht nur die Hufeisen bewähren sich als Segensbringer und Nothelfer. - So lebte in den Elblanden und Mecklenburg die Meinung, daß man einer Feuersbrunst Herr werden könne, wenn man sie auf weißem Roß dreimal umjagte. Der Reiter rief nach dem ersten Umritt:

"Füer, Füer, Füer,
Wat blökst und smökst du hier?"

Beim zweiten Male:

"De Bös' hött die anbött,
De Bös' di brennen lett!"

Beim dritten Male:

"Gott Vadder sall rerren,
Gott Sühn di utgerren,
Gott Güst di utpusten,
In't Water di pusten,
Kumm mit, kumm mit, kumm mit!"

Diesen Volksglauben hat A. Kopisch sehr hübsch in einem Gedicht zum Ausdruck gebracht:

Der Bürgermeister zu Pferde

"In Kriebeln war vor Zeiten gar große Feuersnot;
Doch einmal kommt ein Männlein mit einem Käpplein rot
Und bringt gefaßt am Zügel ein blütenweißes Pferd
Und schenkt's dem Bürgermeister und sprach: 'Das haltet wert! -
Ist in der Stadt ein Feuer, so setzt Euch auf das Tier
Und reitet um die Flammen; ihr dämpfet sie, trauet mir!'
Der Bürgermeister folgte, und sieh, jedweder Brand,
Sobald er ihn umritten, verdampft in sich und schwand.
Und weil das weiße Rösslein besaß die Wunderkraft,
Ernährt es viele Jahre mit Lust die Bürgerschaft.
Ja selbst die Kinder brachten ihm Gras und Obst und Brot,
Auf einmal starb's, als eben größte Feuersnot!
Da lief der Bürgermeister zu Fuß um's Feuer her,
Und es war just dasselbe, als wenn zu Roß es wär'.
Die Flamme sank. - Ich hab nicht Kunde mir verschafft,
Ob jetzt der Bürgermeister noch hat dieselbe Kraft -
Ob in den Beinen, ob in dem Kopf verspürt -,
Doch soll es immer gut sein, wenn Obrigkeit sich rührt!"

Wie tief der Aberglaube an die heilspendende Kraft des Pferdes selbst bei geistig hochstehenden Menschen noch im 16 Jh. verwurzelt war, zeigt z. B. die Einleitung Marcus Fuggers ("Die Ritterliche Reutterkunst", 1584) zu seinem Kapitel über die von Pferden entnommenen Arzneien:

"Vnd halte dafür, dasz nicht ohn ein sonders Mysterium oder Geheymnusz sey, dasz so viel guter Künsten von diesem Thier herkommen..."

Fugger bringt nun 75 verschiedene Rezepturen, von denen nachfolgend einige probeweise wiedergegeben werden:

"So eine Fraw gern wollte schwanger werden, soll man jhr Roszmüllich zu trinken geben, doch dasz sie nichts davon wisse, so wird sie bald schwanger.

Roszmüllich in Wein getrunken ist eine bewehrte Kunst für den Schlangenbissz vnd auch sonst für Gifft.

Den Schaum vom Rosszemaul soll man streichen auf die aussätzige flecken vnder den Angesicht; es hilft.

Rosszschweisz mit Harn im Bad getrunken machet, dasz ein Schlang einem ausz dem Leib gehet, so eine darinnen were.

Wann einer im Schlaff fast schnarcht, soll man einem die Zähn von einem Hängst vnder den Kopf legen, so wirdt er nicht mehr also schnarchen.

Die Zähn, so man die Jungen nennet, wenn sie den Rosszen ausfallen, doch dasz sie die Erde nicht berühren, vertreiben das Zahnwehe, wann man den bösen Zahn darmit berührt.

Wann ein Kind ein Pferd auff das Maul küsst, so wird jhm kein Zahn mehr wehe thun vnd wirdt das Kind auch kein Rossz mehr beiszen.

Für die Schwindsucht ist das beste und grösste Mittel (dann es auch hülft, an deren Leben man verzaget), wann man den Speichel vom Rossz mit warmem Wein den Menschen eingebet.

Die Nieren von einem Pferd gedörrt, eingenommen in Wein, ist gut ad potentiam excitandum (!)."

Um die Phantasien eines Fieberkranken zu stillen, legte man in Mecklenburg dem Kranken das Skelett eines Pferdekopfes unter das Bett. - Einen Tobsüchtigen brachte man nackt in einen engen Raum und räucherte den bösen Geist aus, indem man auf ein glühendes Eisenfaß beständig frische Roßäpfel warf, bis der Kranke vom Gestank ohnmächtig wurde.

Abschließend sei noch jene Geschichte erzählt, in welcher ein Pferd die Thronbesteigung des Darius I., Großneffe und Schwiegersohn des persischen Königs Kyros, entschied, wobei allerdings der rechtswirksamen Weissagung mit einem krummen Trick nachgeholfen wurde:

Als die Thronkandidaten bei der Königswahl nicht einig werden konnten, beschlossen sie, die Entscheidung ihren Pferden zu überlassen. Derjenige sollte König werden, dessen Pferd bei Sonnenaufgang beim Ritt vor die Stadtmauer als erstes wieherte. Der Stallmeister des Darius, Oibares, war natürlich auf die Erwählung seines Herrn bedacht und wandte deshalb eine List an: Er berührte vor dem Ausritt eine rossige Stute und hielt dann seine Hand so lange sorgsam in der Tasche, bis die Thronanwärter ankamen. Dann trat er zum Pferde des Darius, hielt ihm die Hand vor die Nüstern, worauf der Hengst in lautes Gewieher ausbrach. - Darius ließ daraufhin seinem Stallmeister und dem Roß aus Dankbarkeit ein Standbild errichten.

Sonnenrosse, Neidstangen und die Elemente

Die nordisch-deutsche Göttersage berichtet, daß Allvater der Mutter Nacht und ihrem Sohne, dem Tag, Roß und Wagen gab und sie in den Himmel setzte. Die Nacht fuhr voraus, und der Schaum ihres Hengstes Hrimfaxi (d. i. die Reifmähne) träufelte als Nachttau zur Erde, während das Tagesroß Skinfaxi Himmel und Erde mit seiner Mähne erleuchtete.

Die Bilder, mit denen die Völker das Naturleben vorzustellen und auszusprechen versuchten, waren noch nicht typisiert und erstarrt, sondern voller ursprünglicher Ausdruckskraft. - Die Sonne erschien ihnen sowohl als ein Feuerrad als auch als glänzendes, strahlenmähniges Roß, aber auch als das Auge des Lichtgottes oder gar als der auf feurigem Wagen mit weißen Pferden dahinjagende, welterleuchtende Gott selbst.

So heißt es in altindischen Veden:

"Wie sie wächst in Schönheitsglanz gekleidet,
Sie, die Glückliche! Sie bringt des Gottes Auge,
Bringt das Roß, das sonnenhelle,
Ihre Schätze spendend allerwegen!"

Neben den erleuchtenden und segnenden Eigenschaften der Sonne hatte man aber auch ihre versengende Wirkung erfahren müssen, die jeden, der hineinzuschauen wagte, zwang, die schmerzlich getroffenen Augen niederzuschlagen. Diese abweisende Macht des strahlenden Tagesgestirns übertrug man nun auch auf das sonnenbedeutende Roßhaupt, und es wurde Brauch, das Haupt des geopferten Pferdes auf eine sogenannte "Neidstange" (nord. nid = Verwünschung) zu spießen. Damit glaubte man, Feinde und lauernde Gefahren von der Kultstätte fernzuhalten.

Dieser Grundgedanke wurde nun in mannigfachster Weise variiert. Die Egils-Saga erzählt, wie der von dem norwegischen König Erich ungerecht behandelte Egil auf eine Felsspitze stieg, ein Roßhaupt auf eine Holzstange setzte und also sprach:

"Hier errichte ich eine Nidstang und wende die Verwünschung gegen König Erich und Gunhild; ich wende sie gegen die Landwaettir (die Schutzgeister), welche dieses
Land bewohnen, so daß sie alle auf Irrwegen fahren sollen
und keiner seinen Wohnsitz wiederfinde, bevor Erich und
Gunhilden aus dem Land getrieben!"

Diese Verwünschung schnitt Egil in Runen auf die Stange und richtete
das Haupt des Rosses gegen das Land, - König Erich wurde daraufhin
von den Seinen gehaßt und mußte Norwegen verlassen.

Um der Beschwörung noch mehr Gewicht zu verleihen, wurde es
Brauch, den Rachen des Tieres durch hineingesteckte Stäbe aufzurei-
ßen, gerade so, als wenn es beißen sollte. - Daher verfügt das altislän-
dische Gesetz, das "Landnamabok", daß man nicht mit "gähnendem
Haupt oder offenem Rachen" an eine fremde Küste heransegeln sollte,
um die Landwaettir nicht zu erschrecken. Denn deren Gunst wollte man
sich auf jeden Fall sicher sein!

Durch Aufhängen und Aufstecken von Roßhäuptern in der Nähe ihrer
Ställe glaubten unsere Vorfahren auch Viehseuchen abzuwehren, und
zum Schutze gegen böse Geister begrenzten Pferdeschädel die heiligen
Haine. Dieser Brauch wurde noch bis in das späte Mittelalter gepflegt,
wo man Pferdeschädel an den Umgebungsmauern der Klöster befestigte.

Dergleichen Schädel garantierten auch bessere Fruchterträge. Marcus
Fugger, ein sonst eher vorurteilsfreier und klarer Kopf, empfiehlt in
seinem Kapitel "von Arzteneyen genommen von Pferden":

"Wann man den Kopff von einer Stuten - verstehe das Ge-
bein vom Kopff - in einem Garten an einem Pfahl oder
Stangen auffstöcke, so geraht alles dasjenige desto baser,
was im selben Garten wächszt, in sonderheit aber vertreibt
es die Raupen vnd Ratzen, welliches dem Kraut ein gar
schädlichen Vnziefer ist... Ein Schedel von einem Rossz
auf einen Acker gelegt, machet er denselbigen gleichfalls

fruchtbar, beschützt jhn auch vor gemachten (= angezauberten) Hägeln."

Alles das sind Vorkehrungen zur Abwehr von Feinden, seien diese natürlich oder dämonenhaft gedacht.

Nicht nur Stallungen und Gärten versuchte man auf diese Weise vor dem Übel zu bewahren, sondern insbesondere auch die Wohnhäuser. - In der ältesten Siedlungsperiode verwendeten die Germanen und Kelten noch wirkliche Pferdeschädel, später hölzerne Nachbildungen, welche, neidstangenähnlich am Giebel angebracht, alle Gefahr fernhalten sollten. Am meisten verbreitet sind noch heute die Roßhäupter als Giebelholzschnitzwerk in Westfalen, Niedersachsen und den anderen norddeutschen Gauen, doch finden wir sie auch in Tirol und am fernen Wolgastrom.

Auch als Wind-, Wolken-, Blitz- und Donnerroß genoß das Pferd mythologische Verehrung.

In Norwegen glaubte man, daß bei aufziehendem Sturm Nixen auf schwarzen Pferden mit ungeheuren Hufen über das Meer galoppierten und so das Wasser aufwühlten.

Bei allen Völkern vernahm man im Getöse des Donners den Hufschlag göttlicher Rosse oder das Rollen göttlicher Wagen. "Hung-lui" (d. i. Wagenrasseldonner) nannten die Chinesen den Donner, und die altaiischen Tataren sagten von ihrem Himmelsgott: "Wenn er ausreitet, verursacht das Dröhnen der Hufe seiner vielen Rosse den Donner, die Funken der Hufe den Blitz."

Alle diese Vorstellungen vereinigten sich in der Sage von der "wilden Jagd", in welcher der wilde Jäger Wodan als Herr der Herbstorkane den Todeskampf des Jahres einläutet:

Oft in rauher, finsterer Nacht bellen Hunde in der Luft auf öder Heide, im brausenden Wald. Der Landmann kennt diese Jagd, kennt ihren wilden Führer und bedauert den einsamen Wanderer. Um Mitternacht, wenn der Regen niederprasselt, der Sturm heult und schrankenlos durch die knarrenden und knackenden Waldungen fährt, um Mitternacht, wenn der Fuchs im sicheren Bau, der Vogel im warmen Nest, der Mensch im Arme der Liebe ruht, dann braust der Heljäger in rasender Hast, in wirrem Getümmel zu grausiger Jagd heran. Voraus fliegen krächzende Raben, flattert die Eule Tutursel. stürmen heulende Wolfshunde mit heiserem Kläffen. Dann naht der "Wilde Jäger" selbst auf luftigem, grauweißem Rosse, dem das Feuer aus den Nüstern sprüht. Das Haupt des Reiters bedeckt ein großer, breitkrempiger Hut; ein mächtiger, schwarzer Mantel wallt um seine Schultern. Sturmgeschwind jagt das Gespenst vorüber, und ihm nach toben blasse Geisterscharen. Dann folgen zahllose Schatten erlegten Wildes, und vier Männer, die einen blutenden Eber tragen, beschließen den wüsten Zug. Wer ihm aus dem Wege geht, oder noch besser, sich mit dem Antlitz platt auf den Boden wirft, dem widerfährt selten Böses. Wehe aber dem, der die wilde Jagd verhöhnt oder gar Wodans Jagdgeschrei zu wiederholen wagt. Dann stürzt auf einmal ein ungeheurer Reiter hernieder und würgt den Spötter mit kalter Faust; oder ein Pferdeschinken saust herab, zerquetscht den Unglücklichen oder bleibt an ihm kleben, und eine Donnerstimme ruft:

> "Hast du mit helfen jagen,
> Mußt auch mit helfen tragen!"

Befindet sich der verwegene Spötter im Hause, so fährt ein glänzender Roßhuf durchs Fenster und erschlägt ihn, während eine schreckliche Stimme das ganze Gebäude in den Grundfesten erschüttert.

Reitende Schutzheilige

In vielen Gegenden Deutschlands ziehen zur Adventszeit Bauern als Schimmelreiter verkleidet von Hof zu Hof, legen den Kindern Gaben auf den Tisch oder das Fenstergesims, deuten den unverheirateten Mädchen eine möglichst hoffnungsfrohe Zukunft und nehmen als Dank gern ein kleines Trinkgeld mit.

Die Zähigkeit, mit welcher das Volk beim Umzug des Schimmelreiters die Erinnerung an die alten Götter wachhielt, mußte die Kirche frühzeitig veranlassen, sich der althergebrachten Kultformen zu bemächtigen und sie der christlichen Heilslehre entsprechend zu modifizieren Und da bot sich als Nachfolger des herbstlich-winterlichen Wodan der hl. Nikolaus an, dessen Fest kurz vor der Wintersonnenwende auf den 6. Dezember fällt. Die eigentliche Verbindung dieses Heiligen, der ein frommer Bischof aus Kleinasien war, mit Wodan war schlichtweg der Name des Bischofs, denn das griechische Wort "Nikolaos" bedeutet "Volksbelustiger", und dasselbe Prädikat rühmt auch Wodan als Kampf- und Wintergott.

Natürlich mußte die Kirche auch für den siegreichen Maikönig Wodan eine entsprechende Heiligengestalt schaffen, und sie fand sie, in Anlehnung an den strahlenden Lindwurmtöter Siegfried, in der Person St. Georgs, jenes kriegerischen Heiligen orientalisch-griechischer Abstammung, dessen Fest die Kirche am 23. April, also gerade zur Zeit der Frühlingsfeier, begeht. Aus der genauen Übertragung des Siegfriedswesens auf den hl. Georg erklärt sich auch die große Volkstümlichkeit, deren sich der Heilige in Deutschland erfreut. Selbstverständlich mußte St. Georg einen Schimmel reiten, und in der Tat sieht man ihn selten anders dargestellt. Er gilt als besonderer Schutzheiliger der Pferde, vor allem im süddeutschen Raum. Da versammeln sich am St. Georgs-Tage die Bauern und Reiter vor den Kirche und werden mit ihren Pferden von Geistlichen mit Weihwasser gesegnet. Mancherorts finden sodann zu Ehren des Schutzpatrons "Georgi-Ritte" rund um die Kirche oder Kapelle statt, ganz dem Ritt um die heidnische Irminsul entsprechend. - Interessant ist in diesem Zusammenhang, daß auch die großen englischen Wettrennen, die jetzt zumeist um Pfingsten ausgetragen werden, ursprünglich ebenfalls am Georgi-Tag ausgetragen wurden, so z. B. die Reihe der berühmten Chester-Rennen, die im Jahre 1610 auf den St. Georgs-Tag festgesetzt und erst später in die erste Maiwoche verlegt wurden.

Wie St. Georg in Franken und Bayern, so wurde am Rhein der hl. Martin der Schutzpatron eines ritterlichen Bundes. - Der Legende nach hatte er als wackerer Krieger unter zwei römischen Kaisern gedient und wird stets hoch zu Roß dargestellt, wie er seinen Mantel mit dem Schwert zerschneidet, um ihn mit einem frierenden Bettler zu teilen. Er eignete sich also ganz vortrefflich als Beschützer und Vorbild ritterlicher Hingebung und Selbstaufopferung, und gilt daher als der eigentliche Schutzheilige der Reiter. - Erstaunlicherweise geriet dieser edle Heilige im Mittelalter in den Ruf eines Zechers, und das kam so:

Da man gerade um Martini (11. November) den ersten neuen Wein trinkt, von dem einstmals dem erntespendenden Wodan ein voller Becher geweiht und auf seine "Minne", sein Andenken, getrunken wurde, so trank man nunmehr "Martinsminne". Wer sein Hab und Gut verpraßte und vertrank, wurde ein "Martinsmann" gescholten, und selbst die Freiwilligkeit der Mantelgabe wurde in Zweifel gezogen, wie aus einem Spottlied der damaligen Zeit hervorgeht:

> "St. Martin war ein milder Mann,
> Trank gerne Cerevisiam,
> Und hatt' doch kein Pekuniam.
> Drum mußt' er lassen Tunikam."

Denn so große Milde, so große Opferbereitschaft, bleibt nun mal sehr vielen Menschen unverständlich, und von ihnen gilt nur allzu oft das traurige Sprichwort:

> "Oh heiliger St. Martin! Sie opfern Dir einen Pfennig und stehlen Dir das Pferd!"

Oder: "Dies' lebendige Opfer geb' ich Dir!",

rief die Frau, als ihr der Falke das Huhn entführte.

Im Laufe der Zeit wurde das Bild des Heiligen jedoch wieder ins rechte Licht gerückt, und wenn heutzutage am Martinstag die Kinder mit "Martinshörnchen" beschenkt werden und die Erwachsenen sich an der Martinsgans laben und ein Gläschen auf das Wohl des Heiligen trinken, so kann man sicher sein, daß St. Martin mit mildem Lächeln dem fröhlichen Treiben zuschaut!

Auch St. Michael, der streitbare Erzengel, der Bekämpfer des Teufels, der "Fürst der Seelen und Fahnenträger der himmlischen Heerscharen", dem ja schon die Apokalypse ein Roß zuerkennt, und den unendlich viele Heiligenbilder mit geschwungenem Schwert auf strahlendem Schimmel einhersprengend zeigen, war ebenfalls vortrefflich geeignet, als ein zweiter St. Georg an Wodans Stelle zu treten. Wie beliebt dieser Heilige beim deutschen Volk jederzeit gewesen ist, geht daraus hervor, daß wir ihm den Scherznamen "deutscher Michel" verdanken!

Nicht ganz so großer Popularität erfreuen sich in Reiterkreisen St. Johannes, St. Philippus, St. Jakobus und St. Hubertus, wenngleich auch sie in besonderen Beziehungen zu Roß und Reiter stehen. - Sie alle finden letztlich ihre eigentliche Wurzel im heidnischen Wodanskult, den die Kirche bereitwillig auf ihre Art umwandelte, um so das Christentum unseren heidnischen Vorfahren schmackhafter zu machen.

Roßopfer und Trauerpferde

Besonders schwer tat sich die Kirche mit der Ausrottung des vornehmsten Opfers aller indo-arischen Völker - dem Roßopfer. Die Perser opferten dem Mithra, die Griechen dem Helios, die Skythen ihrem Kriegsgott Acinaces und die Germanen dem Wodan und dem Fro.

Auf Rhodos versenkte man einmal im Jahr dem Sonnengott zu Ehren ein Vierergespann in das Meer, und die Troer stürzten lebende Pferde als Opfer in den Skamandros. - Zuweilen begnügte man sich damit, die als Opfer ausersehenen Pferde in einem Flußtal frei laufen zu lassen. Auf diese Art opferte auch Julius Caesar vor dem Durchschreiten des Rubicon dem Gott dieses Flusses eine große Anzahl von Schlachtrossen.

Sieht man einmal von derlei Ausnahmen ab, so erscheinen die äußeren Formen der Roßopfer bei den verschiedenen indo-arischen Stämmen einander verwandt. Die regelmäßigen gottesdienstähnlichen Opferungen feierte man vorzugsweise an den für den Sonnenkult bedeutungsvollsten Tagen, nämlich zu Neujahr, zur Sommersonnenwende und zur Herbstnachtgleiche. Die Opfertiere wurden in heiligen Hainen gehalten und am Tage der Zeremonie mit großer Feierlichkeit zur Opferstätte geführt. Mit einem Schwerthieb getötet, wurde sodann ihr Blut in eisernen Gefäßen aufgefangen und den Göttern geopfert, während das Fleisch von den Anwesenden verspeist wurde. Die Roßhäupter hängte man als Weihegabe an Bäumen auf oder ließ sie auf dem Opferplatz zurück.

Die Ausschließung von den Pferdeopfern galt bei den Germanen als indirekte Lossagung vom alten Glauben. - Als. z. B. König Hakoon in Norwegen das Christentum einführen wollte, stieß er auf großen Widerstand. Die Bauern verlangten, daß er zum Beweis seiner Treue zur väterlichen Religion Pferdefleisch essen sollte, und da er sich weigerte, wollten sie ihn erschlagen. Als er sich aber endlich dazu bequemte, einige Bissen Opferfleisch zu essen, sahen sie ihn gleich wieder für rechtgläubig an.

Gegen diesen erzheidnischen Brauch traten die christlichen Bekehrer, allen voran der hl. Bonifatius, mit aller Vehemenz in die Schranken. - Papst Zacharias I. bedrohte den Pferdefleischgenuß sogar mit dem Bannfluche. Dennoch fiel die Ausrottung des alten Brauchs so schwer, daß selbst im 10. Jh. noch Pferdefleisch auf der Tafel der Mönche von St. Gallen serviert wurde. - Aber allmählich begannen doch die christlichen Völker etwas Unreines und Verächtliches daran zu finden, und im Laufe der Zeit setzte sich die Abneigung dann so fest, daß noch 1629 in Frankreich ein Stallknecht hingerichtet wurde, nur weil er Pferdefleisch gegessen hatte!

Bedauernd sagt ein friesisches Sprichwort:

"Giulefleisk is düer Fleisk, und doch werd et nit geaten!"

Nahe verwandt mit den Roßopfern war die Sitte, den verstorbenen Reiter mit seinem Pferd zu verbrennen, doch schon früh - und nicht erst durch christliche Einflüsse - scheint die Erdbestattung an Stelle des Verbrennens getreten zu sein.

War der Verstorbene ein hervorragender Mann, so wurde er, in voller Rüstung auf seinem Lieblingspferd sitzend, im Grabhügel beigesetzt, während seine übrigen Pferde auf dem nämlichen Hügel als Opfer fielen.

Phantastisch klingt, was Herodot von den Leichenfeiern der Skythenkönige erzählt: - Dem Verstorbenen wurden nicht nur mehrere Diener, Boten und Köche sowie eine Beischläferin, eine Anzahl von Rossen und die wichtigsten Utensilien mit in das Grab gelegt, sondern am jeweiligen Jahrestag der Bestattung wurden als weitere Gabe fünfzig Männer erdrosselt und fünfzig Pferde getötet. Letztere, ausgeweidet und ausgestopft, wurden sodann entweder über Räder gebunden, so als ob sie liefen, oder auf Holzstäben aufgespießt. In die Sättel setzte man die Erdrosselten, und die schauerliche Kavalkade gemahnte, sich nicht der Grabstätte zu nähern.

Fragt man nach dem tieferen Sinn dieses Bestattungskultes, so erkennt man, daß dem Verstorbenen bei seiner Ankunft im Jenseits alles das

Aus J.C. Ginzrot, Die Wagen und Fahrwerke des Mittelalters. München 1830.

gleich wieder zur Hand sein sollte, was ihm während seines irdischen Daseins wert und teuer war.

Der Glaube an die Auferstehung sowohl des Menschen als auch des Pferdes war in den baltischen Ländern so groß, daß dort bis weit in das Mittelalter hinein die toten Pferde auf besonderen Friedhöfen begraben wurden. Aufrecht stehend, gesattelt und gezäumt, bereit, vom Geist ihres Besitzers bestiegen zu werden, wurden ihnen in dem sehr armen Landstrich noch wertvolle Grabbeigaben wie vergoldete Gurte und Riemen, reich bestickte Sattelkissen, versilberte Gebisse und Steigbügel als Zeichen der Verehrung zuteil. - Selbst bei den Deutschordensrittern in Preußen war es noch im 14. Jh. nicht ungewöhnlich, das Streitroß mit dem toten Ritter zu begraben.

Wenn auch in abgewandelter Form, so haben sich doch dergleichen Bräuche viel länger erhalten, als man glaubt, beispielsweise noch bei der Leichenfeier Maximilians II. 1577 zu Prag, wo die von den Chronisten als "Todtenpferde" bezeichneten Opfertiere während des Seelenamtes im Dom aufgestellt und beim Offertorium feierlich um den Altar geleitet wurden. - Das Roßopfer, sonst so furchtbar von der bekehrenden Kirche verfolgt, erscheint hier also in friedlicher Verbindung mit dem Offertorium der christlichen Messe. Allerdings kommt es hier nicht mehr zum Schlachten, denn das wäre doch zu sehr gegen alles Christentum gewesen - und gegen den Vorteil der Kirche, denn die Pferde wurden anschließend zu einem Seitenausgang geführt und als Oblate von der Domkirche behalten.

Zu solchen Weihegeschenken hatten sich die Grabesopfer, und das nicht nur bei hochfürstlichen Toten, schon früh umgewandelt. Das Roß wurde im Trauerzug dem früheren Herrn nachgeführt, dann aber nicht mehr getötet, sondern irgendeiner zuständigen Persönlichkeit oder Behörde als Geschenk vermacht, in der Regel dem Kirchenpatron oder Gutsherrn. Bis zur Ablösung der Servituden verfiel ihnen vom Nachlaß jedes Hintersassen das beste Pferd. Dieses Recht auf das sogenannte "Besthaupt" konnte zwar auch auf andere Tiere bis hinunter zum Hahn ausgedehnt werden, doch blieb es im allgemeinen bei dem vornehmsten aller Haustiere stehen, und da vor allem bei "dem Pferd, das einen Zagel hat", also beim Hengst.

Im Dreißigjährigen Krieg kam das hinterlassene Pferd eines verstorbenen oder gefallenen Kameraden dem Hauptmann oder Rittmeister zu, und noch später galt es als Gesetz, daß dem Regimentschef eines verstorbenen Offiziers dessen bestes Roß anheimfiel: Als König Friedrich Wilhelm I. von Preußen sterbend in seinem Holzstuhl saß, ließ er sich noch das "Totenpferd" aus dem Stall holen, um es - da er sich in seiner eigenen Armee nur als Oberst betrachtete - dem kommandierenden General aus seiner Hinterlassenschaft zu geben. Als dem König das Roß vorgeführt wurde, befahl er vom Fenster her, das edle Tier zum Alten Dessauer zu bringen - und die Stallknechte kräftig durchzuprügeln, weil sie versäumt hatten, die Schabracke vom Regiment des Feldmarschalls aufzulegen!

Am längsten von allen diesen Bräuchen hat sich das Mitführen von Trauerpferden hinter dem Leichenwagen erhalten. - Wie Leidtragende jeden Schmuck und Zierrat ablegen, so wurden den Trauerpferden Schweif und Mähne geschoren oder in Flor eingeflochten. Zuweilen beschloß den Trauerzug ein "Freudenpferd", welches wohl auf die erwartete Spendierfreudigkeit der Erben hinweisen sollte.

Heutzutage werden derartige Begräbniszeremonien kaum noch gepflegt, doch sei darauf verwiesen, daß bei dem Staatsbegräbnis des amerikanischen Präsidenten Abraham Lincoln dessen Leibroß dem Leichenwagen nachgeführt wurde, wobei die mit Sporen versehenen Schaftstiefel des Verblichenen in den Steigbügeln standen.

Wettrennen zu Ehren der Toten waren nicht nur bei den Griechen und Römern üblich, sondern auch bei den Esten: - Am Begräbnistage teilte man dort die bewegliche Habe des Verstorbenen in fünf, sechs oder noch mehr Teile und legte sie auf einer mindestens meilenlangen Strecke derart aus, daß der größte und wertvollste Haufen am entferntesten lag, der geringste aber dem Trauerhaus am nächsten. Hierauf sammelten sich die besten Reiter etwa sechs Meilen vom größten Haufen entfernt und preschten auf ein Kommando los. Der Schnellste ergatterte den größten Haufen und so jeder nach dem anderen bis auf den kleinsten am Sterbehaus selbst.

Diese bemerkenswerte Art von Nachlaßverteilung hing in entscheidendem Maße von der Leistungsfähigkeit der jeweiligen Pferde und Reiter ab, und so wollen wir uns nachfolgend jenen Kriterien zuwenden, die an Tüchtigkeit von Roß und Reiter seit jeher gestellt werden.

Aus C. Gustav Wrangel, Das Buch vom Pferde II, S. 577. Stuttgart 1927.

Die Gestalt des Pferdes

Von den meisten Tierfreunden wird mit einigem Recht das Pferd als das schönste aller Tiere angesehen.

Johann Wolfgang v. Goethe: "Die Natur könnte kein Pferd bilden, wenn nicht alle übrigen Tiere voraufgingen, auf denen sie, wie auf einer Leiter, zur Struktur des Pferdes emporstieg."

Zwar nicht ausschließlich, aber doch vorzugsweise auf die Gestalt bezogen sind die Anforderungen, die der Verfasser der "Ritterlichen Reutterkunst", Marcus Fugger, 1584 an ein "gutes, hochgeachtetes Pferd" stellt:

> "... dasz wann man die fürnehmbsten Tugenden, so einem Pferd zugeeygnet werden, anzeigen vnd beschreiben wollte, man solches von dreyn unterschiedlichen Thieren als nemlich von einem Wolff, Fuchs vnd Frauwen (!) angefangen hat. Vnd dasz ein jedweders Rossz von einem jeden deren dreyen Dingen wieder drey Eygenschafften erfordere: Erstlichen vom Wolff die Augen vnd Gesicht, die fressigkeit, die Stärke des Rückens. Vom Fuchsen grade, kurtze vnd spitzige Ohren, langen vnd dicken Schwantz vnd einen sanften Gang oder Trab. Von den Frauwen die hochfahrt, schöne Brust, glatte vnd zierliche Möni, Haar vnd Gestalt desz Leibs, - vnd lassen gern auffsitzen."

In der um ein Jahrhundert älteren "Hippopronia" des Albrecht von Constantinopel, Marställer Kaiser Friedrichs, werden die Vergleiche noch viel weiter getrieben. Da soll das Pferd in seinen einzelnen Teilen ähneln: "... einem Hirsch, einem hungarischen Ochsen, einem Ziegenbock, einem Schwan, einem Cameel, einem Esel, einem Löwen, einer Jungfrawe und einem Hellefanten."

Das Schönheitsmaß der Araber für das Pferd ist: - Gleiches Maß von der Schnauze über Kopf und Nacken bis zum Widerrist mit der Länge vom Widerrist über den Rücken bis zum Schwanzende. Dadurch erhält der Körper, seitwärts angeschaut, das feinste Gliedmaß.

M. Fugger faßt die Fülle der Anforderungen in dem Satz zusammen:

> "Es sollen alle Glieder an dem gantzen Leib jhr rechte Propotion haben, vnd gar nichts Monstrosisch oder vnartiges darinnen sein."

Seit jeher als unschön empfunden wird sowohl der Senkrücken als auch der "Fiedelbogenbuckel". Auch ein "abgehauenes Kreuz", das dem Tier ein häßliches "hankentiefes" Aussehen verleiht, findet keinen Beifall.

Abstoßend wirken auch Fehlstellungen der Beine, sei es von x- oder o-beinigen, kuhhessigen, bodenengen, bodenweiten, säbelbeinigen Pferden oder solchen mit "spanischen Hosen", ganz zu schweigen von den "Zehentretern", "Fuchtlern" und "Tanzmeistern".

Wenn bei zusammengedrückter Brust die Schenkel oben zu nahe aneinanderstehen, so sind sie " in ein Loch gebohrt", und wenn das Pferd seinen Vorderfuß immer vorsetzt, so sagte man einst, es "zeige St. Jakobus Weg", also den mühsamen Pilgerweg nach Santiago de Compostela in Nordwestspanien.

Den Kopf wünscht man nicht zu groß und stark abgesetzt vom Hals, den man, falls er zu stark hervorquillt, als "Hirschhals", bei besonders freiem Aufschwung als "Schwanenhals" und bei trostloser Magerkeit als "Gänsehals" bezeichnet. Wichtig ist auch, daß der Kopf nicht zu fleischig ist und daß ihn das Pferd "gut trägt". Hecht-, Ochsen-, Schafs- und Plattköpfe sind ebenso verpönt wie "Altweiberköpfe".

Über das Maß der Magerkeit und das Wie des Tragens entscheidet allerdings immer der Zeitgeschmack. - So duldete beispielsweise das Rokokozeitalter keine gerade Linie, und favorisierte daher schön geschwungene Schwanenhälse und Rammsköpfe mit stark gebogener Nase. - Hals und Kopf stehen insofern in einer Wechselbeziehung, als ein "Hirschhals" stets ein sonderbares Heben des Kopfes herbeiführt, während ein schwacher Hals bei einem gewichtigen Kopf das Pferd

Wie ein Pferdt von allen Gliedern vnd Adern geschaffen vnd
gestalt ist / vnd wo man dieselben in zufelligen Kranckheiten finden /
vnd durch nachfolgende mittel wiederumb *curiren* vnd helffen sol.

1 Hitziger Rücken.
2 Löcher auff den Rücken.
3 Geschwulst vnter dem Sattel.
4 Schwam.
5 Gedruckt vom Sattel.
6 Wurm oder offner Kamp.
7 Spackhalsig.
8 Schebicht oder Reutig.
9 Küle Ader zur Lungen vnd Le-
10 Feisel am Hals.   (ber.
11 Die Koller Ader.
12 Der Feisel an Ohren.
13 Das Fette oder Meuß ober den
14 Geschwulst der Augen. (Augen.
15 Fell vber den Augen.
16 Nagel oder haut in den augen.
17 Adern zum Gesicht.
18 Die Meuß auff der Nasen.
19 Die Kählsucht.
20 Würm auff der Nasen.
21 Sturel oder Kernstechen.
22 Verletzte Zunge.
23 Frösch im Maul.
24 Dörre Wartzen.
25 Die Ader vnter den Augen.
26 Geschwollen Schlundt.
27 Halß oder Lung Ader.
28 Die Bueg Ader.
29 Ober Bein.
30 Rappen oder Mauken.
31 Straupflüssig.
32 Die förder euserste viertel
33 Zwanghüffig,   (Ader.
34 Spröthüffig,
35 Flachhüffig,
36 Vollhüffig,
37 Sohlen abziehen/
38 Weil das eyter oben außbricht/
39 Vorbelt vnnd Vorschlagen/
40 Kern schwinden/
41 Vornageln/
42 Die forder inner virtel Ader/
43 Verflawgung der Köten/
44 Die förder Schranck Ader/
45 Buegschwinden/
46 Wendung des Buegs/
47 Die Spore Ader/
48 Die hinder inner virtel Ader/
49 Angewachsen oder bomleibigt/
50 Hinder Schranck Ader/
51 Geschwulst des Schlauchs/
52 Geschwollen Geschröt/
53 Spatt/
54 Strauphüffig/
55 Hornklufft/
56 Hinder virtel Ader/
57 Die hinder Fessel Ader/
58 Mauken/
59 Gallen/
60 Durchgehende Gallen/
61 Floßgallen/
62 Rappen oder Mauken/
63 Der Schwam/
64 Ellenbogen/
65 Verrückung der spanader/
66 Faule des schwantzes/
67 Schweinshaar/
68 Waß der schwantz auffelt/
69 Schäbichten schwantz/
70 Huffschwinden/
71 Verruckt in den Hüfften/
72 Wendung der Nieren.

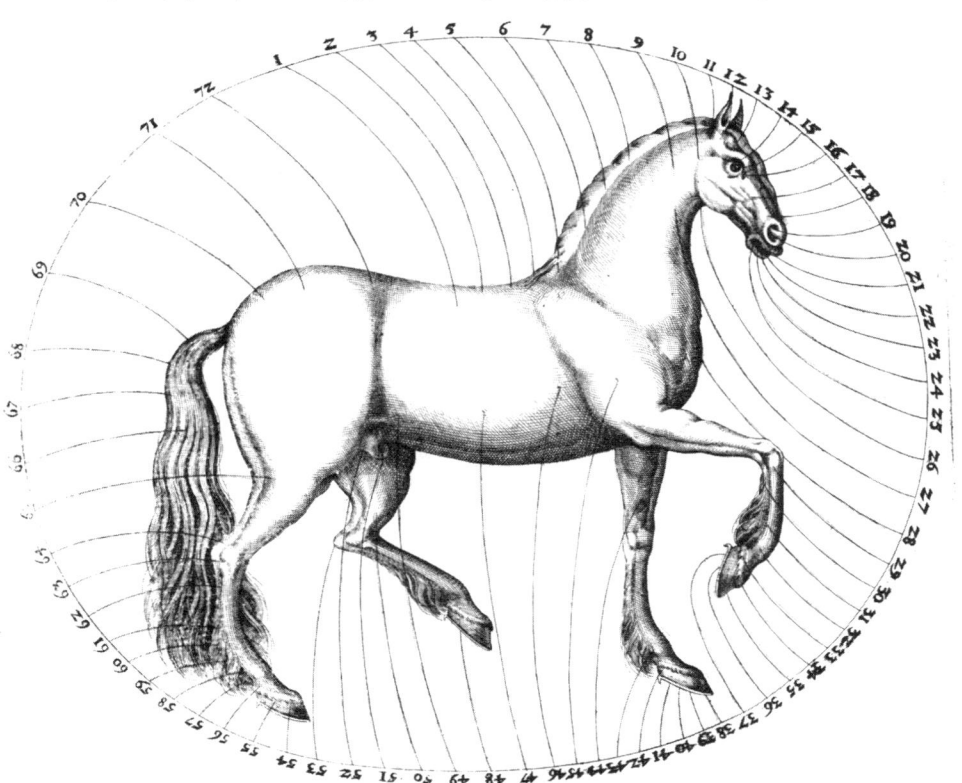

Aus G.E. Löhneysen, Della Cavalleria, S. 243. Remlingen 1609.

41

veranlaßt, diesen zu senken und "sich auf das Gebiß" zu legen. Im ersteren Fall nannte man solche Tiere "Sterngucker", im zweiten suchten sie "den fünften Fuß".

Selbst die Lippen charakterisieren das Pferd. - Alte und träumerische Pferde "lassen das Maul hängen", edle Tiere mit ausgeprägten und faltenlosen Lippen "können aus einem Glas trinken". Große Nüstern sind nicht nur ein Zeichen von Adel, sondern erleichtern den Rennern das Atemholen außerordentlich. Unter Umständen sah man sich sogar veranlaßt, weite Nüstern künstlich herzustellen, und oftmals haben die Husaren die Nasenlöcher aufgeschlitzt, damit die Pferde bei nächtlichem Überfall nicht schnauften.

Niedrige und zu weit auseinander stehende "Scholohren" oder zu nahe und zu hohe "Hasenohren" ließen auf einem boshaften Charakter schließen:

> "Dann wann die spitz an Ohren gerad vber sich oder aber für sich stehen, ist es ein gewisz Zeichen eines guten auffrechten gemüts. Wann es aber die spitz der Ohren hinder sich gegen den hals kehret vnd insonderheit den einen mehr als den anderen, ist es eine anzeigung eines boshafftigen vnd schalkhafftigen gemüts vnd willens, Daher, gleich wie man einem Löwen den Schwantz anschauwet wie er denselben führet, also soll man die Ohren an einem Rossz besichtigen."

(M. Fugger, 1584)

Wie dem auch sei, - stets hatte der Reiter Freude an einem lebhaften und ausdrucksvollen Ohrenspiel, und nur in jenen Zeiten, wo der geschraubte Geschmack sogar die natürliche Gestalt der Bäume mit der Gartenschere modelte, da stutzte und "mäuselte" man auch die Pferdeohren und schwärmte für französische "Courtauts".

Auch Mähne und Schweif sind stets dem jeweiligen Modegeschmack unterworfen gewesen:

Bis zum 16. Jh. war der Langschwanz sehr beliebt, der im Kampf, auf Reisen oder auf der Jagd eingeknotet und hochgebunden werden mußte, um nicht den Pferden hinderlich zu werden. Die Stirnlocke war ebenfalls lang und schwer und man flocht sie so zusammen, daß ein starker, vornabstehender Zopf den Tieren zuweilen ein fast einhornartiges Aussehen gab. - Die Länge von Schweif und Mähne der Pferde dieser Zeit war geradezu atemberaubend, ganz entsprechend den grotesken Schleppkleidern der Damen, doch sollten wir nicht übersehen, daß noch in unserer Zeit viel Unfug mit diesen Zierden des Pferdes getrieben wird. So konnte die amerikanische Stute "Oregon Wonder" einen Schweif und eine Mähne von jeweils 3 Metern vorzeigen, und 1982 ein Percheron-Hengst gar eine Mähne von knapp 4 Metern und einen Schweif von 3 Metern. Alle Rekorde brach aber im Jahre 1942 die kalifornische Stute "Maud" mit einer Mähnenlänge von sagenhaften 6 Metern und einem 4 Meter langen Schweif!

Mit dem Aufkommen der englischen Pferderennen wurde es üblich, den Schweif der Rennpferde zu einem elenden Pürzel zu stutzen. Jedermann ahmte diese "Verschönerungsmode" nach, die den besonderen Nachteil hatte, daß sie das Roß nicht nur seines anmutigsten Schmuckes, sondern auch seiner Waffe gegen lästige Insekten beraubte, was folgende Geschichte verdeutlicht:

In der Umgebung von London, zu Hampstead, war am Eingang einer umzäunten Wiese zu lesen:

"Auf dieser Wiese können Pferde weiden, und zwar

      1. Pferde mit langen Schwänzen für 3 Shilling 6 Pence
      2. Pferde mit kurzen Schwänzen für 2 Shilling."

Der nach dem Grund dieses Preisunterschiedes befragte Wächter gab die Auskunft: - "Nichts klarer als das! Pferde mit langen Schwänzen können sich leicht der Fliegen erwehren, ohne sich beim Fressen stören zu lassen, während Pferde mit kurzem Schwänzen fortwährend nach den Insekten beißen müssen und fast gar nicht zum Fressen kommen."

Conrad Pocher, Hofnarr Philipp's des Redlichen von der Pfalz, muß von ähnlichen Gedanken beseelt gewesen sein, als er sämtlichen Kühen, deren er habhaft werden konnte, die Schwänze stutzte, weil er der Meinung war, daß das, was den Pferden recht sei, den Rindviechern nur billig sein könnte.

Eine übertrieben hohe Schweifhaltung, die auf einen operativen Eingriff und der Verwendung eines Schweifmieders beruht, kennzeichnete das American Saddle Horse und das Tennessee Walking Horse, denen die Verse A. Schumachers nachempfunden sind:

"So wohlgegliedert fertig steht
Mein Liebling, meines Herzen Freude.
Des Schweifes leichte Fahne weht
Hoch über seinem Prachtgebäude."

Und wie findet das Pferd sich selbst? - Nun, wir wissen es nicht, doch hat G. E. Lessing in klassischer Weise solche Verschönerungsmanie und Krittelei abgefertigt und in einer prächtigen Fabel dem Pferde sogar selbst in den Mund gelegt:

Zeus und das Pferd.

"Vater der Tiere und Menschen," so sprach das Pferd und näherte sich dem Throne des Zeus, "man will, ich sei eines der schönsten Geschöpfe, womit du die Welt geziert hast, und meine Eigenliebe heißt mich, es zu glauben. Aber sollte gleichwohl nicht noch Verschiedenes an mir zu verbessern sein?"

"Und was meinst Du denn, das an dir zu bessern sei? Rede! Ich nehme Lehre an", erwiderte der gute Gott und lächelte.

"Vielleicht", sprach das Pferd weiter, "würde ich flüchtiger sein, wenn meine Beine höher und schmächtiger wären; ein langer Schwanenhals würde mich nicht entstellen; eine breite Brust würde meine Stärke vermehren, und da

N.21.

Aus G.S. Winter v. Adlersflügel, Neuer Tractat von der Stuterey oder Fohlenzucht. Nürnberg 1672.

du mich doch einmal bestimmt hast, deinen Liebling, den Menschen zu tragen, so könnte mir ja auch der Sattel anerschaffen sein, den mir der wohltätige Reiter auflegt."

"Gut", versetzte Zeus, "gedulde dich einen Augenblick!" Zeus sprach mit ernstem Gesicht das Wort der Schöpfung. - Da quoll Leben in den Staub, da verband sich organisierter Stoff - und plötzlich stand vor dem Throne das häßliche Kamel.

"Hier sind höhere und schmächtigere Beine", sprach Zeus, "hier ist der anerschaffene Sattel! Hier ist ein langer Schwanenhals, hier eine breitere Brust! Willst du, Pferd, daß ich dich so umbilden soll?"

Das Pferd sah, schauderte und zitterte vor entsetzendem Abscheu.

"Geh", fuhr Zeus fort, "diesmal sei belehrt, ohne bestraft zu sein! Dich deiner Vermessenheit aber dann und wann reuend zu erinnern, so daure fort, neues Geschöpf!" Zeus warf auf das Kamel einen erhaltenden Blick.

"Und das Pferd erblicke dich nie, ohne zu schaudern!"

Der Königsbalzan und das "offene Grab"

Der Prophet Mohammed soll gesagt haben: "Wenn du einen Dunkel-fuchs besitzt, reite ihn in der Schlacht!"

Ähnliche arabische Redensarten besagen, daß der Schimmel das Pferd der Könige und Fürsten sei, aber keine Hitze vertrüge; daß Braune die kräftigsten seien und besonders zur Jagd taugten, daß Füchse zwar außerordentlich schnell, aber heißblütig seien, - und dergleichen Kriterien mehr.

Im Mittelalter verband man die vier Hauptfarben gern mit den vier Elementen und Temperamenten. - Schimmel stellten das weiche Element des Wassers und das Phlegma dar; Rappen galten als Melancholiker und als Repräsentanten der Erde; Füchse vertraten das Element des Feuers sowie das cholerische Prinzip, und die sanguinischen Braunen schienen der leichten Luft verwandt.

Noch fragwürdiger waren die Theorien einiger römischer Schriftsteller, welche z. B. die Braunen zur Löwenjagd, Grauschimmel zur Bärenhatz und Rappen zur Jagd auf Hasen für besonders geeignet hielten.

Seit jeher nahm der Schimmel eine bedeutsame Ehrenstellung unter den Pferden ein, so daß ein vor dem Neide warnendes Sprichwort sagt:

> "Wer eine schöne Frau oder ein gutes weißes Pferd hat,
> der hat auch viel Verdruß."

Den Hauptgrund dieser auszeichnenden Bevorzugung des Schimmels erklärt M. Fugger dahingehend:

> "Vor vralten zeiten hat man viel auf weisze Farbe gehal-
> ten. Vnd so die Alten ihren Abgöttern Rossz haben zu-
> geeygnet, haben sie darmit angzeyget, die selben Rossz
> seyen weisz gewest. Denn diese Farb bedeutet reynigkeit,
> glück und sanfftmuth, wellche Götter dem Menschen ha-
> ben erzeygen sollen oder wöllen."

Victor Adam, Ibrahim Pasha auf edlem Araberpferd. (Archiv Dr. Thieme)

Wie sehr noch in jüngerer Zeit der Schimmel im Volksbewußtsein als Reittier besonders erlauchter und fürstlicher Persönlichkeiten anerkannt war, zeigt die Reise des Königs Max von Bayern, die dieser 1857 mit einem kleinen Gefolge von Gelehrten, Hofleuten und Künstlern in seinem Lande unternommen hatte und meist zu Pferde ausführte. Überall ging ihnen der Ruf voraus, und am Eingang eines jeden Dörfchens war die Bauernschaft versammelt, um den Monarchen zu begrüßen. Wo es aber auch sein mochte, immer wurde derjenige der Gesellschaft als der König mit feierlicher Anrede begrüßt, der da zufällig einen Schimmel ritt, worüber sich der erlauchte Unerkannte jedesmal "königlich" amüsierte.

Der Amtsschimmel jedenfalls hat mit alledem nichts zu tun. Er symbolisiert nur jemanden, der in seinem Amt nach "Schimmeln", d. h. nach alten Schablonen und Vorakten (lat. simile) arbeitet, ohne in den Sinn des vorliegenden Falles einzugehen.

Und was sagt der Volksmund?

> "Schimmel trägt so gut wie Rapp',
> Je nach dem die Hohlgass ist."

Punktum und basta!

Der gleichen Meinung waren wohl auch die Hunnen, die 175 v. Chr. das chinesische Heer in der Nähe von Peteng umzingelten. Ihre Schlachtordnung bestand in der Ostrichtung aus schimmelgrauen, im Süden aus fuchsroten, im Westen aus weißen und im Norden aus kohlschwarzen Pferden - alle gleich wert und tauglich!

Das lustig gekleidete Mittelalter und die buntschillernde Kavallerieperiode bis zum Ende des 18. Jhdts. bevorzugten kräftige Farben. - Der Schecke, der "Tiger", die Isabelle und der weißgeborene Schimmel waren damals die Lieblinge großer Herren, während alles Matte und Unbestimmbare abgelehnt wurde. Tiere von derlei matter Farbe sollten keine Kraft und Ausdauer haben, und über die Hellfüchse mit weißem Schweif und ebensolcher Mähne urteilt Fugger, daß sie träge und feige

Dieses junge Tyger-Pferd, welches zu Oranien-Pohden...in Holland gezogen hatte
dieses Aehren Poquet...und ist 1743 von der Hochgräfflichen Prominitzischen Herrschaft aus Schlesien als eine Rarität sehr teuer erkauft worden.   (J. Ridinger, 1745)

seien. Als die schlechtesten wurden die Fahlen angesehen, insbesondere die Mausefahlen, über die ein Gassenhauer seinen Spott goß:

> "Kaiser Carolus sin bestes Perd,
> Det was 'ne fahle Stute,
> Uft' ene Oge was et blind,
> Det andre was rein ute."

War man sich hierin mit den Mächtigen und Reichen einig, so schieden sich die Geister bei den Schecken:

Unter den "Wunderzeichen im Jahre 1555" wird mit bedenklichem Ton neben Meteoren und Werwölfen gemeldet: - "Im selben Jahr 1555 ist in der Mark, nicht weit von Königsberg, ein wunderlich Pferd geboren, das seltsame Hosen und Wamms angehabt, als wäre es brauner Sammet, zerschnitten und zerhacket."

Man scheint den ungewöhnlichen Schecken für ein gar übles Vorzeichen gehalten zu haben, denn er spielt auch in Schillers "Wallensteins Tod" eine verhängnisvolle Rolle:

> "Mein Vetter ritt den Schecken an dem Tag,
> Und Ross und Reiter sah ich niemals wieder."

Und so war dann auch der Volksmund der Meinung:

> "Nur Narren und Gecken
> Reiten auf Schecken!"

Dergleichen unglückverheißende Farben konnten allerdings durch besondere Abzeichen und Male wieder neutralisiert werden. Fugger meint, daß "die Rossz, was farb sie gleich immer sind, so gar keine weize Zeichen haben, untreuwe, widerspenstige, schiche, vngluckhaffte Rossz sind ... unsinnige Bestias, deren böse Eygenschafft nicht so wohl temperiert ist, als derjenige, der mit phlegmatischer Kühlein der weizen Zeichen moderiert; sonder die Cholera und Melancholia dominiert gar zu hefftig in jhnen."

Nichtsdestoweniger konnten auch weiße Zeichen durchaus unglücksbringend sein. - So erschienen die "Milchtrinker" oder "Krötenmäuler" mit ihren ganz weißen oder weißbetupften Mäulern nicht unbedenklich.

Bei den Arabern haben die verschiedensten Male und Abzeichen wie Stern, Stiefel sowie die Plazierung der Wirbel seit jeher eine gewichtige Rolle gespielt. - Sie kannten 11 solcher Male, die alle auf geheimnisvolle Eigenschaften hinwiesen. Besonders unheilverkündend war der äußerst seltene, doppelte Hornansatz an der Stirn, der für den Reiter Unglück und Tod bedeutete. Ein derart markiertes Pferd hieß "Kabr maftouh" - das absolute Unglück, denn "Kabr maftouh" heißt übersetzt "Das offene Grab"! - Nichts konnte helfen, es sei denn, man ließ die Finger von dem Tier! Fast ebenso schlimm war der "Boch nichan", ein Pferd, das an der Backe zwei Wirbel hat.

Die Römer glaubten, daß weiße Zeichen auf der linken Seite des Pferdes glückhaft, auf der rechten aber unheilvoll seien. Ein solches "Unglückspferd" ritt Sejan, der sich als Gardepräfekt unter Kaiser Tiberius der uneingeschränkten Gunst des Herrschers erfreute. Sejan hatte aber nur ein Ziel: Er wollte selbst römischer Kaiser werden. Um diesem Ziel näher zu kommen, ließ er sich ein sehr langsam wirkendes Gift besorgen und beförderte mit dessen Hilfe Drusus, den Sohn des Tiberius, auf qualvolle Weise vom Leben in den Tod. Das Verbrechen wurde ruchbar, und Sejan wurde gefoltert und hingerichtet. Seitdem galt in Rom für jeden Ränkeschmied und Intriganten das Sprichwort: "Er reitet auf dem Pferd Sejans".

Dergleichen Aberglaube hat sich von Rom über Arabien bis in das Abendland herübergerettet. - Höchsten Kurswert hatte ein Pferd, dessen Hinterfüße und der linke Vorderfuß sehr niedrig weiß gestiefelt waren. Ein solcher "Königsbalzan" (von ital. balzano = gezeichnet, gesäumt) galt als eine glückbringende Schönheit, ganz im Gegensatz zu einem "Kreuzfüßler", der nur zwei weiße Stiefel aufweisen konnte, die zu allem Ärger noch über Kreuz gingen. Ein derart gemeingefährliches Tier konnte ebensowenig wie ein solches, das ein hochgestiefeltes rechtes Hinterbein hatte, noch im Dreißigjährigen Krieg sicherlich keinen frommen Reiter finden. Nur ein Zauberer hätte es reiten können, ohne sich dem größten Unheil auszusetzen, denn

"Vier Füße mit einem weißen Zeichen
Dürfen keinen Zoll abweichen."

"Vier weiße Köten
Lassen den Reiter in Nöten.
Ist aber eine Bläß' dabei,
Magst du's reiten frank und frei!"

Wer erinnert sich bei der letzteren Redensart nicht an das Lieblingsroß Alexander des Großen, den Bukephalos, dessen Stirnblesse einer weißen Mondsichel glich, die sich bei allen seinen Nachkommen wiedergefunden haben soll.

Wenn nichts mehr half, dann Farbe und Pinsel!

Im Mittelalter war es geradezu eine Sucht, die Pferde mit den verschiedensten Farben zu "verschönern". - So färbte man beispielsweise das Pferd auf der einen Seite blendend weiß, auf der anderen pechschwarz. Über den Rücken zog sich zuweilen ein schreiend bunter, halbfingerbreiter Farbstreifen, ebenso um die Ohren, ja es gab kaum einen Körperteil, an welchem sich der Farbpinsel nicht ausgelassen hätte.

Noch im 16. Jh. liebte man bei festlichen Anlässen, den Schimmeln sowohl Schweif und Mähne als auch die Schenkel rot zu färben, und viele alte Reitbücher enthalten Anweisungen, wie solch "türkisches Rot" herzustellen sei.

Sinne und Seele des Pferdes

Wie beim Menschen, so ist auch beim Pferde das Auge der Spiegel der Seele.

Die häufigste Augenfarbe ist das Grau, schöner und edler aber erscheinen schwarze Augen, und durch lichten, rötlichen oder hellgrauen Glanz zeichnen sich die "Glasaugen" aus, nach denen zuweilen das ganze Pferd benannt wurde, und die vornehmlich bei Schimmeln und Isabellen vorkommen.

Früher war man der Meinung, daß ein Pferd, das viel Weißes im Auge hat, sehr boshaft und tückisch wäre. Häßlich wirken auf jeden Fall "Glotz-" und "Schweinsaugen", während große, helle "Sterne" als vorzügliches Zeichen von Rasse gelten:

> "Das große Auge, voll und hell,
> Des Lichtes ungetrübter Quell,
> Um den des Bogens Lid
> Die feine Wimper lieblich zieht.
> Es blickt so rein, so treu, so gut,
> Strahlt feurig klar in stolzem Mut,
> Als möcht' es fest versichernd sagen:
> "Ich will Dich durch die Hölle tragen!"

(A. Schumacher, Jagd und Pferd)

Der römische Dichter Oppian war überzeugt, daß die Augen eines Pferdes die Augenfarbe des Jagdwildes annähmen: bräunlich beim Bären, gelblich beim Leoparden, feurig glühend beim Widder und grau glühend beim Löwen.

Glaube es, wer will, - jedenfalls verfügen Pferde über eine außerordentliche Sehschärfe. - Eine arabische Legende erzählt von einem Wettstreit zwischen einem Löwen und einem Pferd, welche herausbekommen wollten, wer von ihnen besser sehen könne. Der Löwe war in finsterer Nacht fähig, eine in Milch liegende weiße Perle zu erkennen,

54

während das Pferd in eben dieser Nacht eine zwischen Kohlen befindliche schwarze Perle ausmachen konnte. Das Schiedsgericht sprach dem Pferd den Sieg zu.

Diese Schärfe des Gesichtssinnes hängt wahrscheinlich mit der Größe des Pferdeauges zusammen, denn kein anderes Landsäugetier hat ein so großes Auge absoluten Ausmaßes, wenn auch viel kleinere Tiere größere Augen in Relation zur Gesamtgröße ihres Körpers haben können.

Erwiesen ist, daß arabische Pferde ihren unter ähnlichen gekleideten Männern gekleideten Herrn aus über 400 m Entfernung erkennen.

Oft grenzt es ans Wunderbare, mit welcher Sicherheit das Pferd seinen Reiter in tiefster Dunkelheit über Stock und über Stein trägt, doch ist es natürlich purer Unsinn zu behaupten, es sei deshalb dazu fähig, weil es alle Gegenstände viel größer sähe, als sie wirklich sind, und sich daher auch vom kleineren Menschen regieren lasse!

Viele Reiter haben zu ihrem Kummer erfahren müssen, daß ihr Pferd durch eine plötzliche Bewegung an der Seite oder hintenwärts erschrickt und mit Durchgehen reagiert. Das hängt mit dem besonderen Bau des Auges zusammen, das den Bereich eines vollständigen Halbkreises umfaßt, so daß das Pferd, ohne den Kopf oder die Augen zu bewegen, zur gleichen Zeit direkt nach hinten und nach vorn sehen kann, - ein Umstand, der die Einrichtung der Scheuklappen veranlaßt hat und der dem Pferd auch die beklagenswerte Möglichkeit gewährt, beim Ausschlagen mit den Hinterhufen sein Ziel so sicher zu treffen.

Ob Pferde einen Farbsinn haben, ist nicht erwiesen. Im Gegensatz zu Menschen und Affen scheinen die meisten Säugetiere farbenblind zu sein, und so dürfte wohl jener Reiter seine Zeit verschwendet haben, der sein Pferd glücklich machen wollte, indem er grün gefärbtes Stroh verfütterte.

Ein ungemein schöner Anblick ist, das freie Pferd einen Gegenstand untersuchen zu sehen: - wie es in trotzig-kühnem und hochgeführtem Trab herankommt, die Ohren spitzt und die Nüstern weit öffnet, wie es dann behutsam und vorsichtig Fuß vor Fuß nahe herantritt, erst mit dem Auge, dann mit der Nase sorgfältig forscht und endlich, sozusagen beschämt, weitergrast, um seine unbegründete Furcht zu bemänteln, oder, wenn es kein Irrtum war, in einem Tempo kehrtmachend die Flucht ergreift, bis es die Herde erreicht, die sich gemeinschaftlich in den Verteidigungszustand setzt. - So dient die Nase dem Pferde als letzte Beobachtungsinstanz, während sich an dem ausdrucksvollen Ohrenspiel die gespannte Aufmerksamkeit ablesen läßt.

Neben der feinen Zeichensprache des Ohrenspiels und den gröberen Äußerungen der Schweifbewegung und des Scharrens ist auch das Wiehern ein hervorragendes Ausdrucksmittel des Pferdes. Für die verschiedenen Arten und Grade des Wieherns wie des Schnaubens hat die Sprache eine Fülle von Bezeichnungen: Brausen, Prusten, Schreien, Schnauben, Schnarchen, Hudern (für das wiehernde Atmen), etc.

So sehr das Wiehern - im Gegensatz zum "wiehernden Gelächter" des Menschen - zur erhabenen Beschreibung gehört, welche die Dichter von einem feurigen Hengst zu geben pflegen, so war es insbesondere im Krieg oft lästig, weil es schon manchen Überfall verriet. Neben dem bereits erwähnten Aufschlitzen der Nüstern schmierte man diese zuweilen auch mit Öl aus, um die feine Witterung einzuschränken, doch machte man damit nicht allzugute Erfahrungen, da Pferde ebenso oft aus Unruhe, Verlangen, Sehnsucht oder Furcht wiehern.

Pferde besitzen ein ausgezeichnetes Erinnerungsvermögen und vergessen daher nie einen Wutausbruch oder eine schlechte Behandlung durch den Pfleger. - Tiere, die bei der Kavallerie gedient hatten, erkannten nach Jahren noch jedes Trompetensignal, führten es oft auf der Stelle aus und brachten schon manchen harmlosen Bauern und Fuhrmann in arge Verlegenheit. Aber nicht nur die: - Als Friedrich den Großen einst ein französischer Gelehrter in die Schlacht begleitete, ging diesem das Pferd durch, sobald es das Trompetengeschmetter der attackierenden Husaren vernommen hatte, und entführte ihn zu den Österreichern, bei denen es aufgewachsen war.

Betrunkene oder schlafende Kutscher konnten sich seit jeher unbesorgt ihren Gäulen anvertrauen, die auch ohne die Führhand sicher den richtigen Weg nach Hause fanden. - Pferde, die viel in der Welt herumka-

Carle Vernet, Pferde auf der Weide. Archiv Olms

men, bildeten sich geradezu eine vollständige Idee von den Merkmalen der Wirtshausschilder, und sie vermochten selbst dort, wo diese Zeichen fehlten, Gastwirtschaften von anderen Häusern genau zu unterscheiden! - Mit Recht spricht man vom Pferd als einem stolzen Tier. "De is so stolt as'n Soldatenperd", heißt es in Ostfriesland von einem jungen Mann, der sich stramm und eigen hält.

"Ochsen muß man treiben, das Pferd wird gezügelt", sagt der Volksmund, und der alte Burkhard Waldis reimte 1520:

"Ein großes Pferd ausz hohem mut,
Das duncket sich gar viel zu gut.
Wann es ein böser Hund billt an,
Stillschweigend thut's fürüber gahn."

Und eitel ist es auch! - Mit welcher Noblesse bewegt es sich bei feierlichen Aufzügen und Paraden, wie kokettiert es mit schmuckreichem Zaumzeug und anderem Putz, wie anmutig tanzt es unter einem geschickten und geliebten Reiter, wie sehr fühlt es sich als Sportpferd durch den Beifall der Zuschauer beflügelt! - Hierzu eine kleine Geschichte aus grauer Vergangenheit:

Das altgriechische Völkchen der Sybariten hatte seine Pferde zum Tanzen abgerichtet und war sehr stolz auf diesen Dressurerfolg. Als sie eines Tages von den ihnen feindlichen Krotonern angegriffen wurden, verlegten diese sich auf einen Trick und spielten zum Tanz auf. Wie nicht anders zu erwarten, fingen die Pferde der Sybariten zu tanzen an, und in dem darauf folgenden allgemeinen Durcheinander gewannen die Krotoner den Kampf.

Auch die Reinlichkeit der Pferde ist weithin bekannt. Schimmel, so wird behauptet, weichen jeder Pfütze aus, was das Sprichwort "Witte pere kosten vel to streuen" insofern doppelsinnig zum Ausdruck bringt, als damit auch auf die hohen Folgekosten für solch ein erhabenes Tier hingewiesen wird. Dem edlen Araberpferd sagt man sogar nach, daß es seine Notdurft zurückhält, solange sich sein Herr in der Gesellschaft anderer Reiter befindet.

Darley Arabian. Der zweite Stammvater der Vollblüter wurde in Aleppo gekauft und lebte seit 1705 in einem Gestüt in Yorkshire. John Wootton, London.

Pferde lieben Geselligkeit, die zuweilen, wenn sie sich bis zum "Kleben" steigert, höchst unbequem werden kann. Die Neigung der Pferde, mit anderen in Freundschaft zu leben, ist so stark ausgeprägt, daß sie sich mangels eigener Artgenossen zu anderen Tieren halten, mögen es Hunde, Katzen, Kühe, Schafe oder sonstige Haustiere sein. - Der sonst so unzugängliche arabische Hengst "Godolphin Arabian", einer der Begründer des englischen Vollblutes, hing mit einer geradezu abgöttischen Hingabe an einer Stallkatze. Diese Liebe muß wohl nicht einseitig gewesen sein, denn nach dem Tode des Hengstes siechte die Katze dahin und folgte alsbald ihrem Verehrer nach.

Schlaue Wissenschaftler wollen herausgefunden haben, daß in der Intelligenzskala das Pferd nur den achten Rang einnimmt, weit hinter den Menschenaffen, Elefanten, Delphinen, Löwen, Hunden und Katzen. - Gemessen an der Fähigkeit, Jahrhunderttausende unter schwierigsten Umweltbedingungen zu überleben, müßte allerdings auch dem Pferd ein

Ehrenplatz in der Evolutionsgeschichte zugestanden werden, denn das müssen wir ach so intelligenten und zivilisierten Menschen ihnen erst einmal nachmachen!

Ähnliche Gedanken spiegeln sich in einer Fabel des Tierfreundes und Dichters Johann Gleim (1719-1803) wieder, in welcher sich die Pferde gegen die Herrschaft des Menschen empören:

> "Dem Menschen sind wir Starken untertan,
> Dem Menschen! Brüder seht es an
> Das vollkommene Tier!
> Was ist es, was sind wir!?
> Solch ein Geschöpf bestimmte die Natur
> Uns prächtigen Geschöpfen nicht zum Herrn!
> Pfui! Auf zwei Beinen nur!
> Riecht er den Streit von fern?
> Bebt unter ihm die Erde, wenn er stampft?
> Sieht man, daß seinen Nase dampft?
> Ist er großmütiger als wir?
> Ist er ein schöner Tier?
> Hat er die Mähne, die uns ziert?
> - Und doch ist er, ihr Brüder, ach,
> Der Herr, der uns regiert!"

Der große Philosoph Immanuel Kant hatte jedenfalls von dem Pferd eine so hohe Meinung, daß er erklärte, er würde gern mit dem Hut in der Hand vom Rücken des Rosses herabsteigen und mit diesem edlen Tier Konversation pflegen, wenn es nur imstande wäre, das Wörtchen "ich" zu denken!

Das kann es natürlich nicht, auch wenn manche Verhaltensweisen menschliche Intelligenz vorgaukeln mögen.

So erregte zur Shakespeare-Zeit das englische Wunderpferd "Maroco" Aufsehen. - Es konnte durch Kopfnicken den Wert einer Silbermünze in Pence anzeigen, Rechenaufgaben durch Schläge mit den Vorderhufen lösen, und auch einen Handschuh dem richtigen Besitzer zurückgeben, sobald ihm der Name des Besitzers in das Ohr geflüstert worden war. -

Unglücklicherweise brachte sein Herr das talentierte Pferd zu Vorführungen nach Rom, wo beide in den Verdacht gerieten, mit dem Satan im Bunde zu sein, und auf dem Scheiterhaufen verbrannt wurden.

Im 18. Jh. verlangte man geradezu Verstandeskunststücke vom Pferde. Das gutmütige Pferd, das sich jedem Klima und jedem Zeitalter anzupassen versteht, wurde in jenem Jahrhundert dann auch selber wunderlich. Es lernte, "einem hohen Adels und geehrtem Publikum" zuliebe, durch Hufschläge die Tageszeit oder das Alter vorgestellter Personen anzuzeigen, Karten zu spielen, sich tot zu stellen, und vieles andere mehr. Es apportierte, holte lebende Karpfen aus dem Eimer, setzte sich zu Tisch, aß mit vorgebundener Serviette, biß den Hanswurst in den ausgestopften Buckel, marschierte im Takt, sprang durch einen mit Papier verklebten Reifen, usw., usw.

Solche dressierten Pferde erregten das Staunen der Zuschauer so sehr, daß damals selbst wissenschaftlich gebildete Geister behaupteten, derartige Zauberkünste könnten nur mit Hilfe des Leibhaftigen ausgeführt werden.

Auch in unserem Jahrhundert noch werden gelegentlich dergleichen Kunststücke vorgeführt. - So stellte ein Herr v. Osten 1901 in Berlin sein Pferd "Hans" vor, das anscheinend mathematische Aufgaben lösen und auf Fragen antworten konnte. Die Fragen wurden auf eine große Tafel geschrieben, und das Pferd gab die Antworten, indem es mit den Vorderhufen tappte, und zwar mit dem rechten Fuß die Einer, mit dem linken die Zehner. Außer Rechenaufgaben löste Hans auch allgemeine Fragen mit Hilfe eines Morseapparates. War Herr v. Osten allerdings abwesend, so versagte das Spiel. Herr v. Osten war selber sehr überzeugt von der Intelligenz seines Pferdes, und tief enttäuscht, die Wahrheit erfahren zu müssen, daß das hochsensible Pferd auf manchmal unbewußte Hinweise des Ausbilders reagiert, auf fast unmerkliche Bewegungen oder Veränderungen im Klang der Stimme, die es mit außergewöhnlichem Scharfsinn erkennt. Es zeigt hierbei sicherlich eine hohe Stufe von Lernfähigkeit, aber es bleibt immer eine durchaus pferdehafte Fähigkeit und keine menschliche Intelligenz.

Sollte das Pferd sich deswegen ärgern?

Liebe auf den ersten oder zweiten Blick

"Wie verhält sich der Kavallerist zu seinem Pferde?", fragte ein preußischer Rittmeister seine Rekruten, und gab mangels Antworten selbst die Erklärung: "Wie die Dampfmaschine zum Dampf!" -

Dieser Funktionalist muß schon ein sonderbarer Mensch gewesen sein, der, bar jeder gemütvollen Zuneigung, das Pferd zu einem seelenlosen Gebrauchsgegenstand degradierte.

Wie anders dagegen der wahre Reiter!

Es ist schon ein Genuß, dem passionierten Reiter zuzuhören, wenn er auf sein geliebtes Pferd zu sprechen kommt: Es ist sicher, fromm, stolpert niemals, geht wie eine Wiege, ist dabei schnell wie der Blitz, stets gesammelt und zeigt selbst nach dem schärfsten Ritt "nicht ein nasses Haar" (der Ausdruck "schwitzen" wäre zu ordinär!).

Der Verstand dieses edlen Tieres, seine Aufmerksamkeit, Liebenswürdigkeit und Gelehrsamkeit, sein Gedächtnis und sein feines Gefühl, - es ist die Summe aller dieser Eigenschaften, die nicht selten ein so enges Verhältnis zwischen Roß und Reiter erzeugt, daß dem Pferd nur die Sprache zu fehlen scheint, um zu einem gleichwertigen Freund des Menschen zu werden. - Wie stark diese Mensch-Pferd-Beziehung sein kann, wird am Beispiel Alexander des Großen deutlich, der zu Ehren seines in der Schlacht am indischen Fluß Hydaspes tödlich verwundeten Lieblingsrosses Bukephalos eine Stadt gründete, der er den Namen Bukephala gab.Der römische Kaiser Caligula ernannte sein Lieblingspferd sogar zum Konsul, was den Fabeldichter A. Lieberkühn 1750 zu folgenden Versen anregte:

> "Caligula erhob sein Pferd zum Bürgermeister.
> Warum verlachen ihn doch unsre feinen Geister?
> Das war so schlimm doch nicht!
> Jetzt nimmt so mancher Staat
> Gar Ochsen in den Rat!"

Erzählenswert ist auch die Geschichte des spanischen Edelmannes Calvo, der in Diensten des französischen Sonnenkönigs Ludwig XIV. stand. Dieser Calvo war nicht nur ein Mann von eminenter Tapferkeit, sondern auch ein leidenschaftlicher Pferdeliebhaber. Mit seinem ganzen Herzen hing er vor allem an einem herrlichen Hengst namens Moncouer. Aufgrund seiner hervorragenden Leistungen bei der Verteidigung der Stadt Maastricht hatte er die Ehre einer Audienz beim König, und dieser brachte das Gespräch auf Moncouer und bot dem Spanier einen Tausch an.

"Fordere Eure Majestät meine Gattin, aber lassen Sie mir das Roß!" rief der entsetzte Calvo.

"Aber mein Freund!" entgegnete Louis, "Ihre Frau hat ja keine Zähne mehr!" -

"Sire!" bemerkte der Spanier, "Einem geschenkten Gaul sieht man nicht ins Maul!"

Den König soll diese Antwort so entzückt haben, daß Moncouer in Calvos Stall bleiben konnte.

Der sonst so mürrische und unzugängliche Preußenkönig Friedrich der Große brachte seinen Lieblingspferden mehr Zuneigung entgegen, als seinen Untertanen. - Meist gab er diesen edlen Rossen Namen historischer Zeitgenossen wie "Brühl", "Choiseul", "Pitt", "Kaunitz" u. a. Eines hieß "Lord Bute"; dieses Pferd mußte aber für die Schuld seines Namenspatrons büßen und mit den Mauleseln Bäume ziehen, als England 1782 bundbrüchig gegen Preußen wurde und mit Frankreich Frieden schloß. Der Rotschimmel "Caesar", den Friedrich sehr liebte, stand im Alter ungehalftert im Stall und durfte nach Gefallen im Potsdamer Lustgarten herumspazieren. Dieses Roß war so an den Monarchen gewöhnt, daß es immer große Freude äußerte, wenn derselbe von Sanssouci zur Parade nach Potsdam kam. - Die höchste Gunst von allen Pferden des Königs wurde aber dem Fliegenschimmel "Condé" zuteil, der sich durch Schönheit, Tüchtigkeit und Munterkeit gleichermaßen auszeichnete. Friedrich hatte ihm zwei kostbare Reitzeuge aus blauem Samt mit reicher Silberstickerei anfertigen lassen und benutzte ihn fast

Victor Adam. Maximilian, Duc de Leuchtenberg. Lithographie (um 1850).
Archiv Dr. Thieme

nur zu Spazierritten. Sein einziger schwerer Dienst waren die Potsdamer Herbstmanöver, ansonsten lief auch er frei im Schloßgarten herum. Nicht selten ließ Friedrich die Wachtparade eine andere Wendung machen, wenn Condé just im Wege stand. - Der König beschäftigte sich viel mit ihm und pflegte ihn mit Zucker, Melonen und Feigen zu füttern. Condé kannte seinen Herrn so gut, daß er immer schnurstracks auf den König zulief, um sich fröhlich wiehernd die gewohnten Leckerbissen zu holen. Dabei folgte er dem König nicht selten bis in den Saal des Schlosses. - Nach Sr. Majestät Tod kam er zur Pflege in das Gestüt der Tierarzneischule, wo er 38jährig verstarb. Zur bleibenden Erinnerung wurde er ausgestopft und im Vaterländischen Museum des Monbijou-Schlosses zu Berlin ausgestellt.

Die oftmals rührende gegenseitige Zuneigung hat Hofmann v. Fallers-
leben in einem gefühlvollen Lied zum Ausdruck gebracht:

> "Ich hab' mein Roß verloren,
> Mein apfelgraues Roß!
> Es war so treu im Leben,
> Kein besseres kann es geben
> Im ganzen Zug und Troß.
>
> Und als es kam zu sterben,
> Da blickt es mich noch an,
> Als spräch's mit stillen Mienen:
> Kann Dir nicht weiter dienen;
> Adé, mein Reitersmann!
>
> Und als es war gestorben,
> Da grub ich's ehrlich ein,
> Wohl unter grünen Matten
> In eines Baumes Schatten;
> Das soll sein Denkmal sein.
>
> Da sitzen die kleinen Vögel
> Und halten das Totenamt.
> Ihr braucht nicht erst zu lesen,
> Wie treu mein Roß gewesen:
> Sie singen's insgesamt."

Nicht immer zeigen Reitersleute die gleiche Gesinnung, insbesonders
bei Pferden nicht, die in die Jahre kommen. Diese Pseudo-
Pferdefreunde sollten sich am biederen altpreußischen Poeten Simon
Bach ein Beispiel nehmen, der 1656 in einem Bittgedicht an den großen
Kurfürsten für das alternde Pferd eine Lanze bricht:

> "Hat ein Roß sich wohl gehalten
> Und zuletzt beginnt zu alten
> Und nicht mehr tauget in der Schlacht:
> Es muß fressen, bis es stirbet,

Ja, kein alter Hund verdirbet,
Der uns treulich hat bewacht."

Glaubt man den alten Chronisten, so wurden die Pferde wesentlich älter als heute.

Aristoteles gibt die gewöhnliche Lebensdauer eines Pferdes auf 18 bis 20 Jahre an, bei besonders gut gehaltenen Tieren 25 bis 30 Jahre und unter außergewöhnlich günstigen Umständen auf 50 Jahre. - Solinus steigert das Höchstalter auf 70, Plinius sogar auf 75 Jahre. - Auch der Verfasser der schon mehrfach zitierten "Ritterlichen Reutterkunst", Marcus Fugger, bringt Beispiele von Pferden, die seinerzeit bei unerhört hohem Alter noch durchaus zu brauchbaren Leistungen fähig waren:

> "Ein Pferdt, das gute Wartung, auch anfanglich nicht zu früh geritten worden ist, das wehret und lebet lange, wie wohl sie vor Jahren noch lenger gelebt vnd gewehret, als sie zu unsren jetzigen Zeiten nicht tun. Der Albertus Magnus (1250) schreibt, er habe einen Reutter gekanndt, der sich in Scharmützeln vnd Schlachten auff einem Pferde von siebenzig Jahr alt finden vnd hab brauchen lassen, habe sich wohl vnd ritterlich darauf gewehret vnd gehalten..."

Heutzutage werden Pferde selten mehr als 40 Jahre alt. Das Sprichwort sagt:

> "Ein Zaun währt 3 Jahre, ein Hund überwährt 3 Zäune, ein Pferd 3 Hunde und ein Mensch 3 Pferde."

Um so erstaunlicher ist es zu erfahren, daß "Old Billy", ein englisches Rennpferd des vergangenen Jahrhunderts, das höchste Alter erreicht haben soll, das je für ein Pferd verzeichnet worden ist. - Old Billy verstarb im biblischen Alter von 83 Jahren.

Merkwürdige Vergleiche

Im Vergleich zu den Qualitäten anderer Tiere kommen die Pferde immer gut weg.

Burkhard Waldis weist in einer seiner Fabeln auf die besondere Niederträchtigkeit der Sau hin:

> "Als ein Sauw sah ein schönes Ross,
> Jung, wehlig, freidig, starck vnd grosz,
> Behangen mit Sattel vnd Zaum,
> Mit Balsen (= Decken), das mans sehen kaum,
> Sprach sie: 'Du armes, tolles Thier,
> Solch hoffart sollt nicht gelten mir.
> All tag mustu dein Leben wagen,
> Das du wirst gschossen oder gschlagen.
> Was hilfft dich denn dein grosser pracht?'
> Das Pferd sprach: 'Schweig du vngeschlacht!
> Stirb ich, so fahr ich hin in ehrn
> Mit Fürsten, Edelleuten vnd Herrn.
> Du aber weltzest dich im kath;
> Dein Leben keine Ehre hat.
> Zuletzt erstickst in deinem Blut
> Ohn Ehr, - wie man den Säuwen thut!' "

Und der Volksmund höhnt: .- "Und wenn man die Sau noch so oft sattelt, - sie wird kein Pferd!"

Auch auf die Esel und Maultiere häufte das Volk viel Schimpf:

> "Man führ' den Esel nach Paris,
> Es wird aus ihm kein Gaul gewiß!"

Etwas zweideutiger:

> "Wie schlimm auf Erden ist's bestellt,
> Sich dann recht zeigt,

Wenn der Esel als Held
Zu Rosse steigt."

Und: "Maulesel machen viel Parlaren,
Daß ihre Voreltern Pferde waren."

Selbst dem ärmsten Schlucker wäre es damals in Deutschland nicht in den Sinn gekommen, auf einem Esel oder Maultier zu reiten. Dergleichen galt als große Schande, und darauf beruhte auch die Strafe des "Eselreitens", die noch im 17. Jh. in Darmstadt und in St. Goar bei Frauen praktiziert wurde, die es gewagt hatten, ihren Ehemann zu schlagen! - Sie mußten unerbittlich auf einem Esel durch die Stadt reiten und auf öffentlichen Plätzen halt machen, wo ihnen zum wiederholten Male das gestrenge Urteil verlesen wurde. ˙

Als wie gering der Esel allgemein angesehen wurde, verdeutlicht eine Fabel von Christian Fürchtegott Gellert:

> "Ein Pferd, dem Geist und Mut recht aus den Augen sah'n,
> Ging stolz auf sich und seinen Mann,
> Und stieß - wie leicht ist nicht ein solcher Schritt getan -
> Aus großem Feuer einmal an.
> Ein träger Esel sah's und lachte.
> 'Wer', sprach er, 'würd' es mir verzeih'n,
> Wenn ich den gleichen Fehler machte.
> Ich geh' den ganzen Weg und stoß an keinen Stein!'
> 'Schweig!' rief das Pferd, 'Du bist zu meinem Unbedachte,
> Zu meinen Fehlern viel zu klein!' "

Fügen wir noch eine Fabel Konrad Pfeffels aus dem 18. Jh. hinzu:

> " 'Wer bist du?' sprach ein stolzes Maul
> Zu einem braven Ackergaul.
> 'Der dürre Hengst, aus dessen Samen
> Du stammst, lief mit dem plumpsten Karren,
> Bald vor dem Pfluge, bald vorm Farren.
> Mein Vater trug Achilles Namen,
> Und war Achill, das Riesenpferd,

Dem Kaiser tausend Kronen wert!
Nur an der Spitze seiner Heere,
Nur bei Triumphen ritt er ihn!'
- 'Doch deine Mutter', sprach die Mähre,
'War die nicht Fräulein Eselin?' "

Eine versöhnliche Parabel mag diese Tiervergleiche beschließen:

"Die Pferde laufen um Pfründen,
Indess' die Esel sie finden."

Ganz eigentümlich wird das Verhältnis von Pferd und Frau in Dichtung, Spruchweisheit und Redensart dargestellt. Martin Luther begeistert sich:

"Wer nicht Lust hat an einem blanken Schwert
Und nicht Lust hat an einem stolzen Pferd
Und nicht Lust hat an einem schmucken Weib, -
Der hat kein Herz in seinem Leib!"

Ähnlich äußert sich der Dichter Friedrich Bodenstedt:

"Das Paradies der Erde
Liegt auf dem Rücken der Pferde,
In der Gesundheit des Leibes
Und am Herzen des Weibes!"

Hier erscheinen die Frauen noch in einem durchaus positiven Licht, doch schon bedenklicher ist der Spruch:

"Frauen, Pfauen und Pferde
Sind die drei stolzesten Tiere der Erde."

Es kommt noch schlimmer:

"Eine Frau, ein Pferd und eine Kuh ohne Flecken,
Die sind noch zu entdecken!"

Vielleicht war es ein von den Frauen enttäuschter Mann, der folgende Sprüche von sich gab:

> "Wer seine Frau läßt gehen zu jedem Fest,
> Sein Pferd aus jeder Pfütze trinken läßt,
> Hat bald eine Mähre im Stall
> Und eine Hure im Nest!"

Und: "Vor drei Dingen hüte dich: Vor dem Vorderteil eines Weibes, dem Hinterteil eines Pferdes und vor einem Schmeichler auf allen Seiten!"

Galanter- und gerechterweise fehlt in den nachfolgenden Versen jeder anzügliche Bezug zum schönen Geschlecht, dafür geht es aber der Geistlichkeit an den Kragen:

> "Es hat in dieser bösen Welt
> Wohl jeder seine Finten:
> Den Ochsen meide vorne stets,
> Den Esel stets von hinten!
> Doch sollte grad' ein Pfaffe dir
> Den Weg entgegenschreiten, -
> Den meid' von allen Seiten!"

Was soll man von alledem halten? - Wahrscheinlich hatten diese Miesmacher ein ebenso gestörtes Verhältnis zu ihren Mitmenschen wie jener preußische Bauer, der angesichts seines toten Pferdes schier an Gott zu zweifeln schien:

> "Oh Gott, oh Gott, wat best du för e Gott,
> nömmst mi de Kobbel on lätst mi det Wiew!"

Lächerliche Figuren

Nicht jeder ist "mit dem Zaum auf die Welt gekommen", nicht jeder zum Reiten berufen: "Zum Reiten gehört mehr, denn zwo Lenden über ein Pferd schlagen!" sagt der Volksmund und fügt hinzu:

"De ton Esel geboren is, kümmt nicht upt Pferd!"

Kommt er aber durch einen glücklichen Zufall doch noch irgendwie hinauf, so gibt er ein Bild ab, das an ein Epigramm von Matthias Claudius gemahnt:

"Es war einmal ein Reiter,
Der hatt' ein schönes Pferd.
Gut das, und was dann weiter?
- Er aber war nichts wert!"

Viel bösen Hohn hatte insbesondere der Bauer auszuhalten, wenn er hoch zu Roß erschien:

"He! Watt sitt de Bur up't Perd, as de Moder Gotts uppen Esel!"

Oder: "Wenn die Bauern besoffen sind, laufen die Pferde am besten!"

Breitestes Kölner Platt "vätellt":

" 'Donnerledder!' säad de Boor, als hä nit op sin Pääd kunnt und de vehzehn Nuthälfer (Nothelfer) zo Hülf rehf, ävver sich su ne Wipp gow, dat hä op de andere Sick (Seite) widder erav rötschte, 'Donnerledder!' sääd hä, 'Dat se och alle vehzehn kummen moote. Wören er äkesch (nur) sibbe gekumme, dann wör ich akkerat op der Stirk (Schindmähre) geblevve!' "

An diesen Volkswitz dachte wohl auch Martin Luther, als er sagte:

71

"Die Welt ist wie ein besoffener Bauer! Hebt man ihn links in den Sattel, fällt er rechts wieder hinab!"

Nächst dem Bauerreiter boten reitende Geistliche und Gelehrte viel Gelegenheit zu Spott und Scherz. - Die Flensburger witzelten:

" 'Da hebben wi Gotts Wort swart up witt.' säd de Bur, da seg (sah) he den Prester up'n Schimmel."

Neben diesem durchaus humorvollen Scherz vernehmen wir aber auch Boshaftes:

" Wie der Ritter, so das Roß!' sagte Hans, als dem Pater die Sau zwischen die Beine fuhr und ihn in die Mistlache trug."

Auch der Bruder Studiosus kommt nicht ungeschoren davon. - In Gartnerus "Proverbalia" von 1566 lautet ein alter Spruch:

"Ein Schüler auf eim Ross,
Ein Hur auf eim Schloss,
Ein Lauss auf dem Grind -
Seynd drei stoltzer Hofgesind."

Die dritte Kategorie lächerlicher Figuren waren die reitenden Bettler:

"Weh den Eseln oder Pferden,
So die Bettler reiten werden!"

Oder: "Wird der Bettler Kavalier,
Ist auch er das stolz'ste Tier!"

Und: "Kommt der Bettler auf den Gaul,
Wird er stolz wie König Saul!"

Wenn ein Bettler auch schwerlich jemals "die Zügel der Regierung ergreifen" dürfte, so sollte er doch seinem Pferd niemals "die Zügel schießen lassen", sonst ist er bald "abgehalftert"!

Wie aber soll man sich bei folgenden Ratschlägen verhalten:

> "Sattle rückwärts, lieber Bruder,
> Dort sitzt du am Steuerruder!"

Andererseits:

> "Sattle vorwärts, lieber Bruder,
> Hinten schlägt das tolle Luder!"

Wie gewöhnlich liegt die Wahrheit wohl in der Mitte, wobei allerdings zu bedenken ist:

> "Der Gaul, den mutwillig wir plagen,
> Das Recht hat, hinten auszuschlagen!"

Je schlechter der Reiter, desto unnachsichtiger läßt er das an seinem Tier aus.

Diese leidvolle Erfahrung muß wohl auch jener schwäbische Dorfschulze gemacht haben, welcher das Pferd seines abgestiegenen Oberamtmannes am Zügel hielt und wiederholt im Tone innigsten Bedauerns die Worte sprach: "Armes Tierlein, armes Tierlein!" - Auf die verwunderte Frage des zurückkehrenden Vorgesetzten gab er die Erklärung: "Ich weiß wohl, was es heißt, wenn das Oberamt auf einem reitet!"

Ja, ja...:   "Böses kommt geritten,
> Geht aber weg mit Schritten!"

Abraham Gotthelf Kästner nimmt in einem Epigramm von 1750 wiederum die Studenten auf's Korn:

> "Klatscht, Burschen, klatscht! Laßt schwere Peitschen
> knallen.
> Laßt Hieb um Hieb auf müde Pferde fallen.
> Der Fremdling sieht es mit Erstaunen an
> Und denkt, daß jeder noch ein Schweinehirt werden kann!"

Dergleichen Schinder sollten besser Steckenpferde reiten!

„'Rauf, ja das kunnt er, - wie kommt er 'runter ?"
L. Koch, Die Reitkunst im Bilde. Wien 1928.

Heute ist das Steckenpferdreiten bei den Kindern aus der Mode gekommen, doch früher gehörte es zu den beliebtesten Spielen überhaupt. - Welche Rangstelle dieses Spiel damals in der Gunst der Kinder einnahm, verkündet der Kindermund selbst: - Ein Elternpaar, das der baldigen Ankunft eines zweiten Kindes entgegensah, fragte den Erstling, ob er lieber ein Brüderchen oder ein Schwesterchen haben möchte. - " Am allerliebsten ein Steckenpferd!" erwiderte der Knabe. - Eine zwar knappe, aber doch alles besagende Antwort!

Das Steckenpferdreiten der Kinder war immer ein Ausdruck überschäumender Lebensfreude und Freiheit. - Als man beispielsweise in Nürnberg den Westfälischen Frieden und damit das Ende des furchtbaren Dreißigjährigen Krieges feierte, erschien die ganze Jugend auf Steckenpferden reitend vor dem Quartier des Herzogs von Amalfi, Octavio Piccolomini, der über diesen Aufzug herzlich lachte, die Jugendlichen zum nächsten Sonntag wieder herbeirief und sie mit einer Münze beschenkte, die seitdem bei den Münzsammlern unter dem Namen "Nürnberger Steckenreitermünze" bekannt ist.

Über Sokrates, den großen griechischen Denker, ist eine Anekdote überliefert, die den grübelnden Philosophen von seiner heitersten und menschlichsten Seite zeigt. - Eines Tages, so wird berichtet, überraschte ihn sein Freund Alkibiades inmitten einer lärmenden Kinderschar auf einem hölzernen Steckenpferd reitend. - "Sage es niemandem", bat Sokrates. "als solchen, die da selber Kinder haben!"

Eine lächerliche Figur? - Beileibe nicht, eher ein wahrer Mensch!

Und mit einem Bekenntnis zur Wahrheit möge dieses Kapitel seinen Schluß finden:

> "Wer die Wahrheit liebt, der muß
> Schon sein Pferd am Zügel haben.
> Wer die Wahrheit denkt, der muß
> Schon den Fuß im Bügel haben.
> Wer die Wahrheit spricht, der muß
> Statt der Arme Flügel haben!"

Stallgeflüster

"Geh in England überall dorthin, wo du dem natürlichen, aufrechten, zufriedenen und wirklich netten englischen Menschen zu begegnen glaubst - und was wirst du finden? - Daß die Ställe der eigentliche Mittelpunkt des Hauses sind!" Diese Erkenntnis des Schriftstellers Sir Bernard Shaw läßt sich wohl auf jede Reiternation übertragen. - So führte in der osmanischen Zeit ein reicher Türke, den man zu einer geschäftlichen Besprechung aufsuchte, den Gast unweigerlich sofort in die sauberen Pferdeställe, in deren angenehmer Kühle die Angelegenheit verhandelt wurde.

Und dem leidenschaftlichen Pferdeliebhaber Kaiser Rudolf II. von Österreich sagt man nach, daß er der Rosse wie der Alchemie und Astronomie wegen das Regieren des Heiligen Römischen Reiches arg vernachlässigte. Wenn er sonst nicht zu finden war - in seinem Marstall traf man ihn gewiß!

Während die meisten Menschen ein gutes Drittel ihres Lebens im Bett verbringen, pflegen die Pferde eine noch größere Zeit im Stall zu stehen, da ein gesundes Pferd selten mehr als vier Stunden am Tag liegt. Seine Fähigkeit, im Stehen zu schlafen, rührt von einem Muskel her, der, ähnlich wie bei Vögeln, einmal im Kniegelenk angespannt, das Einbiegen des Knies ohne Willensakt verhindert. Der Körper des Pferdes ruht dann gleichsam wie ein Tisch auf vier festen Beinen.

Wie unter den Menschen, so gibt es auch unter den Pferden liebenswerte und unleidige Gesellen. - Die einen krabbeln ihrem Nachbarn an den Körperteilen, an die dieser selbst nicht hingelangen kann, die anderen dagegen versuchen, ihren Genossen das Futter zu stehlen oder nach ihnen zu schlagen. Futterneidische, aber sonst ganz fromme Pferde wollen während des Fressens nicht gestört werden und beißen nach jedem Stallgefährten, der das Futter auch nur von weitem anschaut. - Andererseits erzählt man immer wieder gern die Geschichte von den zwei Fohlen, die einem alten, zahnlosen Tier das Futter vorkauten und das Gekaute ihm in die Krippe schoben, wo es den zermalmten Hafer auflecken konnte. Solches Gemüt ist natürlich bei den Pferden ebensowenig die Regel wie unter Menschen. - Besonders die gemeinschaftliche Raufe gibt oft zu Nachbarzwisten Anlaß, und nicht selten sind Bisse am Hals die Folgen der "Rauferei um die Raufe willen".

Aber nicht nur Hader und Streit führen zur Entfaltung von Untugenden, noch mehr erwachsen aus Langeweile mancherlei dumme Streiche und häßliche Angewohnheiten. - Da gibt es die "Weber", die beständig den Körper hin und her schaukeln wie die Tiere in den Zookäfigen. Da sind die berüchtigten "Ausschläger", denen früher eine Schelle an den Schweif gebunden wurde, damit sie von jedermann rechtzeitig als "hufendes Pferd" erkannt werden konnten. Ausschläger sind im allgemeinen auch bissig und "kurren" oder "schnarchen", - und das "ist ein vnlieblichs und häszliches Ding", wie M. Fugger sagt. Die Ausschläger sind aber nicht einmal die schlimmste Kategorie ungehobelter Stallpferde. Da gibt es die turnlustigen "Krippen"- oder "Barren-Steiger", die, aus Mutwillen oder um bequemer an die Raufe zu gelangen, mit den Vorderfüßen in die Krippe steigen. - Aber selbst diese Untugend ist noch verhältnismäßig gutartig im Vergleich zu den "Krippensetzern", deren Erwähnung eine empfindliche Stelle in den Erinnerungen so manchen Pferdebesitzers berühren dürfte. Das mit diesem Laster behaftete Tier drückt mit einer Halsbewegung das Gebiß fest auf einen waagerecht liegenden Gegenstand, vorzugsweise auf die Krippe, und bringt durch plötzliches, gewaltsames Einziehen der Luft in den Rachen einen eigenartigen, rülpsenden Ton hervor. Dabei pumpt sich das Pferd voll Luft, schadet seiner Verdauung außerordentlich, verstreut den Hafer und zerstört die Krippe. Diese "Kopper, Köcker, Aufsetzer, Windschnapper, Barrenbeißer, Krippensetzer oder Musikanten" sind äußerst unbeliebte Insassen eines Stalls, und das um so mehr, als ihre oft bis zur Leidenschaft gesteigerte üble Angewohnheit unter den Pferden fast ebenso ansteckend wirkt, wie das Gähnen beim Menschen. - Man hat auf alle mögliche Weise versucht, die Tiere an der Ausübung dieser Untugend zu hindern. So hat man z. B. die Krippe beweglich gemacht oder ganz entfernt, doch das mißratene Geschöpf schert sich keinen Deut darum, ganz nach der Devise: "Hab' ich keine Krippe, so hab' ich doch 'nen Halfterstrick, und das Vergnügen bleibt am Ende das gleiche." Diese Luftkopper bringen es sogar so weit, ohne alle Hilfsmittel in der freien Luft zu köcken, wobei sie sich noch mit besonderem Behagen hin und her wiegen.

Die Summe all dieser schlechten Eigenschaften hat dazu geführt, daß das Krippensetzen heutzutage ein gesetzlicher Hauptmangel ist. Doch selbst ein Krippensetzer lebt nicht von Luft allein:

Bis tief in das Mittelalter hinein fütterte man die Pferde hauptsächlich mit Gerste- oder Hafergarben. Als Grünfutter dienten junges Gras, Kicherbohnen und Wicke, doch scheute man sich nicht, in Notzeiten oder aus sonstigen Beweggründen die eigenartigsten Ingredienzien dem Futter beizumengen. - So enthielt beispielsweise die Mahlzeit der edlen arabischen Pferde nebst Gerstenkörnern und Schrotschlempe häufig Speisereste, Milch, Fleisch und Obst. Die Fleischfütterung, und waren es auch nur Heuschrecken, wurde für sehr wichtig angesehen, weil sie nach arabischer Auffassung den Mut der Pferde erhöhte.

Die Pferde Alt-Griechenlands erhielten bei festlichen Anlässen sogar Wein zu trinken, und die Inder pflegten ihre Pferde mit Reis und Hammelcurry zu verwöhnen, doch leistungsfähiger und rassiger wurden ihre Tiere dadurch nicht.

Gervase Markham, ein englischer Jagdreiter und Pferdeexperte des 16. und 17. Jahrhunderts, empfiehlt in seinem Buch "How to Chase, Ride, Train and Diet both Hunting Horses and Running Horses" (1599) für Jagd- und Rennpferde eine Mischung aus Hafergrütze, Bohnen, Weizen- und Roggenmehl sowie frischen Eiern, Starkbier und Austern. - "Guten Appetit!" kann man da nur wünschen.

Über die Frage, wie viel, wie oft und zu welcher Tageszeit gefüttert werden soll, streiten sich seit jeher die Geister.

Die größte Menge Magenfüllfutter, die ein normalgewichtiges Pferd an einem Tag verträgt, liegt bei ungefähr 20 Pfund, die Mindestmenge bei etwa vier Pfund. Dabei ist die Speisekarte nicht gerade dürftig, denn vom Halfalfagras bis zum Hafer sind es 262 Arten von Pflanzen, die das Pferd mit Vergnügen frißt, wobei hervorgehoben werden soll, daß die alt- und mittelhochdeutsche Sprache das Wort "freszen" zwar sehr oft für die Tischgewohnheiten des Menschen gebrauchte, nie aber für die Nahrungsaufnahme des Pferdes. - Da heißt es immer "eszen"!

Die Araber gaben ihren Pferden nur abends Futter, während die europäischen Reiter das Prinzip "mehrmals und wenig" bevorzugten. - Welche Regel die richtige ist, soll hier nicht entschieden werden - auf jeden Fall muß man ausreichend füttern, um die Pferde in guter Kondition zu halten. - Wer kennt nicht die Geschichte von jenem Mann, der den Tod seines Pferdes um so bitterlicher beklagte, als er gerade in dem Augenblick erfolgte, wo man das Tier tatsächlich daran gewöhnt hatte, ungefüttert zu leben, und das Pferd diese Fastenzeit schon acht Tage überstanden hatte! - Dieser Mann hätte das alte Sprichwort beherzigen sollen, das da lautet:

>"Nur eisern Vieh
>Stirbt nie!"

Das hatten die sonst so herzlosen Fuhrleute schnell begriffen: "Wer mehr hinter die Pferde legt, als vor sie, der fährt nicht lange."

Also: "Ein gutes Pferd
          Ist seines Futters wert."

Das sollte eigentlich für jedes Pferd gelten, doch "das Pferd, das den Hafer verdient hat, bekommt ihn nicht", insbesondere die Ackergäule nicht, die da klagen:

>"Wir Ackerpferde müssen pflügen,
>Damit die Rosse Hafer kriegen."

Eine bittere Ungerechtigkeit, die Johann Fischart (1550-1591) zu einem ähnlichen Vers anregte:

>"Was die Ackermähren bauen,
>Das können die Barrenhengste kauen!"

Auf die Stallknechte ist nicht immer Verlaß, darum ist es besser, "des Herrn Auge füttert das Pferd", denn "wenn der Wohlgenährte ein dürr' Pferd hat, so kommt das daher, daß er selbst seines Maules wartet, seines Pferdes aber ein Knecht". - Ein stark beanspruchtes Pferd ist viel zu klug, als daß es im überhitzten Zustand Wasser trinken würde:

"Pferde lassen sich zum Wasser bringen,
Aber nicht zum Trinken zwingen."

Im Normalzustand neigt es aber zum Übersaufen. - Um das zu verhindern, empfahl man im 17. Jh. mehrere Rezepturen:

"Nimm eine Schlangenzunge, die da lebendig aus einer Schlange gerissen, flechte sie in eine Geissel; so lange du dieselbe im Wasser über dem Pferde schweben lassest, so übersäuft's sich nicht, und hätt es in drei Tagen nicht gesoffen."

Oder: "Stecke ihm im Reiten ein Holunderzweiglein auf den Kopf, so übersäuft es sich nicht in der Hitze."

Auch ein im Stall vergrabener Totenkopf oder Maulwurf sollte Wunder wirken. Um aus einer elenden, mageren Kracke innerhalb von nur acht Tagen ein schmuckes, dralles und rundes Pferd zu machen, pries man folgendes Mittel an:

"Nimm Coriander, Zittwer und Mispel von einem Birnbaum, zerpulvere alles und gib es dem Pferde zu fressen, so wird es bald zusehends fett davon."

Welcher Erfolg dabei zu verzeichnen war, ist leider nicht überliefert worden, - jedenfalls muß alles, was in den Bauch hineinkommt, auch irgendwann wieder hinaus. - Und damit berühren wir ein etwas anrüchiges Thema, an das sich aber viel Witz und Spruchweisheit knüpfen.

Gemeint sind die Roßäpfel und der Pferdemist:
In vielen europäischen Ländern war es Brauch, die Streu über einen Zeitraum von drei bis vier Monaten liegen zu lassen. Während dieser Zeit wurden Dung und Urin täglich mit frischem Stroh bedeckt, das von den Pferden zu einem festen und doch elastischen, immer höher werdenden Bett zusammengepreßt wurde.

Dieses sparsame System war nicht nur bei der Kavallerie beliebt, sondern auch bei den Bauern und Gastwirten, bei denen die Ställe zugleich als Abort dienten. Der so angereicherte Mist hielt nicht nur die Ställe warm, sondern trug auch auf den Feldern die allerbesten Früchte. - Die Kavallerieoffiziere waren für diese Art von Stallhaltung, weil der sparsame Verbrauch von Streu ihnen eine größere Ration an Heu und Hafer übrig ließ, und die Soldaten waren dafür, weil sie dadurch nur einen Bruchteil der sonst üblichen Arbeit zu leisten brauchten.

Wohl sagt das Sprichwort:

> "Auf dem Esel- und Pferdemist
> Selten ein guter Vogel ist.",

doch weiß der Volksmund auch Fröhlicheres zu berichten:

> " 'Wo Rook (Rauch) is, moot ook Fuer sin', harr de Boor
> segt, da wull he sin Pipe bi'n warmen Pierschat ansticken."

> (Ostfriesland)

Das alles war den Pferdeäpfeln doch zu primitiv, da sie sich gar vornehm dünkten:

> "Wir Äpfel kommen von Straßburg!"

riefen sie, wie sie den Rhein herunterschwammen; und ihre Vettern aus Norddeutschland waren nicht minder hochmütig:

> "Da schwimmen wir Äpfel,"

sagten die Pferdeköttel, und trieben in Gesellschaft eines Borsdorfer Tafelapfels die Elbe entlang. Das Volk urteilte nüchterner:

> "Junker Rossdreck ist sein Nam',
> Der mit den andren Äpfeln schwamm!"

Nun, wenn es auch dem Bürgermeister von Bopfingen nicht gelang, Roßballen auszubrüten, die der weise Stadtrat für Haseneier hielt, so ist doch zuweilen selbst der "Peerdsdreck" gar nicht so übel, - dann nämlich, wenn er uns von märchenhaft schönen Elfen heimlich in die Tasche geschoben wird. Wenn wir ihn nicht verächtlich fortwerfen, sondern ihn bis Sonnenaufgang in der Tasche aufbewahren, können wir altpreußischer Ansicht nach sicher sein, daß er sich in lauteres Gold verwandelt hat!

Alle echten Reiter haben seit jeher große Sorgfalt auf die Pflege ihrer Pferde gelegt. - Auf einem assyrischen Relief um 850 v. Chr. sehen wir einen Pferdeknecht, der ein an der Krippe fressendes Pferd gründlich und offenbar mit großer Kraft striegelt. - Auch für die Griechen war die Pferdepflege ein wirkliches Bedürfnis. Zur Säuberung des Fells gebrauchten sie einen hölzernen Kamm, und für den Glanz sorgte ein Reibzeug aus Dattelpalmenfaser. Leider erwiesen sich die zu diesen Zwecken berufenen Stallburschen nur allzuoft als liederliche Gesellen, und nicht selten rühmten sie sich noch ihrer Nachlässigkeit, wie jener "Stallratz" aus dem Märchen von den "Zwölf faulen Knechten":

> "Ich hab ein Pferd zu besorgen, aber ich laß ihm das Gebiß im Maul, und wenn ich nicht mag, so gebe ich ihm kein Futter und sage, es habe schon gefressen. Dafür lege ich mich in den Haferkasten und schlafe vier Stunden. Hernach steck ich wohl einen Fuß heraus und fahre damit dem Pferde ein paar Mal über den Leib, so ist es gestriegelt und geputzt."

Ein solcher Faulpelz hätte vom Preußenprinzen Carl gewiß seine Lektion erhalten, und zwar mit Hinweis auf die witzige und zugleich mahnende Inschrift an der Stalltür des königlichen Gutes zu Glienecke:

> "Hony soit, qui mal y panse!"
> (franz. panser = Striegeln)

Die Schmiede

"Schmiede muß man allzeit haben,
Brauchen's König, Fürsten, Grafen,
Juden und Soldaten.
Machen ihnen Spieß und Schwert.
Jeder hat ihn lieb und werth
Wegen seiner Taten.
Jeder hat ihn lieb und werth,
Beschlägt die Wagen und die Pferd',
Daß man kann fahren und reiten;
Dazu ist der Schmied bereit.
Braucht's in Sommer- und Winterzeit,
Bei Krieg und Theuren Zeiten!"

Dieses stolze Lied könnte aus der Feder von Hans Christian Goethe, Urgroßvater von Johann Wolfgang v. Goethe, stammen, der als Hufschmied zu Artern im Mansfeld'schen seinem ehrbaren Beruf nachging, doch ist das Lied wesentlich älter.

Hochgeachtet und würdevoll war der Beruf allemal!

Die Kunst des Schmiedes, kaltem Metall in feurigen Metamorphosen Gestalt zu verleihen, grenzte im Volksglauben an Zauberei. - Wieland der Schmied, der in rußigen Mauern finsteren Gemütes die herrlichsten Schwerter schmiedete; heimtückische, aber doch kluge Zwerge, die im Inneren der Berge wahre Meisterwerke der Schmiedekunst zustande brachten - diese geheimnisumwitterten Figuren waren es, an denen sich die Volksmeinung orientierte.

Im Mittelalter mußten die Gesellen bei der Meisterprobe drei Stücke anfertigen, nämlich eine alte Pflugschar "erlegen", d. h. wieder anschweißen, ein Rad mit gedoppelten Nägeln sowie ein Pferd makellos beschlagen. Die beiden ersten Proben konnten Meistersöhnen erlassen werden, nicht aber die letzte. Diese Aufgabe war deshalb besonders schwierig, weil die Eisen nicht angepasst werden durften, sondern nach Augenmaß geschmiedet werden mußten, wobei das Pferd hin und her geführt wurde. - Erschwert wurde dieses Aufgabe vielerorts noch dadurch, daß den Gesellen nicht einmal gestattet war, den Huf hochzuheben, um die Größe des Eisens besser bestimmen zu können.

In Europa wurden die Pferde stets heiß beschlagen, und zwar mit schweren Hufeisen, die riesige Stollen hatten und von sieben Nägeln festgehalten wurden. - Im Orient hingegen bevorzugte man den kalten Beschlag, der deshalb möglich war, weil die dort gebräuchlichen Eisen sehr leicht und dünn waren.

Welchem Volk das Verdienst zukommt, das Hufeisen erfunden zu haben, ist strittig, doch deutet alles darauf hin, daß es die Römer waren, die das Hufeisen im 1. Jh. n. Chr. entwickelten, und zwar erstaunlicherweise in England! - Warum gerade auf dieser Insel? - Nun, die sogar im Sommer vorherrschende hohe Luftfeuchtigkeit dieses Landes führte dazu, daß die Hufe der Pferde weich wurden. Das wäre an sich nicht so schlimm gewesen, hätten die Römer nicht Gallien und Britannien mit einem Netz hartgeschotterter Militärstraßen überzogen. Die Kombination von harten Straßen und weichen Hufen wirkte sich dermaßen verheerend auf die Gesundheit und Gebrauchsfähigkeit der Tiere aus, daß die Erfindung des Hufeisens sich geradezu aufdrängte.

Für kurze Strecken benutzten die Römer und auch die Griechen bis dahin die sogenannte Hipponsandale, eine Art Stiefel mit Eisensohle. Diese Hipponsandalen waren allerdings nur bedingt tauglich und im Vergleich zum Hufeisen teuer. Sie mußten alle drei Tage abgenommen werden, um den Huf von dem Druck zu befreien, ließen sich nur sehr schwer dem jeweiligen Huf anpassen, und da sie nicht so fest mit dem Huf verbunden werden konnten wie ein angenageltes Eisen, konnten sich leicht kleine Steine zwischen Sandale und Fuß festsetzte. - Alle diese Nachteile führten dazu, daß sich das Hufeisen in Windeseile überall durchsetzte.

Besonders gute Hufschmiede waren die Ordensritter. - Der Beschlagmeister eines Konvents oder einer Burg achtete mit Argusaugen auf die strenge Einhaltung diesbezüglicher diverser Vorschriften. Von den Brüdern verlangte man, daß sie sich beim Beschlagen der Pferde gegenseitig halfen, und wenn ein Bruder dem Ruf der Glocke zur None oder

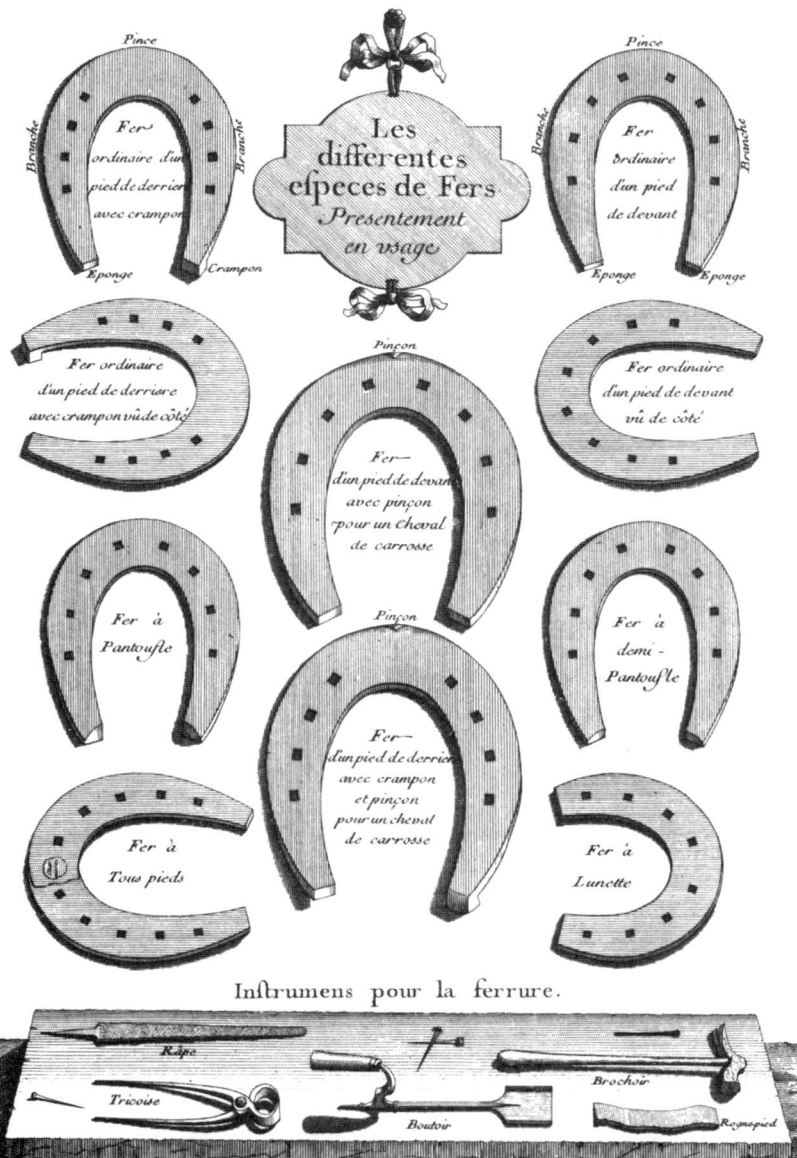

Les
differentes
efpeces de Fers
Presentement
en vsage

Pince — Branche — Fer ordinaire d'un pied de derrier avec crampon — Branche — Eponge — Crampon

Pince — Brouche — Fer ordinaire d'un pied de devant — Branche — Eponge — Eponge

Fer ordinaire d'un pied de derriere avec crampon vû de côté

Pinçon — Fer d'un pied de devant avec pinçon pour un Cheval de carrosse

Fer ordinaire d'un pied de devant vû de côté

Fer à Pantoufle

Pinçon — Fer d'un pied de derrier avec crampon et pinçon pour un cheval de carrosse

Fer à demi-Pantoufle

Fer à Tous pieds

Fer à Lunette

Inſtrumens pour la ferrure.

Râpe — Tricoise — Boutoir — Brochoir — Rognepied

Aus: F.R. de la Guérinière, Ecole de Cavalerie. Paris 1733.

85

Vesper nicht folgte, konnte er sich, abgesehen von wenigen anderen zwingenden Gründen , nur damit entschuldigen, daß er in der Schmiede beschäftigt und das Eisen erhitzt war, oder daß er gerade zu dieser Zeit den Huf für das Eisen beschnitt. - Waren die Tempelritter unterwegs, so hatte jeder Bruder eine Grobfeile bei sich, um im Notfall das Pferd auch kalt beschlagen zu können. - Für Mensch und Pferd ist es schlimm, wenn sie "vernagelt" sind. Besser ist es für sie, "gut beschlagen" zu sein, und daher ist es auch begreiflich, daß man noch in jüngerer Zeit einen vorzüglichen Tierarzt mit dem Ausdruck "Kurschmied" bezeichnete. Nicht jeder Schmied war jedoch ein ehrlicher Schmied, was in einem alten Spottlied beklagt wird:

> "Wie machen's denn die Schmiede?
> So machen sie's!
> Sie schlagen die Nägel neunmal krumm,
> Damit der Bauer gleich wieder kumm!
> So machen sie's,
> Ja, so machen sie's!"

Ob ehrlich oder unehrlich - im mittelalterlichen Japan wären alle Hufschmiede mangels Kundschaft verhungert, da man dort zu jener Zeit "Hufeisen" aus geflochtenem Stroh anfertigte. Da sich diese Strohsandalen begreiflicherweise sehr schnell abnutzten, mußten die Reisenden entweder zahlreiche Ersatzstücke mit sich führen oder diese unterwegs von armen Straßenkindern erstehen, die auf diese Art zum Unterhalt ihrer Familie beitrugen.

Doch zurück nach Europa! Bösartige Rosse, die sich nicht beschlagen lassen wollten, wurden mit Stricken umgelegt und festgebunden. Dieses umständliche Verfahren konnte jedoch vermieden werden, wenn man folgenden Ratschlägen Glauben schenkte:

> "Ein unbändiges Pferd wird geduldig zum Beschlagen oder zu irgendetwas anderem, wenn man ihm einen kleinen runden Kieselstein in das Ohr steckt, dieses Ohr mit der Hand fest zuhält und streichelt. Noch geduldiger wird das Tier, wenn man dieses mit beiden Ohren vornimmt."

Empfohlen wurde auch, einem bösartigen Pferd öfters in die Nüstern zu blasen. Damit man dabei aber nicht in das Gesicht gebissen wurde, sollte man anfangs dem Tier einen Maulkorb umbinden. Später bedurfte es dessen nicht mehr, "denn das Pferd bekommt eine wahre Zuneigung zu dem Haucher und drückt sein Behagen an dem Hauch in mancherlei Weise aus, namentlich durch das sogenannte Lachen, indem es den Kopf ausstreckt, die Oberlippe in die Höhe zieht und mit den Zähnen fletscht." Wahrscheinlich hat sich das Pferd über diese Prozedur krumm gelacht!

Verabschieden wir uns aus der Schmiede mit Nikolaus Lenaus schönem Schmiedelied:

> "Mein Röslein, ich
> Beschlage Dich;
> Sei frisch und fromm
> Und wieder komm!
>
> Trag deinen Herrn
> Stets treu dem Stern,
> Der seine Bahn
> Hell glänzt voran!
>
> Bergab, bergauf
> Geh flinken Lauf,
> Leicht wie die Luft
> Durch Strom und Kluft.
>
> Trag auf dem Ritt
> Mit jedem Schritt
> Den Reiter du
> Dem Himmel zu.
>
> Nun Röslein, ich
> Beschlage dich;
> Sei frisch und fromm
> Und wieder komm!"

Roßkuren

Nichts ist vollkommen auf dieser Erde, und auch die bestgepflegten Pferde sind ebenso wie die behütetsten Menschen vielfachen Leiden unterworfen.

Wurde ein Pferd krank, so waren neben dem allseits beliebten Brennen seit jeher Aderlasse, Einläufe, Pflaster, obskure Salben und zusammengesetzte Wässerchen die gebräuchlichsten Mittel, deren Heilkraft insgesamt in den Sternen stand. Daß viele der auf diese Weise "behandelten" Tiere überhaupt die Torturen überlebten, muß geradezu wie ein Wunder erscheinen!

Von Mitteln solcher Art wimmeln schon die Werke der antiken Schriftsteller. - So verband unsere Altvorderen eine eigentümliche Beziehung mit der Schwalbe und deren angeblichen Heilwirkung auf Augenkrankheiten. Noch im 4. Jh. n. Chr. bediente sich der römische Roßarzt Pelagonius zur Heilung von Augenleiden eines Sudes von abgekochten Schwalbennestern, und bei "Roßpest" verabreichte er der armen Kreatur einen aus Wein und der Asche lebendig verbrannter, junger Störche vermischten Trank!

Dergleichen Quacksalberei hat sich jahrhundertelang behaupten können, beispielsweise auch bei M. Fugger (1584):

> "So ein Pferdt rotzig ist, nimb eine weisze Gansz vnd gib jhr 4 Wochen nichts andres zu eszen als Gersten vnd Wein zu trinken vnd schlag jhr dann das Haupt ab vnd thue dem Pferde desz Bluts in die Nasenlöcher mit einem Blasbalck - es wird gesundt."

Noch früher (um 1440) empfiehlt Johann Mynnsinger "Für die würm im Pauch des pferds":

> "Die würm in dem pferd soll man also vertreiben: man soll nehmen das gedärm von einem Jungen huhn, vnd die also warm vnd gantz dem pferd in den hals stossen vnd Ihm

Ich sage das dieses auch sey/
Ein gute Cur vnd Artzeney/
Ein reiner Stall der lufftig ist/
Rechte wart vnd pfleg zu jedr frist/
Ein zimbliche vbung darbey/
Vnd das auch Ruhe im Stall sey.

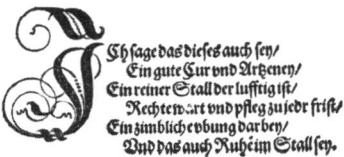

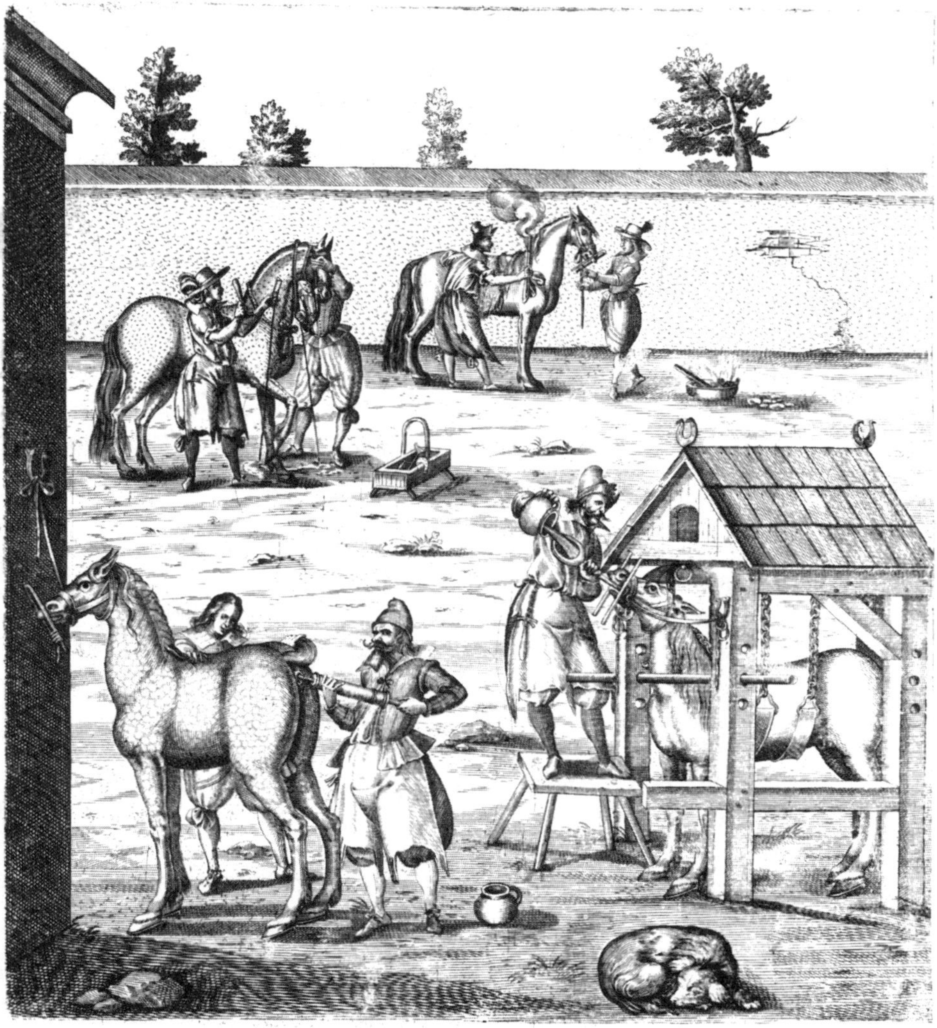

Roßkuren. G.E.Löhneysen, Über die Reutterei. Remlingen 1609.

den Kopff übersich heben alslang, bis er in die Därm hinab schlindet vnd also soll man Ihm nit viel geben zu eszen oder zu trinken bis in die newnten stund; vnd man soll ain handvoll holders vnd ain handvoll bircken wohl sieden in wasser, vnd das selb wasser soll man seihen vnd dem pferd davon geben zu trinken; vnd will es davon nit trinken, so soll man es Ihm in den hals giessen, das es hinab schlinde. Ist dem pferd gut für die würm."

In Altenburg vertraute man bei dieser Krankheit lieber der Beschwörung:

"Der Herr fährt auf seinem Acker herum,
Dreimal 'rum.
Das eine Pferd weiß,
Das andere schwarz,
Das dritte Pferd rot -
Das ist der Würmer ihr Tod!"

Eine aus dem 15. Jh. stammende Beschwörungsformel wendet sich zugleich auch gegen die Kolik:

"Welches ross die würm in dem gederm hat, der soll das ross mit seinem linken fusz stoszen und sagen: 'Wurm all die würm, die in dem ross sind, dasz euch des ross lib, flaisch, gederm und bain als ledt sin zu genieszen und zu brauchen und euch das all unmar (widerwärtig) sey, als unsrem herrn ains pfaffen wib (Weib), die des Tüfels feldmersch (Ackergaul) ist. Als wahr müsset ihr in dem Rossflaisch sterben! - Das gebüt euch der Mann, der die Marter und den tot erlaid!' "

Ein ostpreußisches Mittel gegen dasselbe Leiden bestand darin, daß man das Tier mit einer Brotschaufel dreimal bestrich, eine Beschwörungsformel aussprach und dreimal ausspuckte.

Wenn ein Pferd verwundet war und stark blutete, so "sollt man es behüten, das der Mond daruf nit scheinen mög, wann des Mondes schein in die wunden is dick ain vrsach gewesen, das das pfärd davon gestorben is" (J. Mynnsinger).

Auch sonst war dem Mond nicht so recht zu trauen, schlug er doch so manches Pferd mit der "Mondblindheit". - H. Trichter beschreibt sie 1716 als "eine Herabweichung der Feuchtigkeiten in dem Aug, so von den Dämpffen, welche aus dem gantzen Leib zu dem Haupt hinaufsteigen, entspringt, und ficht es, das Aug, je nach Gelegenheit des Monds an, wenn nehmlich derselbige voll oder neu ist; daher man denn auch die Pferde, so damit behafftet, monig zu nenen pflegt."

Dann half nur noch Fischöl, und zwar das einer Äsche: "Dieses Öl nimm dann und beschmiere den blinden Pferden mehreremal des Tages die Augenbrauen damit, so werden sie in vier Wochen wieder sehend!" Für solchen Blödsinn und Aberglauben hat der Volksmund ein treffendes Sprichwort gefunden:

> "Wer einen einäugigen Gaul zum Tierarzt bringt,
> kriegt leicht einen blinden zurück!"

Gegen das "Buckpit", eine Art Krampf des Pferdes, strich man in Westfalen dem Tier den unteren Bauch mit der rechten Hand von vorn nach hinten und sprach:

> "Knall und Kniff,
> Und dat oll Wif,
> Sall min Pird
> Dat Puckpit verdriven!

Bei tragenden Stuten erscheint zuweilen am Unterleib eine Geschwulst, die man auch "Pogge" (Frosch) nennt. Um sie zu vertreiben, berührte man sie dreimal mit der linken Hand, und während ein Mädchen unter dem Bauch des Pferdes hindurch und wieder zurück kroch, murmelte man:

> "Pogg, Pogg, öck rahd' di,
> Hier öss e reine Jungfer, dei verjagd di'!"

Bei den Geisteskrankheiten unterschied man zwischen "Dummkoller", "melancholischem Koller" und "Tollkoller" bzw. Tobsucht. - Fugger erzählt, daß alle Arten von Koller vorzugsweise die Pferde in Böhmen befallen würden, insbesondere jene, die am St. Georgstag geboren wurden.

Und natürlich war man festen Glaubens, daß nur der "böse Blick", also das Verhexen, die Ursache dieser Krankheiten sein konnte. - Dagegen half wiederum nur Beschwörung, wie jener altpreußische Spruch:

> "Min Orske (Pferd), hebbe die twee böse Ooge gesehne,
> Sullen die dree goode wedda sehne!"

Unsere Vorfahren waren aber keineswegs damit zufrieden, bereits vorhandene Übel zu heilen, sondern sie wollten verständlicherweise auch Mittel haben, um die gesunden Kräfte zu erhalten und gar zu steigern:

Schnitt man sonntags während des Kirchenläutens im Namen Gottes einen Haselstecken und rührte damit den Pferden den Hafer um, so waren sie ein ganzes Jahr lang vor Krankheiten gefeit. - Träge und matte Tiere wurden mutig und stark, wenn man sie mit Tollkirschen fütterte, die aber nur in der Weihnachtsmitternacht gepflückt werden durften, und die dem Teufel dadurch abgewonnen wurden, daß man ihm eine schwarze Henne hinwarf.

Roßtäuscher

Bevor ein Pferd im Stall ist, muß man es erst einmal haben. Abgesehen vom ruchbaren Diebstahl oder einem geschenkten Gaul, bleibt hierfür nur die Wahl, entweder ein Fohlen selbst zu ziehen, oder aber ein Pferd zu kaufen.

Wie oft ist der gutgläubige Käufer von gerissenen Pferdehändlern betrogen worden!

Die gefährlichste und zwielichtigste Gestalt von allen Roßtäuschern war der "Pferdemäkler" oder "Drümmler", wie er vielerorts hieß. "Drümmeln" bedeutet im Süddeutschen "sich im Kreise drehen, schwindelig werden", und diese Mäkler machten ihrem Namen wirklich alle Ehre, allerdings mit dem Unterschied, daß nicht sie sich im Kreise drehten, sondern, daß sie die Kaufinteressenten schwindelig redeten. - Der Redestrom eines solchen Roßtäuschers war einfach fabelhaft! Er war immer ein "Maulkoser", also einer, der das sagte, was der Käufer gern wollte. - In Tilsit z. B. legte man ihm die drolligsten Redensarten in den Mund:

"Wie der Herr befiehlt, so sieht das Pferd aus!"

Oder noch toller:

"Herrke, wie se wölln, drächtig oder nicht drächtig,"

als Antwort auf die Frage des Käufers, ob die Stute trächtig sei.

Eine erste Empfehlung also:

"Soll der Gaul was taugen,
Kauf nicht mit den Ohren, kauf mit den Augen!"

Dringend wird angeraten, sich vor Blendereien zu hüten, denn "goldner Zaum macht's Pferd nicht besser!" - Schon der gute, alte Burkhard Waldis wußte, daß nicht immer die herausgeputzten Pferde auch die besten sind:

"Viel Rossteuscher ein mal zusammen
Mit Pferdten auf ein Rossmarkt kamen,
Die sie dachten thewer zu verkauffen.
Die sollten in die wette lauffen.
Sie thetens butzen vnd bestecken
Mit schönen Zeumen vnd Rossdecken,
Auff das sies hielten thewer vnd werdth.
Da kam auch hin ein scheuszlich Pferdt,
Rauh, vngestriegelt, vngeschlacht,
Vnd wardt von andren allen belacht.
Da es aber war lauffens zeit,
Lieffs für jhn allen ausz gar weit.
Damit erlangets preisz vnd lab
Vnd gewann seim Herrn geschenk vnd gab."

Den Pferdemäkler reizte der weite Spielraum, um die Stimmung des Käufers zu beeinflussen, ja er empfand geradezu ein schadenfrohes Behagen, wenn er einem gutgläubigen Käufer eine elende Schindmähre aufgeschwatzt hatte.

Über diese "Haie des Roßmarktes" urteilt Marcus Fugger voller Empörung:

"Dann so mich einer in einer andren Sache betriegen will, so ist es doch nur umb etliches Geld zu thun; betreugt mich aber einer an einem rossz, so gefährliche Mangel an jhm hat, so betreugt er mich nicht allein umb mein Geld, sondern umb mein leib vnd leben, welches Gott nicht allsogleich wiedergiebt, wie das zeitlich gut. Also von schlechten Geldes wegen liefert mich solch Schelm auff die Fleischbank."

Hastige, eitle und klugsprecherische Alleswisser kaufen bekanntlich am schlechtesten, und darum rät F. Trautvetter, seinerzeit Roßarzt bei der sächsischen Armee, zu folgendem Verhalten:

"Sei beim Handel wie ein König,
Denke viel und rede wenig!

Wie auch immer die Gestalt,
Bleibe ruhig, bleibe kalt,
Und besonders bleibe stumm!
Rede nicht von steif und krumm,
Schweig, und sieh auf seinen Gang,
Ob die Tritte kurz, ob lang.
Ruhig sag: 'Ich danke schön!'
Wenn kein Handel soll geschehn.
Sage einfach, kurz und schlicht:
'Lieber Freund, es paßt mir nicht!' "

Doch Schweigen fällt nicht immer leicht, zumal dann nicht, wenn der Verkäufer den Interessenten mit einem Redeschwall überschüttet. - "Den Bauern austreiben" nannten die Drümmler das virtuose Wegloben und arglistige Vertuschen von Fehlern, die zuvor mit Schere, Pinsel, Meißel und Zange verdeckt wurden. Zu lange Ohren wurden beschnitten, schlaffe Ohren mit Draht aufgesetzt und zusammengezogen; dicken Köpfen wurden alle längeren Haare ausgerissen oder gar die Hebemuskeln der Oberlippe abgelöst, um "trockener" auszusehen; schlechte Abzeichen oder haarlose Stellen wurden angestrichen, rauhe Mähnenhaare gebrannt; war der Hals des Pferdes "abgehauen", d. h. am Widerrist zu dünn, so wurde die Decke weit darübergeschoben; abgenutzte Zähne erhielten durch den Meißel ein jugendfrisches Aussehen; "trug" das Pferd schlecht, so rieb der Drümmler den After mit Pfefferstaub ein, damit es den Schweif kräftiger hebe; war es senkrückig, so wurde es mit der Vorhand bergauf gestellt; schläfrige und matte Pferde wurden zuvor unbarmherzig gepeitscht, um hitziges und lebensfrohes Betragen vorzugaukeln, ... usw.

Von besonderer Wichtigkeit war und ist beim Kauf natürlich das Alter des Pferdes. - Dieses läßt sich, wenigstens bis zum zehnten Lebensjahr, durch die Anzahl der Zähne sowie durch die "Kunden", d. s. dunkle Einkerbungen auf der Kaufläche, ziemlich genau bestimmen. - Da die Milchzähne erst mit viereinhalb Jahren durch bleibende Zähne ersetzt werden, zogen gerissene Händler älteren Pferden einige Zähne, um ein jüngeres Alter vorzutäuschen. Dunkle Kunden, die ab dem siebenten Lebensjahr erscheinen, wurden ausgebrannt, gelbliche Zähne weiß überpinselt und abgenutzte Kauflächen mit Feile und Meißel aufgerauht. - Wenn alle diese Manipulationen nicht mehr halfen, schlug man die armen Tiere so lange, bis ihnen "der Schaum vor dem Maul" stand, der eine genaue Beurteilung der Zähne verhinderte, so sehr man den Pferden auch "auf den Zahn fühlen" mochte.

Darum: "Dreien Dingen glaube nicht,
Sonst bist du ein betrogener Wicht:
Einer weinenden Frau,
Einem schwitzenden Pferd
Und einem Drümmler, der dir schwört!"

Nicht selten griffen die Händler auch zu abergläubischen Mitteln. - So waren beispielsweise die böhmischen Roßtäuscher ganz gierig nach der Kleidung eines erhängten Verbrechers, denn wenn man diese dreimal über den Rücken des Pferdes gegen die Richtung der Haare strich, erhielt das Tier ein feuriges Temperament.

Bei diesem Aberglauben kamen die Pferde wenigstens noch ungeschoren davon, ebenso bei der "Besprechung" des westpreußischen Bauern, der sein Pferd zum Markt führte:

"Ich treib und trab dich über die Schwell',
Der Heilige Geist ist mein Gesell'!
Wer mein Pferd anfaßt, ist auch mein,
Der soll und muß der Kaufmann sein.
Der muß es kaufen ohne Ruh und Rast,
Bis er mein Pferd in seine Hände faßt!"

Der alte Onkel Wachtmeister in Fritz Reuters "Olle Kamellen" erzählt, worauf man zu allererst achten müsse:

"Min Sahn (Sohn), bi Frugenslüd (Frauen) und bi Pierd möst du immer tauierst nah den Beinen kieken. Is dat Gangwerk adrett, is de Beinsatz in Ordnung, und is das Fautgeschirr proper, dann kannst up Fliet (Fleiß), up Ordnung und Düchtigkeit reken."

96

Schwieriger noch als die Beurteilung des Gangwerks ist die des Gesamtbaues. Ein österreichischer Spruch gibt dazu folgenden merkwürdigen Anhalt:

> "Allzulang und schwank
> Hat keinen Gang.
> Allzukurz und dick
> Hat kein Geschick.
> Doch oben kurz und unten lang
> Verspricht Kraft und kurzen Gang."

Ein Hauptfehler vieler Käufer besteht darin, daß sie mit ganz allgemeinen Vorstellungen von einem Pferdeideal in den Handel eintreten und oft von einem Tier Eigenschaften verlangen, die sich gegenseitig widersprechen. - Wer aber überspannte Ansprüche stellt, ist nach einer Weile mit seinem Kauf unzufrieden und erscheint gewiß wieder auf dem Markt, um abermals mit einem Pferd heimzukehren, das seinen Erwartungen nicht entspricht.

Solche Leute sollten den Spruch beherzigen:

> "Wer alle vierzehn Tage einen anderen Gaul in den Stall
> stellt,
> Der zieht binnen kurzem selbst seinen Wagen durch die
> Welt!"

Wenn auch die Warnung:

> "Traue keinem Judaskusse,
> Fremden Hund und Pferdefuße,"

durchaus begründet ist, darf doch die Ängstlichkeit des Käufers nicht zu weit gehen, denn

> "Wer Frauen und Pferde sucht ohne Mängel,
> Hat nie ein Roß im Stall, im Bett nie einen Engel!"

Und wie der Pferdehandel unserer Vorfahren dadurch gültig wurde, daß Käufer und Händler "den Halm miteinander brachen", also einen Grashalm zwischen sich teilten, so breche man zuguterletzt mit allen kleinlichen Bedenken und ziehe in Gottes Namen von dannen.

Kommt man schließlich heim, so sollte man aus der ersten Hufspur, die das Roß auf eigenem Grund und Boden macht, etwas Erde aufnehmen und rückwärts werfen. Dann kann das Pferd, brandenburgischem Glauben nach, nimmermehr beschrien oder behext werden!

Wie die Zucht, so die Frucht

Wer ein Fohlen selbst zu ziehen beabsichtigt, begibt sich auf glattes Parkett und sollte daher einige Grundkenntnisse unbedingt beherzigen.

Seit Olims Zeiten sind sich alle pferdezüchtenden Völker darin einig, daß letztlich das vererbende Blut die wichtigste Grundlage für eine erfolgreiche Zucht darstellt. Die Methode, Vorzüge wie Fehler vieler Generationen mit genealogischer Genauigkeit aufzuzeichnen, ist ebenso alt wie die Kenntnis von der Vererbung von Eigenschaften selbst. - Auf treue und beständige Vererbung kann man nur da rechnen, wo sich bereits seit längerer Zeit konstante Eigenschaften eines bestimmten Schlages zu erkennen gegeben haben. Diese Kriterien bestimmen die beiden Hauptarten der Pferdezucht, nämlich die Reinzucht und die Kreuzung. Bei der Reinzucht werden die Pferde gleichen Stammes und gleicher Eigenschaften gepaart. In ihr liegt die beste Gewähr für die Beständigkeit der Eigenschaften in der Nachzucht, aber sie erfordert auch viel Beharrlichkeit und Sachkenntnis.

Ihr sehr nahe steht die Inzucht, von der Ph. v. Arnim sagt:

> "Hat man ausgesucht schöne Pferde gefunden, welche dem Klima, der Nahrung usw. angemessen sind, so halte man sich an diese und scheue sich nicht, die Tochter mit dem Vater, die Schwester mit dem Bruder zu begatten. Nur hierdurch ist es möglich, einen besonderen und eigentümlichen Charakter in einer Stuterei zu erhalten. - Nur durch dieses Mittel blieben die Sonnenkinder der Peruaner so ausgezeichnet vom eingeborenen Volke unterschieden, daß dieses nicht zweifeln konnte, sie wären zum Herrschen geboren."

Diese Meinung teilte über 2000 Jahre zuvor schon der griechische Philosoph Aristoteles, der ein Gestüt erst dann als vollkommen ansah, wenn die Hengste ihre Mütter und Töchter ungeniert besprangen.

Ihm folgte der römische Dichter Ovid:

"Auch die übrigen Tiere begatten
Ohn' Ausnahme sich ja; auf dem Rücken den Vater zu
tragen,
Gilt nicht schimpflich dem Rind; dem Hengst wird die
Tochter zum Weibe.
Tieren, gezeugt von ihm selbst, beiwohnet der Bock und
der Vogel
Zeuget auch selber mit dem, aus dessen Geschlecht er ge-
zeugt war."

Doch Vorsicht, Vorsicht - allzuviel Zügellosigkeit ist bekanntlich unge-
sund und führt zu Ergebnissen, denen nur mit Blutauffrischungen zu
begegnen ist. - Also her mit guten Hengsten gleichen Schlages, aber
anderer Sippe, und schon kommt neues Leben in die abgeschlaffte Gesellschaft!

Kreuzung wird betrieben, wenn man einem schon vorhandenen Pferde-
schlag gewisse ihm fehlende Eigenschaften anerwerben möchte, und zu
diesem Zweck die vorhandenen Stuten mit entsprechenden Hengsten
paart. Auf alle Fälle sollte man Hengst und Stute nach den Eigenschaften aussuchen, welche die Tauglichkeit gerade zu dem Dienst begrün-
den, für den man das Fohlen zu ziehen beabsichtigt. Zuweilen spielt
auch die zu erzielende Haarfarbe eine Rolle, doch warnt schon M. Fugger vor allzu fragwürdigen Ratschlägen:

"Etliche Leut seynd, die sagen, wann man die Follen von
einer Farb haben will, soll man laszen die Bescheller
mahlen vnd anstreichen; darauf halt ich aber nicht viel,
sondern allein für Imaginationes vnd Opiniones, die gar
wenig fundiert sein."

Was den Sprung selbst angeht, so schreibt er:

"Wann man mit einem Hengst beschellen will, soll man
ihn wohl füttern, solch nicht arbeyten laszen; dann die Ar-
beyt würd dem Pferdt die krafft, Spiritus vnd feuchte min-
dern vnd entziehen, welche drey ding doch eynem Pferdt
zum generieren gröszlich von nöthen seyndt, Man soll ihn

auch zuvor, ehe man ihn springen läszt, der Stuten offt vorführen, damit sie den Hengst recht sehe und wohl roszle."

Andererseits glaubte man, daß die Stute um so sicherer empfange, wenn man ihr schon 30 Tage vor der Begattung nur wenig Futter gab und sie hart arbeiten ließ. Selbst Hippokrates, der berühmte griechische Arzt, war davon überzeugt, daß gutgenährte weibliche Tiere aller Gattungen zu brünstig seien und nicht empfangen, "denn es ist bei ihnen wie bei dem Acker am Fuß des Berges, der untätig ist und dessen Saat vergeht, wenn er der fetten Schlammerde von oben zu viel erhält."

Vor dem vollendeten dritten Lebensjahr wurden sowohl Hengste wie Stuten nur selten zur Zucht zugelassen, und mit dem zehnten Lebensjahr war das Ende der Mutterfreuden angezeigt, um die Gesundheit der Stuten nicht zu gefährden. Die Hengste hingegen durften sich bis über das dritte Lebensjahrzehnt weiter betätigen. So berichtet Aristoteles von einem Zuchthengst, der mit vierzig Jahren noch sprang, zum Sprung aber auf- und abgehoben werden mußte! - Nun, Alter schützt vor Torheit nicht:

> "Es ist kein Gaul so krank und alt,
> Er gumpt, wenn ihm die Stut' gefallt!"

Ob aus einer Paarung ein Hengst- oder ein Stutenfohlen hervorgeht, steht seit jeher in den Sternen geschrieben. Dennoch meint Marcus Fugger, hierzu einige Tips geben zu können:

> "Wenn man drey Tag vor vollem Mond beschellt, soll es ein Vollen (Hengstfohlen), wann man aber drey Tag nach vollem Mond springen läszt, soll es ein Schleichle (Stutenfohlen) abgeben. Item sie sagen: man soll im Mayen von einem Apfelbaum eine rote Blüt vnd das gemiesz von der Martersaul ab dreyen Kirchhöffen nehmen, in ein Brod thun, wohl salzen, dem Stutenpferd i. N. der hl. Dreyeinigkeit eingeben vnd alsbald darauf den Bescheller springen laszen, so soll dieselb Stut ein gewisz Vollen tragen."

Und Ph. v. Arnim fügt zwei Jahrhunderte später hinzu:

"Man wird um so mehr Hengstfüllen erhalten, je weniger man den Zuchthengst Sprünge verrichten lässt; hingegen muß man, um das weibliche Geschlecht zu vermehren, den Hengst stärker angreifen. Diese Bemerkung ist auf Natur gegründet, denn im wilden Zustand lebt der Hengst in Polygamie, und es müssen mehr Thiere weiblichen Geschlechts geboren werden. Der Hengst, der eine Herde von 15 bis 25 Weibern führt, schwächt sich in der Begattungszeit nicht minder als der Hirsch, der ebenfalls mehr Töchter erzeugt."

Ein Aberglaube des ganzen Altertums war, daß der Wind, insbesondere der Süd- und Westwind, im Stande sei, Stuten zu befruchten. - Selbst wissenschaftliche Schriftsteller wie Plinius, Varro und Aelian sprechen davon in ernsthaftem Ton, und der römische Dichter Vergil begeistert sich:

"Siehe, gewaltig erhebt sich die rasende Liebe der Stuten
...

Über den Gargarus hin und den lauten Askanius führt sie banges Gelüst.

Sie ersteigen die Höhen, sie durchschwimmen die Flüsse.

Stehn dann nach Westen gewendet auf zackigen Höhen des Berges,

atmen die wehenden Lüfte, und ohne Bespringen des Hengstes

füllt sie der schwängernde Wind in wunderbarer Begattung."

(Georgica III)

Dergleichen Irrglaube hat sich bis in die neuere Zeit hinein herübergerettet. Marcus Fugger berichtet:

> "Etliche seyndt, die geben jhnen auch selbs zu verstehn,
> sie können machen, dasz ein Stut einen Vollen oder
> Schleichle, wie sie es gern wölln, generieren soll, vnd sa-
> gen: Wann im Beschellen der Wind vom Septentrion
> (Westen) hergeht, soll es einen Vollen abgeben, vnd von
> Meridie-lufft (Südwind) ein Schleichle. Doch ist dies zu
> verstehn, dasz sie sich in dem Beschellen mit dem Hindern
> gegen den Wind müssen kehren!"

Erkrankte eine Stute während der Monate ihrer Leibesschwere, so
bringt sie, laut Aristoteles, stets einen zwergartigen Maultierbastard zur
Welt, "der, wie die menschlichen Zwerge, eine große Rute hat!"

Verwarf sie, d. h. hatte sie eine Fehlgeburt, so nahm der Volksglaube
an , dies käme daher, daß sie über eine Pfluggabel geschritten sei.

Hessischem Glauben zufolge mußte man die Nachgeburt acht Tage
lang im Stall verstecken, sonst stach eine Hexe einen Strohhalm hinein
und tötete so das Fohlen. - Die Ostfriesen wiederum rieten, die Nachgeburt so hoch wie möglich auf eine Eiche oder Esche zu hängen, denn
dann trug das Fohlen den Kopf recht hoch und gedieh prächtig. - Auf
alle Fälle mußte man die Nachgeburt vor den Hunden verwahren, denn
es war eine weitverbreitete Meinung, daß die Hunde Tollwut bekämen,
wenn sie davon fraßen!

Sehr selten gebiert eine Stute mehr als ein Fohlen auf einmal und noch
seltener bleibt auch nur ein Zwilling oder Drilling am Leben.

M. Fugger empört sich daher zu Recht:

> "Lächerlich ist, was man von einem Edelmann schreybet,
> der seinen Mayer oder Pfleger des Diebstahls beschuldig-
> te, weil er in seiner Jahresrechnung zwölff Schweinlein
> von einer Sau und nur ein Füllen von einer Stut einge-
> bracht hatte."

Stirbt das Fohlen, dann trauert die Stute so herzlich, daß man in Ostfriesland sagt: - "He lett de Lipp hangen, as de Mähr awer dat dode Fahlen!"

Die Mutterliebe der Stute ist überhaupt sehr groß, und schon aus dem Altertum ist jene Geschichte bekannt, wie Darius auf der Flucht eine Stute bestieg, deren Fohlen man daheim gelassen hatte, und die nun mit Windeseile und unglaublicher Ausdauer den Weg dahin zurücklegte. Ein neugeborenes Fohlen ist nicht gerade hübsch, doch hat das, wie auch bei vielen Menschenkindern, nur recht wenig zu sagen, denn "de rugsten Fahlen gewt de besten Päre", sagen die Oldenburger, und die verstehen bekanntlich eine ganze Menge von der Pferdezucht. Zum Schutz der Fohlen auf der Weide gebrauchten unsere Vorfahren folgende Beschwörung:

"Oh Herr Vater Jesu Crist,
Was ain hailigen mann du pist,
Als wenig dir chain mensch mag geleichen,
Als wenig soll mir chain wolf noch
Wolfin das ross nymmer peiszen!"

Man sollte sich sehr hüten, dem jungen Tier zu früh Arbeit zuzumuten, denn "wer mit jungen Pferden pflügt, macht krumme Furchen!" - "Brich dem Füllen nicht das Kreuz entzwei!", - das ist auch der Sinn einer Parabel von Johann W. Hey:

" 'Springe nur Füllen, mein fröhlich Kind,
Hin und her, hurtig wie der Wind!
Bist noch ein Weilchen frank und frei,
Wirst du erst groß, dann ist's vorbei.
Hast dann Müh' und Arbeit genug,
Trägst den Reiter, ziehst den Pflug!'
Das Füllen sprang mit frohem Sinn
So hurtig neben der Mutter hin,
Und durfte spielen und scherzen bloß.
So ward es gar schön und stark und groß.
Dann hab' ich's gesehen nach drei Jahren,
Da konnt' es die schwersten Lasten fahren."

Mutterliebe. Winter v. Adlersflügel, Neuer Tractat von der Stuterey oder Fohlenzucht. Nürnberg 1672.

Marcus Fugger, Von der Gestüterey. Frankfurt 1584

Im zweiten Lebensjahr regen sich die ersten Liebesgefühle in den Fohlen und die Geschlechter werden getrennt. In dieser Zeit entscheidet sich auch, ob ein Hengstfohlen zu einem Wallach wird oder nicht. - Das Kastrieren war und ist eine entscheidende Vorbedingung für eine erfolgreiche Herdenzucht. Der Erfolg ist der, daß der verschnittene Hengst nunmehr ohne Bedenken mit den Stuten zusammengebracht werden kann. Er geht sicherer unter dem Reiter oder vor dem Wagen, ist frommer und wohl auch gelehriger, aber er verliert auch viel von seiner Munterkeit und seinem Stolz.

Die frühen Nomadenzüchter führten diese Operation in einer sehr primitiven Weise aus, indem sie den Samenstrang des Tieres mit den Zähnen durchbissen. Später ging man dazu über, die Testikeln entweder mit "einem hülzernen Instrument" zu zerschlagen oder mit einem Messer zu zerschneiden.

Sicher ist, daß eine einmal durchgeführte Kastration nicht mehr rückgängig gemacht werden kann, und so mag man über jenen Klevischen Bauern nur den Kopf schütteln, von dem der Volkswitz berichtet:

> " 'Bei Gott is alles möglick!' sai de Bur, 'da bracht hei de Rünne (Wallach) no den Hengst.' ",

- nämlich um Fohlen zu ziehen.

Erfolg wird überhaupt nur derjenige haben, der den alten Spruch beherzigt:

> "Wie die Zucht,
> So die Frucht!"

Hunnen, Araber und Kreuzfahrer

Erste Impulse für eine effiziente Pferdezucht in Deutschland und Mitteleuropa gingen von der Mongolei und Arabien aus.

Wie die Sage berichtet, seien einst die Hexen wegen ihrer verderblichen und scheußlichen Machenschaften aus der menschlichen Gesellschaft in die Wildnis verbannt worden. Dort hätten sie sich mit bösen Geistern gepaart, und das Produkt dieser widerwärtigen Paarung seien die Hunnen gewesen. Vierschrötig, säbelbeinig, bartlos, mit zotteligem Haar und schriller Stimme, boten sie in der Tat einen erschreckenden Anblick, der ihre Herkunft von dämonenhaften Voreltern zu bestätigen schien, - Wie ihre westlichen Nachbarn, die Skythen, lebten und wohnten sie gewissermassen auf den Rücken ihrer Pferde, ja sie stiegen selbst dann nicht vom Pferde, wenn sie ihre natürlichen Bedürfnisse erledigten.

> "Die Natur kann den Kentaur nicht fester mit seinem Rumpf verbinden, als der Hunne zu Pferde sitzt.",

schreibt der römische Historiker Claudianus.

Als Lebensunterhalt genügte diesen von keiner Kultur beleckten Reitersleuten geräuchertes oder gedörrtes Pferdefleisch, das sie unter den Satteldecken weich ritten, sowie Stutenmilch. In kargen Notzeiten öffneten sie zuweilen die Venen ihrer struppigen Ponys und zapften deren Blut ab, um es entweder zu trinken oder eingedickt auf dem Feuer zu braten.

Wiederholt drangen diese wilden Horden plündernd und mordend in das Reich der Chinesen ein, um diesen demütigende Bedingungen aufzuerlegen, so z. B. den Tribut einer Anzahl wohlgenährter Jungfrauen aus dem Adelsstand. - Gegen diesen zähen und beweglichen Feind konnte es für die Chinesen nur ein Mittel geben, nämlich bessere Pferde! - Als im Jahre 126 v. Chr. kaiserliche Gesandte berichteten, daß im fernen Land Tayüan (Turan) "himmlische", hochgewachsene und doch feinknochige Pferde gezüchtet würden, die auf Erden nicht ihresgleichen hätten, entsandte der Kaiser Wu-ti eine Abordnung in dieses westliche Land, die tatsächlich einige dieser Rassepferde gegen Jade, Seide und Korallen eintauschen konnte. Nachdem weitere Geschäfte zum Erliegen gekommen waren und kaiserliche Gesandte gar ermordet wurden, setzte Wu-ti zwei Armeen in Marsch, um sich die dringend benötigten Pferde mit Gewalt zu holen. Der Blutzoll war enorm! Auf dem mehr als 3.000 Kilometer langen Marsch starb über die Hälfte der Truppe an Hunger und Erschöpfung, und die Beute betrug nur etwa 50 edle Hengste und rund 1.000 Halbbluthengste und Stuten, doch mit diesen wenigen Pferden gründete der Kaiser auf den trockenen Kalksteinsteppen im Norden und Westen riesigen Gestüte, die letztlich über 300.000 Pferde verfügten.

Diesem gewaltigen Potential hatten die Hunnen nichts mehr entgegenzusetzen, und so wandten sie sich - sehr zum Leidwesen der europäischen Völker - fortan nach Westen.

Bei ihren ständigen Einfällen hinterließen sie immer eine schreckliche Spur blinder Verwüstung und abscheulicher Greueltaten, von denen die, ihre Gefangenen in großen Wasserkesseln zu sieden und danach deren Fett abzuschöpfen, nur eine von vielen war. - Um eine größere Streitmacht vorzutäuschen, befestigten sie zuweilen Menschenpuppen auf ihren Ersatzpferden, die ihnen in großer Zahl wie Hunde nachfolgten. Ihre Kampfesweise, mit wiederholten Scheinangriffen die gegnerischen Reihen in Unordnung zu bringen, war ebenso gefürchtet wie ihre Pfeilschießkunst mit dem doppelt geschwungenen Bogen.

Zwar gelang es den Römern und deren Verbündeten, in der gigantischsten Reiterschlacht des Altertums, der Schlacht auf den Katalaunischen Feldern 451 n. Chr., den Vormarsch der Hunnen vorerst zu stoppen, doch der Rückzug dieser Horden sowie der Tod ihres Königs Attila (453) - der "Geißel Gottes" - verschafften den bedrohten Völkern nur eine relativ kurze Verschnaufpause. - Das Erbe der Hunnen übernahm um 570 n. Chr. das mongolische Reitervolk der Awaren, das sich in ganz Osteuropa festsetzte. Hilfe kam aus einem Lande, aus dem man sie gar nicht erwartet hatte - aus Arabien!

Die halbnomadischen Araber und Juden hatten ursprünglich keine Pferdezucht betrieben, sei es, weil das Gesetz Moses den Juden die Pferdehaltung verbot, sei es, daß ihr steiniges und von Schluchten durchzogenes Land für Pferde wenig geeignet war. Erst Salomon, dieser prachtliebende König, legte sich einen großen Marstall zu. Im Buch der Könige ist zu lesen:

> "Und Salomon brachte zuhauf Wagen und Reiter,
> Daß er hatte 1.400 Wagen und 12.000 Reiter."

Die Pferde und Wagen bezog er aus Ägypten, und zwar "einen Wagen für 600 Silberlinge und ein Pferd für 150."

Seine Nachfolger jedoch brachten nicht die gleiche Begeisterung für die Pferde auf, sondern widmeten sich verstärkt der Zucht leistungsfähiger Kamele, Esel und Schafe.

Die ersten Hinweise auf eine wiederauflebende Pferdezucht bei den Arabern datieren aus den beiden letzten Jahrhunderten vor der islamischen Zeitrechnung, die im Jahre 622 n. Chr. ihren Anfang nahm. Woher allerdings die Pferde stammten, ist nicht überliefert, doch ist wohl davon auszugehen, daß sie Abkömmlinge jener alten syrischen und assyrischen Streitwagenpferde waren, deren Ahnen ihren Ursprung in den zentralasiatischen Steppen hatten. Jedenfalls verloren die Araber nunmehr keine Zeit, die Rasse zu verbessern, und als Resultat stellte sich ein Pferd vor, das an Schönheit, Kraft, Ausdauer und Schnelligkeit seinesgleichen suchte. Ohne diese vorzüglichen Pferde sind die sich über einen längeren Zeitraum erstreckenden Eroberungszüge der Moslems bis hin nach Indien (664) und Spanien (711) einfach nicht vorstellbar.

Als dem weiteren Vordringen der Araber nach Mitteleuropa im Jahre 732 bei Tours und Poitiers durch Karl Martell und seine gewappneten Franken ein dauerndes Ende gesetzt wurde, fielen diesen eine Menge jener guten Pferde als Beute in die Hände, und Karl Martell, "der Hammer", machte sich eiligst ans Werk, mit diesen edlen Tieren die einheimische Kaltblutrasse zu veredeln. - So wurde der Grundstock zu den vortrefflichen Limousiner Schlägen gesetzt, die später von Karl

Mamelucken. Stich nach Mason. Archiv Olms

dem Großen besonders gefördert wurden, und die schließlich im Stutengarten Herzog Ludolfs von Schwaben ihre hohe Blüte erlangten - in Stuttgart, dessen Wappen noch heute eine schwarze Stute mit säugendem Fohlen in weißem Feld zeigt.

Mit diesen leistungsstarken Pferden hatte Kaiser Karl nunmehr keine Mühe, die Awaren aus Europa zu vertreiben, zumal diese durch andauernde Kämpfe mit den Slawen und innere Zwistigkeiten ohnehin schon sehr geschwächt waren. - Der letzte große Vorstoß mongolischer Reiterheere erfolgte Anfang des 13. Jh. unter Dschingis-Khan, dessen Aufklärungsverbände bereits bis nach Schlesien vorgedrungen waren, als der plötzliche Tod des Großkhans im Jahre 1227 Mitteleuropa vor neuen Verwüstungen bewahrte. Bemerkenswert in diesem Zusammenhang ist, daß Dschingis-Khan bei einem Jagdausflug zu Tode kam, als sein Pferd vor einer unerwartet erscheinenden Wildpferdherde scheute, sich voller Angst zu Boden warf und seinen Reiter unter sich begrub.

Obwohl wir Europäer wirklich keinen Grund haben, diesen erbarmungslosen Reiterhorden nachzutrauern, so dürften wir darüber doch nicht vergessen, daß wir ihnen nicht nur die Erfindung des doppelt geschwungenen Bogens und des Steigbügels verdanken, sondern auch eine Menge Reitertradition.

Eine weitere Bereicherung erfuhr die europäische Pferdezucht durch die Kreuzzüge.

Als Papst Urban I. auf der Synode von Clermont im Jahre 1095 zur Befreiung des Heiligen Landes aufrief, rannte er offene Türen ein, denn endlich bot sich den jüngeren Söhnen adeliger Familien ein Betätigungsfeld, auf dem es Ruhm und Ehre zu gewinnen gab. - So soll Gottfried von Bouillon auf dem ersten Kreuzzug 1097 schon 100.000 Reiter in seinem Gefolge gehabt haben, darunter 40.000 "Milites". Diese Milites, die vornehmlich dem fränkischen Machtbereich entstammten, waren mit besonderen Privilegien ausgestattete Gefolgsleute, die ihrem Herrn zur ständigen Heerfolge verpflichtet waren. Nachdem sich diese Lehnsmannschaft vorzugsweise zu Roß erhoben hatte, knüpfte sie an ihr Waffentum einen exklusiven Glanz und eine derart hohe Ehre, wie sie der wohlhabende, freie Bauer vielfach weder erschwingen noch

Majocchi, Sarazenenschlacht. Reiterkampf mit Kreuzrittern. Archiv Dr. K. Thieme.

begehren wollte. So erwuchs nach und nach ein "höherer Stand", der seine Geldmittel aus dem Lehen bezog. Es wurde Gewohnheitsrecht, solche Lehen, von denen der Reichsdienst zu Pferde geleistet werden mußte, nur an Nachkommen von Männern zu vergeben, die diese Bedingung schon erfüllt hatten, so daß die freien und schöffenbaren Männer zwar noch das Recht zu solchen Lehen besaßen, tatsächlich aber keine mehr empfingen. Diesen privilegierten Milites boten sich mancherlei Möglichkeiten zur militärischen Bewährung, so beispielsweise in den Kämpfen Otto des Großen gegen die Ungarn, doch die breiteste Entfaltung und den großartigsten Aufschwung erfuhren die Milites durch die Kreuzzüge. Im Heiligen Land bildeten sie zuerst Privatgesellschaften freier, berittener Männer zur Verteidigung des hl. Grabes und des Tempels, zur Pflege der Kranken und zum Schutz der wandernden Pilger. Aus diesen Vereinigungen erwuchsen die geistlichen Ritterorden, deren Mitglieder sich zwar in mönchische Ordensregeln fügten und daher unverheiratet blieben, aber zugleich die Waffen mit großem Nachdruck führten.

" 'Diese Leute', schreibt der hl. Bernhard, 'tragen niemals schmucke Gewänder, und waschen sich selten. Zottelig anzusehen mit ihrem ungekämmten Haar, sind sie vom Staub verkrustet und wie verdorrt unter der Last der Rüstung und dem Sonnenbrand. Ihre Pferde tragen keinen Zierrat oder sind mit üppigem Geschirr aufgeputzt, denn diesen Männern ist es allein um Kampf und Sieg im Namen Gottes zu tun, nicht um Pomp und Angeberei.' "

Zu der unerträglichen Hitze, in der die Brüder in ihren Eisenrüstungen beinahe erstickten, und dem freien Kampieren in bitterkalten Winternächten gesellten sich noch unangenehme Leiden wie Skorbut oder Ruhr, ganz zu schweigen von dem ständigen Aufderhutsein vor gefährlichen Raubtieren, von denen sich die Leoparden als noch verschlagener erwiesen als die Löwen. - Hierzu eine kleine Geschichte: - Einmal nistete sich eine dieser Pardelkatzen in einem Kirchturm ein, und als der zu Hilfe gerufene Seigneur Adam in voller Rüstung in die Kirche ritt, um die Gemeinde von der teuflischen Bestie zu befreien, sprang ihn der Leopard durch ein Fenster von hinten an, brach ihm das Rückgrat und entkam. - Die Moslems hielten das Tier in hohem Angedenken und nannten es fortan "den Leoparden, der den Heiligen Krieg führte".

Angesichts der permanent lauernden Gefahren, die eine besonderes Maß an Vorsicht und Wachsamkeit erforderten, war alles durch Statuten streng reglementiert, beispielsweise, daß sich ein dem Lager auf seinem Marschpferd ohne Schild und Waffen nähernder fremder Ritter friedlich aufgenommen werden sollte, während ein solcher auf einem Streithengst und mit dem Schild am Halse als Eindringling angegriffen werden durfte. - Wer während eines Kampfes im vollen Galopp allein vorpreschte, wurde zur Strafe mitsamt seinen Waffen zu Fuß in das Lager zurückgeschickt, es sei denn, er konnte zu seiner Entschuldigung vorbringen, daß er einem in unmittelbarer Todesgefahr befindlichen Christenmenschen zu Hilfe kommen wollte.

Die Pferde waren nicht Eigentum der Brüder, sondern des Ordens. Jedem Ritter waren drei Schlachtrosse und ein Gebrauchspferd zugeteilt, jedem Knappen ein Schlachtroß und ein Gebrauchspferd. Auf gute Wartung und Pflege der Pferde wurde allergrößter Wert gelegt, und der

Stallmeister eines Konvents oder einer Burg achtete mit Argusaugen auf die strickte Einhaltung diverser Vorschriften. - Das sollte den Ordensrittern nach dem Ende der Kreuzzüge zugute kommen!

Herr Ritter auf dem Dextrarier

Die in die Heimat zurückkehrenden Johanniter und Templer brachten eine große Anzahl edler orientalischer Pferde mit und widmeten sich fortan mit viel Eifer und Sachverstand vor allem der Pferdezucht. - Die Päpste statteten sie hierzu mit besonderen Privilegien und Pfründen aus, und so gewannen sie zunehmend an Macht und Einfluß.

Diese Aussichten reizte natürlich die Phantasie der Fürsten aus hohenstaufischem Stamm, eine ähnliche, allerdings nur auf das Weltliche gerichtete Vereinigung zu schaffen, in der Männer von ausgezeichnetem Verdienst durch Rang, Kleidung und Schmuck vor anderen hervorgehoben und gewissermaßen zu einer besonderen Innung zusammengefaßt wurden.

Die dazu Ausersehenen wurde in einer feierlichen Zeremonie zum "Ritter" gekürt. - Die Grundformen der Feierlichkeit dieser neuen Schwertleite bestanden darin, daß sich die Kandidaten, durch Fasten und Beten vorbereitet, in dunkler oder ganz weißer, einfacher Kleidung, waffenlos und die Schärpe um den Hals gelegt, dem Spender der Ritterwürde vorstellten. Selbst ihre Pferde waren von jeglichem Prunk entblößt. Zuerst wurden den Aspiranten als Symbol der Ritterschaft von zarter Frauenhand die "goldenen Sporen" angelegt, mit der Weisung, sie nicht nur zum Antreiben des Pferdes, sondern vornehmlich zur Erinnerung daran zu tragen, daß Adel und Ehre ihm Ansporn zu großen Taten sein sollten. In diesem Sinne wurde dann auch der Sporn geradezu zum Heiligtum des Ritters, erhielt eine hohe symbolische Bedeutung und wurde mit dem verstorbenen Ritter begraben.

Der eigentliche Ritterschlag geschah sodann im Namen St. Georgs und St. Michaels, und die Feier wurde damit abgeschlossen, daß sich der neue Ritter in voller Rüstung und ohne den Bügel zu berühren auf das Roß schwang und es auf öffentlichem Platz vor dem Volk tummelte, wodurch dieses von der Standeserhöhung Kenntnis nehmen konnte.

Große Ehre und hohes Ansehen begleiteten den Ritter auf allen Schritten. Gleich den Freiherren erhielt er den Titel "Herr", und wenn er irgendeine Urkunde unterschrieb, vergaß er nie, seinem Namen das Wort "Ritter" beizufügen, was kein Schildgeborener durfte, der nicht die goldenen Sporen trug.

Und worauf saß ein dergleichen Erhabener?

Nun, bis zum 13. Jh., also bis zur Entwicklung der vollgeschmiedeten Rüstung, waren die Pferde von mittelschwerem Schlag, ähnlich wie die heutigen Jagdpferde. Sie hatten bis dahin auch nicht allzuviel Gewicht zu tragen, denn zum einen waren die Menschen der damaligen Zeit kleiner als heute und wogen selten mehr als 70 kg, und zum anderen waren die Ritter noch ziemlich leicht gerüstet.

Als aber seit dem 13. Jh. der mannshohe und enorm durchschlagskräftige englische Langbogen verheerende Schneisen in die Phalanx der Ritterheere schlug, versuchte man, sich selbst und die Streitrosse durch immer schwerere, geschmiedete Rüstungen und Kettenpanzerungen zu schützen. Gegen Ende des selbigen Jahrhunderts wurde es Brauch, über den Panzerbehang noch eine Oberlegdecke zu breiten, die dem Roß dann bis zu den Hufen reichte. Diese oft von liebender Frauenhand mit den Wappen der Reiter reich bestickten Couverturen wurden im Kampf in die Höhe geschlagen, weil sonst die Pferde darüber gestolpert wären. Daß die Streithengste unter der Doppellast von Rüstung und Decke arg geschwitzt haben, bestätigt das Nibelungenlied:

> "Dasz durch die kovertiure der blanke Sweiz da vloz von den guoten marken, din die helde ritten."

Auch der Sattel aus Buchenholz mit Eisenbeschlag war reich verziert. Sehr hohe, wandartige Vorder- und Hinterpauschen ("Sattelboge") gewährten einen überaus sicheren, tiefen und bequemen Sitz und boten zugleich die beste Möglichkeit für die Anbringung von Verzierungen der kostbarsten Art. - Hartmann von der Aue berichtet im "Erec", daß an dem "gereite der Enite ein meister Umbriz vierdehalb jar gearbeitet" und dabei Elfenbein und Gold verwendet habe,

> "daz lange liet von Troya ergraben".

Das Gewicht der Panzerung, der übrigen Pferderüstung aus Eisenblech und Leder, des Sattels und des Zaumzeugs, das ein Streitroß zu tragen hatte, betrug etwa 135 Pfund. Hinzu kam noch das Gewicht des Reiters und seiner Ausrüstung. Der prachtvolle, kunstreiche "Krebs", der den Reiter mit blankem Stahl völlig umschloß, bestand aus dem Helm, der Halsberge, dem Brust- und Rückenstück, dem Armzeug mit gefingerten Handschuhen, ganzen Beinschienen und Kniebeuteln sowie Unterbeinschienen, und wog durchschnittlich 65 Pfund. Auch die Schuhe und die Sporen waren nicht von Pappe und können mit sechs Pfund in Ansatz gebracht werden. Die mit goldenen Sporen versehenen, ungemein langen, eisernen Schnabelschuhe waren an der Spitze derart nach unten gebogen, daß sie zum Gehen völlig unbrauchbar waren. Kam es dazu, daß ein Ritter absteigen und zu Fuß kämpfen mußte, so blieb ihm nichts anderes übrig, als diese Schnäbel abzuschlagen. Auch die Sporen waren von geradezu unglaublicher Länge. So ist aus dem 15. Jh. das Bild eines Ritters überliefert, dessen Radsporen über 20 cm lang sind! - Die Bewaffnung des Ritters setzte sich aus dem einhändigen Schwert, dem Schild, der Lanze und dem "Misericorde" ("Gnadendolch") genannten Dolch zusammen und erbrachte nochmals 28 Pfund Gewicht.

Alles zusammen waren es also etwa 375 Pfund, die auf dem Pferd lasteten, und das konnte nur eine außerordentlich starkes Tier bewältigen. Hinzu kam die Kampfesweise jener Zeit, die auf das gewaltsame Niederwerfen der gegnerischen Truppenmassen ausgerichtet war. Das erforderte große und mächtige Pferde wie die Ardenner, Boulonais und Percherons, die im Kampf ihr eigentliches Element fanden, ansonsten aber eher träge und für längeres Galoppieren denkbar ungeeignet waren.

Man nannte dieses Schlachtrosse "Dextrarier" (lat. dextrarius: rechtsseitig), weil sie, im Gegensatz zu anderen Pferdeschlägen, mit der rechten Hand geführt wurden, - Der Kampfwert dieser mächtigen Streithengste wurde zudem noch durch deren Rauflust erhöht, was manchmal allerdings auch nachteilig war, weil die zum Angriff und Kampf abgerichteten Tiere nur schwer zum Rückzug zu bewegen waren. Es ist geradezu rührend, wie der Tierarzt Johann Mynnsinger um 1430 diese Pferde in seinem Buch "Von falken, pfarid vnd hunden" beschreibt:

Aus G.E. Löhneysen, Über die Reutterei. Remlingen 1609.

"Sind grosse stechros oder streyttpferd, die haissent zu latin dextrarij, vnd den sol man nit ussworfen (kastrieren), wann sie werdent dadurch verzagt. Vnd die selben grossen stechros oder streytros pferd hörent gern pfeiffen vnd saittenspil vnd das gedöne vnd den schal von dem harnasch, vnd ir art ist sunderlich, so man si darzu wenet, das si springent vnd den Spuz an einem streytt prechent mit peissen vnd schlahen, vnd so haben auch ir heren vnd ir diener also lieb; wann so die verlieren, das si vnderweilen vasten vnd nit essen wöllen, vnd vnderweilen si fliessent Ihn darumb die augen, als ob si wainen, vnd das tund si auch vnderweilen."

Wegen ihrer Rauflust konnte man sie nicht mit anderen Pferden im Stall halten oder gemeinsam weiden lassen, auch nicht mit dem "Palefridus", dem eigentlichen Marschpferd des Ritters. Das Wort "Palefridus" ist abgeleitet vom Keltischen "Paraveradus" (= Pferd), woraus sich über "Parafrid" und "Phaerit" das deutsche Wort "Pferd" bildete. - Dieses "Hohe Pferd" war wesentlich eleganter und feingliedriger als der bullige Dextrarier, entstammte es doch in der Regel der spanischen Zucht, die für die hohen und stolzen Gänge ihrer von Arabern und Berbern herstammenden Pferde berühmt war.

Beim Auszug zur Heerfahrt oder Fehde gebrauchte der Ritter für den Marsch stets nur den Palefridus und schwang sich erst unmittelbar vor dem Kampf in den Sattel seines Streitrosses.

In Friedenszeiten übten sich die noblen Herren in der Waffenkunst zu Pferde - getreu dem Motto: "Wer rastet, der rostet!"

Das Turnierwesen

Die eigentlichen Träger des Turnierwesens waren die Franken, die im voraus verabredete Gefechte unter irgendeinem fadenscheinigen Vorwand zwischen annähernd gleichstarken Gruppen auf einem passenden Gelände veranstalteten. - Aus diesen blutigen Gefechten des 10. Jhdts. entwickelte sich allmählich das nach komplizierten und genau niedergelegten Regeln ausgefochtene Turnier.

Im Verlauf der Zeit teilten sich die Ritter Deutschlands in vier große Turniergesellschaften: die rheinische, fränkische, bayrische und schwäbische, denen sich die übrigen Stämme anschlossen, und an deren Spitze je ein Turniervogt oder Turnierkönig stand - zumeist der Landesherr, Herzog oder Pfalzgraf.

Turnierfähig waren nur männliche Personen von altem ritterlichen Geschlecht mit mindestens vier ebenbürtigen Vorfahren, doch durften mit Erlaubnis des Landesfürsten auch andere an den Spielen teilnehmen.

Es gab verschiedene Arten von Turnieren, doch der Hauptunterschied bestand darin, ob man "zu Schimpf" oder "zu Ernste", also mit stumpfen oder mit scharfen Waffen focht. Innerhalb beider Arten zeigte sich große Mannigfaltigkeit. Der Lanzenkampf von Schar gegen Schar hieß "Burhut" (= über die Hürde stechen), der Zweikampf, das eigentliche Lanzenbrechen, wurde "Tjost" (von lat. iuxta = Nebenkampf) genannt. Im Vorturnier kämpften ganze Haufen mit Kolben gegeneinander. Hierbei kam es vorzugsweise auf Gewandtheit an, denn es galt, mit dem Schlag des Kolbens, den beide Hände führten, dem Gegner die Helmkleinode zu zerschlagen, selbst aber dessen Waffe auszuweichen.

Hans Sachs berichtet davon:

> "Einer den Andern thät empfahn,
> Mit Kolben ward ein groszes Schlagen.
> Je Paar und Paar zusammen strichen,
> In kecker Mannheit sie nicht wichen.
> Es war ein solcher heiszer Kampf,

Dasz ihnen allen Dunst und Dampf
Aus ihrem Helmvisiere drang.
An allen Orten Harnisch klang,
Von Streichen war ein wild Getos,
Von Rossen ein Drängen und Gestosz,
Ein Stampfen, Schnaufen und Getümmel,
Vor allem aber ein Gewimmel,
Ein Schlagen und Fechten hin und her,
Als ob es eine Feldschlacht wär."

Danach folgte allgemein die Tjost, und zwar entweder als "deutsches Rennen im freien Felde" oder als Stechen über die Planke "nach welscher Manier", von denen die welsche Art weit ungefährlicher war, weil der wirkliche Anprall der Rosse aneinander durch eine trennende Längsplanke, die "Pallia", verhindert wurde.

Im freien Feld stach man meist im "hohen Zeug", d. h. auf ungemein hohen Sätteln und mit ebenfalls sehr hohem Vorbug an der Pferderüstung, um das Tier einigermaßen zu schützen. Auf ein Kommando hin sprengten die Turnierer mit eingelegten Lanzen aus einer Entfernung von zwei- bis dreihundert Schritten aufeinander zu, wobei sie sich derart stark gegen den Bug hin in die Bügel stemmten, daß sie mit ihrem Körper einen Winkel von nahezu 45 Grad bildeten. Beim Zusammentreffen empfingen sie die ganze Wucht des Stoßes im Sattel, gegen dessen "Afterpolster" sie ihr Hinterteil fest gegenschoben, um möglichst nicht rücküber geworfen zu werden. Sieger war, wer den Gegner aus dem Sattel gehoben oder die Lanze an dessen Harnisch zerbrochen hatte.

Die entsetzliche Wucht des Anpralls hatte naturgemäß eine Parade von solcher Heftigkeit zur Folge, daß die Pferde buchstäblich mit den Sprunggelenken die Erde berührten, und man muß die zähe Kraft der Rosse bewundern, welche derartige Gewaltsamkeiten ohne unmittelbaren Schaden ertrugen!

Große Turniere wurden durch Herolde, die von Burg zu Burg zogen, mit feierlicher Stimme bekanntgegeben. - Zu Beginn des Turniers stellten sich die Kämpfer, ein jeder in seiner prächtigsten Rüstung,

Turnierer. Federigo Grisone, Künstlicher Bericht. Augsburg 1570.

hinter den Schranken auf, und die Herolde untersuchten noch einmal die Waffen und Sättel. Ältere Ritter, Grieswärtel genannt, durchhieben auf einen Wink des Turniervogts die Sperrseile, und nun zogen die Ritter paarweise in die Stechbahn ein. In würdevollem Umzug begrüßten sie den Vogt sowie die Grieswärtel und nicht minder grüßten sie zur Tribüne hin,

> "wo auf hohem Balkone saßen die Damen in schönem Kranz".

Jeder Ritter erwählte sich eine dieser schönen Damen, der zu Ehren er kämpfen wollte, und wenn er tapfer genug gekämpft hatte, durfte er auch erwarten, seinen Lohn zu empfangen. Es galt geradezu als Verrat, wenn die Dame ihm die Gunst versagte - vor allem dann, wenn er viel Geld für prächtige Rüstungen, Livreen und Dienerschaft, für Zechgelage und all den teuren, hohlen Tand zum Fenster hinausgeworfen und sich durch dererlei absurde Verschwendung an den Bettelstab gebracht hatte. - Welcher Art der Siegeslohn gewesen ist, verdeutlicht eine Miniatur aus dem 13. Jh., auf der dargestellt ist, wie die Zuschauerinnen die Röcke hochlüpfen, um die Kampfhähne auf die zu erwartenden Freuden hinzuweisen.

Das Turniergericht bestand aus dem Turniervogt, den Grieswärteln und drei Damen: einer Jungfrau, einer verheirateten Frau und einer Witwe. Hatte ein Teilnehmer gegen die Turniergesetze verstoßen, so zwang man ihn, vom Roß zu steigen und bis zum Turnierende als "Zaunritter" auf den Schranken zu reiten, wo auch alter Sitte gemäß sein Sattel aufgehängt wurde. - Hans Sachs berichtet darüber:

> "Wer tadlich war zu dem Turnier,
> Den schlugen oft drei oder vier,
> Und thäten ihn mit Kolben bläuen,
> Dasz ihm sein Leid wohl möcht gereuen.
> Setzten darnach ihn auf die Schranken,
> Wär er vom Rhein, Baiern oder Franken."

Den Abschluß des Turniers bildete der "Dank":

"Auch hat man Dänke dann gegeben
Den besten Rennern und besten Stechern,
Den ritterlichen Speerzerbrechern.
Hiernach ließ man ausrufen hier
Zu einem künftigen Turnier.
Und nach dem Tanze man in Ehren
Die halbe Nacht thät zechen und zehren.
So hatte der Turnierhof ein End...
Am Morgen jeder heimwärts zog
Mit seinem Briefe, seinem Weibe,
Und ließ sich ins Turnierbuch schreibe."

Obgleich die Turniere nur dem Vergnügen und zur Übung dienen sollten, wurden sie von der Kirche von Anfang an nicht allein der Zügellosigkeit wegen bekämpft, sondern auch, weil sie die Ritter vom Kreuzfahrergedanken ablenkten. Schließlich verbot Papst Innozenz II. sogar das ehrliche Begräbnis der im Turnier gefallenen Ritter. Sie sollten ihren Reiterübermut noch jenseits des Grabes durch ewige Verdammnis büßen. Markgraf Dietrich von Meißen z. B. erhielt nicht eher Dispens von der Exkommunikation seines im Turnier gefallenen Sohnes, bis er dem Erzbischof von Magdeburg versprochen hatte, keine Turniere mehr abzuhalten.

Wie wenig aber all diese Verbote selbst beim geistlichen Stand Früchte trugen, erzählt Sebastian Frank in seiner "Chronik der Deutschen" (1539):

"Etwa zu Fassnacht war der ganze Orden, all Münch von Reichenauw zu Ulm und stachen mit den von Ulm, trieben Ritterspiel und Turnier, hielten Tänz, viel Bankei und Wohlleben, dasz all Tag ein Zehendlin und Dörflin dahin wie her ging, und kam das Gotteshaus in grosze Armut."

Turniere und Stechen waren vom 12. bis in das 16. Jh. die Veranstaltungen, mit denen sich aller Glanz des öffentlichen Lebens verband. -
Wenn eine adlige Braut Einzug hielt, so mußte sofort turniert werden, und die "sehr verühmpten Stecher" ritten ihr schon meilenweit entgegen, um Kostproben ihrer Kunst demonstrieren zu können.

Ab Ende des 13. Jhdts. tummelten sich auch die Bürger und Patrizier auf der Turnierbahn. - So wurde beispielsweise im Jahre 1279 zu Magdeburg das Pfingstfest ganz rittermäßig gefeiert, wobei als Preis u. a. eine schöne Jungfrau zu gewinnen war. Ein älterer Kaufmann aus Goslar gewann die schöne Sophie als Eigentum, wußte aber nichts rechtes mit ihr anzufangen und verheiratete sie schließlich mit einem passenden Freier.

In Ritterlustbarkeit taten sich insbesondere Kölns Geschlechter hervor, zumal jene 15 angeblich römischen Ursprungs, aus denen Gerhard von Scherfgen im Turnier zu Trasigny in Brabant den Preis vor 2.000 Bewerbern davontrug. - Die Kriegstaten der Overstolz, Hardefust, Jüden und Aducht sind berühmt - eine merkwürdige Gesellschaft, die, ähnlich dem Bierbrauer und Ritter Artevelde in Gent, heute Wein zapfte und Gewand schnitt und morgen in Stahl gekleidet und hoch zu Roß mit dem Adel turnierte oder in die Schlacht zog!

Nicht ganz zu Unrecht hatte die Kirche gegen die Turnierwut gewettert, denn die Stechen "zu Ernste" nahmen in der Tat unsinnig überhand. - Besonders blutig ging es bei einem Turnier zu, welches Graf Johann von Katzenellenbogen 1403 nach Darmstadt ausgeschrieben hatte. Kurz vor Beginn des Ritterspiels gerieten sich etliche fränkische und hessische Edelleute beim Umtrunk auf dem Gesellenhof in die Haare. Die Franken beschimpften die Hessen, daß sie vom Stegreif lebten, diese wiederum die Franken, daß sie ihren Adel durch Krämertum befleckten. Als nun das Stechen begann, rottierten sich alle Hessen und Franken, vergaßen alle Turnierordnung und schlugen so heftig aufeinander ein, daß weder die Grieswärtel noch die Prügelknechte sie auseinandertreiben konnten und 26 tot auf dem Platz blieben, wovon ein Reim Kunde gibt:

> "Zu Darmstadt in den Schranken
> Blieben neun Hessen und siebzehn Franken!"

Das „Mohrenstechen". Dieses Reiterspiel wurde in Preußen durch königliches Dekret mit Rücksicht auf die Gefühle des türkischen Gesandten verboten.

Omnis nobilitas ab equo

Aller Adel stammt vom Pferde!

Man sollte eigentlich eher ein Fragezeichen dahinter setzen, denn dieser mittelalterliche Spruch gilt uneingeschränkt doch wohl nur für das Zeitalter der Hohenstaufen, in welchem sich das Rittertum zu einer solchen Höhe geistiger Bildung und sittlicher Vornehmheit erhob, wie sie nachmals kaum mehr erreicht wurde.

Schon früh jedoch übertrug sich jener exklusive Adelsbegriff auch in das Gebiet des geistlichen Standes, vor allem in die Domkapitel. Dieses Eindringen fremder Elemente in den Kreis des Rittertums war natürlich nicht von günstiger Auswirkung. So sank dann auch die eigentliche kriegerische Bedeutung der Ritterwürde mit der Zeit immer tiefer, so daß man im 15. Jh. spottete, "der Ritter seien vielerlei: die würdigsten, die des Heiligen Grabes; die besten, so auf der Tiberbrücke vor der Krönung eines römischen Kaisers die güldenen Sporen erhalten; die mühelosesten, welche bei Lehenserteilung zum Range aufgestiegen".

Der Volksmund höhnte:

> "Kuhfleisch in gelber Brüh,
> Ein Ritter ohne Müh, -
> An diesen beiden ist verloren
> Der Safran und die goldnen Sporen."

Dieser wunderliche Reim findet seine Ergänzung in dem alten Spruch:

> "Gar mancher trägt ein Reiterkappen,
> Der besser trüg ein Pfaffenschlappen.
> Mancher, der nie ein Pferd beschritt,
> Singet doch ein Reiterlied!"

Die einstmals so ehrwürdige Auszeichnung erhielt einen so zweifelhaften Wert, daß sie vielfach ausgeschlagen wurde. Als z. B. Kaiser Karl V. den einfachen Soldaten Georg Heerdegen - "Faulbelz" genannt-

zum Ritter schlagen wollte, weil dieser ohne Unterstützung zu Fuß neun Türken hingestreckt hatte, lehnte Heerdegen die Ehre ab, weil er "bis dahin nie ein Pferd bestiegen". Und so ging es mit dem Ritterstand immer mehr bergab, zumal übermäßiger Lebensstil den Adel arm gemacht hatte.

> "Das Gold war froh, nicht mehr wie vordem in den Kot getreten zu werden, da die Dürftigkeit nötigte, eiserne Sporen zu tragen",

berichtet ein Schriftsteller jener Zeit. Die feinen Herren konnten keine großen Stechen mehr feiern, und da ein Wiedererwerb des Verlorenen durch Arbeit dem damaligen, beschränkten Adelsstolz verächtlich schien, kamen viele auf den Gedanken, mit Hilfe des Faustrechts die Zukunft zu gestalten.

> "Sie gahn nit zu Fusz, dann sie meynten, es were ihnen ohnehrlich und ein Urkundt der Dörftigkeit. Aber rauben, wann sie Not angaht, scheuen sich ihre ein teil nit, besunder, nachdem das Turnieren in ein Abgang kommen ist."

> (Münster. Cosmographie)

Das Rauben geschah allerdings noch in "anständiger" Form, nämlich zu Pferde. Nur schade, daß Reiten und Rauben dadurch anfingen, gleichbedeutend zu werden. An Stelle der Rose der Ritterlichkeit trat die Distel des Raubritterwesens, und nach und nach begann der Adel es gleichsam als sein Recht anzusehen, "vom Sattel zu leben":

> "Reiten, Roven, dat is keine Schande,
> Dat doynt die besten vom Lande!"

Aus dieser Zeit der Hinterhalte stammt die Redensart: "Mit etwas hinter dem Berg halten", sowie der reichlich zynische Spruch: "Ich helfe den Bauern auf die Beine!", sagte der Edelmann und nahm ihnen die Pferde. Mit der sozialen Zersetzung des Adels ging der Verlust des historischen Sinnes einher, und nur der unbegründete Dünkel blieb zurück.

Das Volk spottete:

> "Hechtzünglein und Barbenmäulein
> Bringen den Ritter um sein Gäulein"!

Und:

> "Wer mehr will verzehren
> Als sein Pflug will ernähren,
> Der mag sich nicht erwehren.
> Ihn muß Bettel und Stegreif ernähren!"

Dahin kam es auch bald genug, und so wurde im 17. Jh. das Land überschwemmt von sogenannten "Krippenreitern", die, von Krippe zu Krippe reitend, einen gleichsam organisierten Haus- und Straßenbettel betrieben. - Mit Recht fragt daher der Dichter Johann Christian Günther noch anfangs des 18. Jhdts.:

> "Wer durch trunknen Müßiggang sein Vaterteil verkocht,
> Und wem das Dorf entläuft - wer kennt nicht unsere Zeiten -,
> Auf Krippen sich bemüht, den Bauern nachzureiten -
> Ist das ein Edelmann?"

Aber nicht nur der ritterliche Wegelagerer, sondern auch der soldatische Buschklepper wurde zur wahren Landplage. Bereits im 12. Jh. wimmelte namentlich Sachsen von brotlosen Söldnern, welche unter dem Namen "Reiter" raubend und brandschatzend umherzogen, die Kirchen plünderten und das arme Landvolk bis auf das Hemd aussaugten. Es waren würdige Vorläufer der "Armengecken", "Schinder" und "Gardenen Knechte" des 15. und 16. Jhdts. sowie der entsetzlichen Horden des Dreißigjährigen Krieges. - Dabei lebte in dieser wüsten Gesellschaft doch eine gewisse kameradschaftliche Herzlichkeit und "echte deutsche Gemütlichkeit". - Offenbar sahen diese Burschen, ebenso wie die Junker, den Bauern und den Kaufmann als ein durchaus jagdgerechtes Wild an!

So sagte man vom Hunsrück warnend:

> "Halt dein Maul,
> Halt dein Gaul,

Ritterpferd. Marcus Fugger, Von der Gestüterey. Frankfurt 1584

Halt dein Tück
Sonst kommst du nicht mit Glück
Vom Hunsrück!"

Und im Nordwesten hieß es, den schönen Wahlspruch des geldrischen Adels ("Hoch von Mut, klein von Gut, ein Schwert in der Hand - ist das Wappen von Gelderland!") spöttisch variierend:

"Hohe Pferde,
Blanke Schwerter,
Rasch von der Hand,
Das sind die Schnapphähne von Gelderland!"

Eines besonderen Rufes erfreuten sich auch die fränkischen Reiter, von denen man sagte, sie sähen durch einen neunfachen Kittel, wieviel Geld einer im Sack habe. Solchen Kerlen gegenüber war der einzige Trost: - "Einem Nackten können auch zehn Reiter kein Hemd ausziehen!"

Wenn man überhaupt etwas Positives für das wahre Reitertum aus diesem Räuberwesen ziehen kann, so vielleicht die Kühnheit und den persönlichen Mut des Einzelnen:

"Der Ritter und sein geschwindes Roß,
Sie sind gefürchtete Gäste.
Es flimmern die Lampen im Hochzeitsschloß,
Ungeladen kommt er zum Feste.
Er wirbt nicht lange, er zeigt nicht Gold, -
Im Sturm erringt er den Minnesold!"

(Schlußchor in "Wallensteins Lager" von Friedrich von Schiller)

Redliche Leute waren diese Söhne Fortunas nur in seltenen Fällen, und Goethe urteilt über sie:

"Da reiten sie hin! Wer hemmt ihren Lauf?
Schimpf und Schande sitzen hinten auf!"

Wegelagerer. Federigo Grisone, Künstlicher Bericht... Augsburg 1570.

Pferde- und Wagenluxus

Man mag es kaum glauben, welche Verschwendung im späten Mittelalter mit Pferden getrieben wurde.

Hierfür einige Beispiele:

Im Jahre 1595 reiste Graf Karl v. Mansfeld, der als Generalfeldobristlieutenant von Flandern nach Ungarn wechselte, mit 60 Pferden, zwölf beladenen Mauleseln und einer Sänfte von Brüssel nach Wien. Für die Strecke von Frankfurt nach Wien, wo er am 9. März den Kaiser traf, benötigte er 23 Tage.

1529 kam der Kurfürst von Köln mit 400 Pferden zum Reichstag nach Speyer.

Beim Konstanzer Konzil (1414) versammelten sich über 100.000 Besucher, die insgesamt über 30.000 Pferde verfügten, und anläßlich der Kaiserwahl Maximilians II. zählte der Reichsmarschall 15.982 Pferde. - Als dieser Kaiser im Juli 1515 mit den Königen von Ungarn und Polen beim Schloß Trautmannshof an der Leitha zusammenkam, hatte er eine Begleitung von über 5.000 glänzend gerüsteten Reitern, so daß die Könige anfangs einen Überfall befürchteten und nur mit Mühe beschwichtigt werden konnten.

Zuweilen trieb der Pferdeluxus seltsame Blüten. - So wurden am Fürstenhof zu Rostock, wo König Erich und Markgraf Waldemar den Städtekrieg beschlossen, die Mahlzeiten zu Pferde serviert, weil die Wege zu den Buffets reichlich weit waren. Die mit kostbaren Decken behangenen Pferde wurden dabei von Drosten und Truchsessen begleitet, die wie Prinzen herausgeputzt waren. - Wie alles in der Welt wiederkehrt, und sei es auch nur als Karikatur, so hatte in den dreißiger Jahren des 18. Jhdts. ein Berliner Schankwirt seine Kellner beritten gemacht, die den Gartengästen im Galopp das Bier servierten und im Trab ein Viergroschenstück wechselten. Abgesehen von dergleichen Kuriositäten, gab der übertriebene Pferdeluxus den armen Untertanen kaum Anlaß zum Lachen: Als der Fürstbischof von Passau, der

"Kaiserliche Herr Principal-Commissarii, Cardinal von Bamberg Eminenz", am 1. Dezember 1701 Einzug in Regensburg hielt, bestand seine Begleitung aus nicht weniger als 266 Personen mit 231 Pferden, nicht mitgerechnet die 60 Pferde starke Suite des einführenden Erb-Marschalls v. Pappenheim. - Solchen Aufwand machte ein süddeutscher Prälat just zu einer Zeit, als das Elend in Deutschland besonders groß war!

Angesichts solcher Zahlen sollte man meinen, daß in vergangenen Zeiten Pferde nicht allzu hoch im Kurs standen, doch sollte man sich nicht täuschen lassen, denn wie immer, so richteten sich die Preise auch damals nach der Relation von Angebot und Nachfrage aus, und ein gutes Pferd war allemal seinen Preis wert.

Zu Xenophons Zeiten kostete ein erstklassiges griechisches Streitroß rund 1.000 Drachmen, also etwa 50.000 DM heutiger Währung!

Bei den salischen Franken hingegen, die nur über eine recht kümmerliche Pferdezucht verfügten, wurden für einen Ackergaul 40 Solidi und für ein "warannionis regis", also ein Reitpferd, 60 Solidi gezahlt. - Ein Stier war damals 35 Solidi wert, also nicht viel weniger.

In der nachfolgenden merowingischen Zeit wiederum stieg der Preis für gute Pferde sprunghaft an, was folgende Geschichte illustriert: - Als Chlodwig die Westgoten besiegt hatte, ritt er zum Grab des hl. Martin, um Gott für den Sieg zu danken. Bei dieser Gelegenheit schenkte er dem Kloster das Roß, das er in der Schlacht geritten hatte. Bald aber reute ihn das Geschenk, und er bot 50 Mark Silber, um es einzulösen. Die Mönche aber waren der Ansicht, der hl. Martin lege auf das ihm geweihte Pferd höheren Wert und veranlaßten so den König, die Summe zu verdoppeln. Zähneknirschend zahlte er die Summe mit dem Ausruf: "St. Martin ist ein teurer Freund!"

Man mag dieser Geschichte nicht unbedingt Glauben schenken, doch ist nicht zu übersehen, daß die Preise in der Folgezeit enorm in die Höhe schnellten. - So bezahlte man im 10. Jh. ein gutes Streitroß mit 30 Joch (60-70 Morgen) Ackerland und einer Hofstelle. - 100 Jahre später war in Westfalen ein gutes Pferd 30 Schillinge wert, wofür man auch hunderte Scheffeln Getreides kaufen konnte, und der gleiche Preis galt auch noch im 12. Jh., wo 30 Schillinge so viel wie 1.000 Viertel Weizen wert waren.

Graf Eberhard von Württemberg verkaufte 1312 ein vorzügliches Streitroß für 380 Silbermark, also für eine Summe, für die man damals vier große Dörfer erstehen konnte!

Maßgebend sind solch exorbitante Preise allerdings nicht. Sie wurden nur für absolute Spitzenpferde erzielt, so wie heutzutage für Ausnahmekönner in der Reit- oder Rennbahn.

Die Franzosen prägten für ein derart gutes Pferd den Namen "Milsoudre", d. h. man mußte hierfür mindestens die stattliche Summe von 1.000 Solidor auf den Tisch blättern. - Diese Wertschätzung erfährt aber noch eine Steigerung, wenn man hört, daß der Bischof von Soissons 1155 anläßlich seiner Amtseinführung drei Männer und zwei Frauen für ein schönes Pferd eintauschte. - Da mag man es den heidnischen Litauern schon eher nachsehen, daß bei ihnen bis tief in das Mittelalter hinein ein Pferd mehr wert war als eine Frau. Der Gegensatz zu "Milsoudre" war in Frankreich übrigens ein "Bidet (= Pferdchen) de quatre-vingt sous" - ein lächerlich geringer Preis, der nur für völlig abgehalfterte und untaugliche Pferde in Betracht kommen konnte.

Die durch den großen Zufluß edler Metalle aus Amerika bedingte Inflation und der enorme Pferdeverschleiß machten die Pferde im 16. Jh. "werth vnd theuwer". M. Fugger seufzt:

> "Wann man vmb 1550 eins der besten neapolitanischen Pferde vmb 100 Kronen, das beste spanische rossz vmb 200 Ducaten kaufte, so musste man 20 Jahr später für beträchtlich schlechtere Tiere je 400 Kronen vnd Ducaten geben."

Im Jahr 1595 sandte Herzog Friedrich von Württemberg den Makler Breuning mit dem Auftrag nach London, dort edle englische Pferde einzukaufen. Die ihm angebotenen Tiere waren dem wackeren Breuning aber "zu theuwer vnd werth" für seinen Herrn. Für eines forderte man

136

Staatskarossen. Johann C. Ginzrot, Die Wagen und Fahrwerke
der verschiedenen Völker des Mittelalters. München 1830.

36, für ein anderes 23 Pfund, so daß er "gleichsam froh war, an letzterem einige Fehler zu entdecken, über welche sich der Handel zerschlug". Wie Fugger beklagt auch Breuning, daß man "alles mit doppeltem Gellt bezahlen soll".

Die rege Nachfrage resultierte hauptsächlich aus dem wachsenden Bedarf an Wagenpferden.

Das älteste Verkehrsmittel der Römer war, neben der Sänfte, die zweirädrige Karre. Danach benutzten sie einen primitiven vierrädrigen Wagen, der eigentlich nichts anderes darstellte, als zwei hintereinander gebundene Karren mit einem gemeinsamen Bodenbrett. Die vier Räder hatten den gleichen Durchmesser, und das hatte zur Folge, daß das Fuhrwerk nicht wendig und wegen seiner im Verhältnis zur Räderspur hochgelegten Ladefläche auch instabil und somit für unebenes Gelände unbrauchbar war. Dieser Wagentyp hat sich bis in die karolingische Zeit gehalten. - Neben großen Sänften, die von Pferden getragen wurden, gab es immer noch jene urtümlichen, vierrädrigen Karren, die allerdings nunmehr von Ochsengespannen gezogen und von Rinderhirten geleitet wurden.

Über den Zustand der Wege und Straßen der damaligen Zeit sollte man besser den Mantel des Schweigens breiten! Zwar hatte Karl der Große versucht, eine Abgabe für die Ausbesserung der Straßen und Brücken einzuführen, doch ließ sich diese entweder nicht beitreiben oder wurde bald genug für andere Zwecke verwendet. Mit der Sicherheit stand es auch nicht besser, mußten doch selbst die zur Aufsicht bestellten Beamten schwören, sich nicht an einem Straßenraub zu beteiligen!

Noch im 15. Jh. war die Straßenbeschaffenheit in Deutschland auf unglaublich niedriger Stufe, und es half nicht viel, daß König Sigismund verordnete, die Kuppler-, Huren- und Frevlerbußen zur Instandhaltung der Wege zu verwenden:

> "Was da durch Unzucht einkombt, dass soll auf den Kot, die Pfitzen und Lachen gebracht werden, so wirdt das sündig Geld zu Guten gebracht."

Den abscheulichen Wegen mußte auch die hohe Geistlichkeit Tribut zollen, widerfuhr es doch selbst dem Papst auf der Fahrt zum Konstanzer Konzil (1414), daß sein Wagen umkippte und der Nachfolger Petri in den Straßendreck fiel.

"Jaceo hic in nomine diaboli!"

soll der Papst in dieser mißlichen Situation ausgerufen haben.

Wie katastrophal die Straßenverhältnisse im Mittelalter waren, mögen noch zwei weitere Begebenheiten verdeutlichen, in die Kaiser Friedrich III. verstrickt war:

Als dieser einst die Stadt Tuttlingen mit einem Besuch beehren wollte, rieten ihm die Bürger mit Hinweis auf den überaus miserablen Zustand der städtischen Straßen dringend von diesem Vorhaben ab. Doch der Kaiser ließ sich nicht davon abbringen, mußte dann aber die Erfahrung machen, daß sein Pferd bis über die Oberschenkel im Straßenkot versank. Zwar konnte er sich mit Mühe aus dieser gefährlichen Lage befreien, doch lief derselbe Fürst am 28. August 1485 bei einem Besuch in der Reichsstadt Reutlingen wiederum Gefahr, mitsamt seinem Pferd im grundlosen Morast der Straßen unterzugehen.

Wenn die verheerende Wegebeschaffenheit ein weiteres Vorkommen unmöglich machte, so warf man Steine und Äste in den Sumpf und versuchte auf diese Weise, "über Stock und Stein" zu kommen. - Bei längeren Reisen führte man Burschen mit sich, die dem Wagen vorauseilten, Hindernisse aus dem Wege räumten, den steckengebliebenen Wagen mit Hebelbäumen wieder flottmachten oder notfalls ganz auseinandernahmen. Noch sehr lange hat sich die Zunft dieser "Läufer" erhalten, deren Attribute - Schurz und Stab - deutlich an die alte Hebebaumarbeit erinnerten.

Aber nicht nur die Wegelosigkeit und die Straßenräuberei, sondern ebenso der "Straßenzwang" behinderten den Verkehr außerordentlich. Dieser zwang den Händler, über bestimmte Städte zu reisen und dort seine Ware gemäß dem Stapelrecht abzuladen und feilzubieten. - Da waren die Zölle, die wie ein engmaschiges Netz ganz Deutschland überzogen, so daß z. B. in der Nähe Nürnbergs nicht weniger als 24 Zollstätten lagen, darunter allein zehn in einer Entfernung von nur drei Meilen. - Hinzu kamen die Bannpflichten mit ihren sagenhaft engherzigen Vorschriften, denen zufolge alle zum ersten Mal ankommenden Kaufleute "gehänselt" wurden, indem man sie dreimal in die Pferdeschwemme tauchte, und die, was schlimmer war, die Verkaufsrechte der Fremden äußerst beschränkten. In den sächsischen Städten z. B. besaß die Innung der "Futterer" den alleinigen Handel mit Heu, Hafer, Wagenschmiere, Pferdesträngen und anderen Dingen. Fremde durften solche Waren nur auf den seltenen Jahrmärkten verkaufen und das auch nur einen Tag lang und ohne vom Pferd abzusteigen! - Wer ein "Saum" Gras oder eine "Tracht" Wicken zum Markt brachte, mußte notfalls so lange auf dem Pferd bleiben, bis die Ware verkauft war. Fiel das Pferd vor Erschöpfung zu Boden, so gehörte es dem Fronboten.

Doch damit nicht genug: - Wie die Küstenbewohner das Strandrecht, so erfanden die Grundherren das Grundrührrecht. Strauchelte ein Saumpferd oder zerbrach der Wagen und berührte einer der Warenballen den Boden, so war derselbe vermöge jenes "Rechts" dem Grundeigentümer verfallen und konnte erst durch Geldzahlung eingelöst werden, - wenn der Grundherr es nicht vorzog, ihn in natura zu behalten.

Alle diese Zwänge machten das Reisen nicht gerade angenehm, ganz abgesehen von dem damals gebräuchlichen Wagentyp, der die Reisenden fürchterlich durcheinanderschüttelte und zu wahren Märtyrern der Landstraße stempelte.

Eine wesentliche Verbesserung brachte im 15. Jh. eine ungarische Erfindung - die Kutsche, welche sich von den bisherigen Fahrzeugen nicht nur durch die bedeutend größeren Hinterräder, sondern auch darin unterschied, daß der Wagenkasten in Riemen hing. Die Elastizität dieser Riemen bewirkte ein leicht schwankendes Schaukeln, welches das furchtbar angreifende Stoßen des bisher unmittelbar auf der Achse angebrachten Sitzkastens in etwa aufhob und die Strapazen des Fahrens einigermaßen erträglich machte. Außerdem lenkte der Kutscher die Pferde nicht mehr vom Sattel aus, sondern vom Kutschbock. Ihren Namen erhielt die Kutsche nach dem ungarischen Ort Kocs im Komitat Komorn, und dieser Name wurde in viele Sprachen übertragen, so z. B.

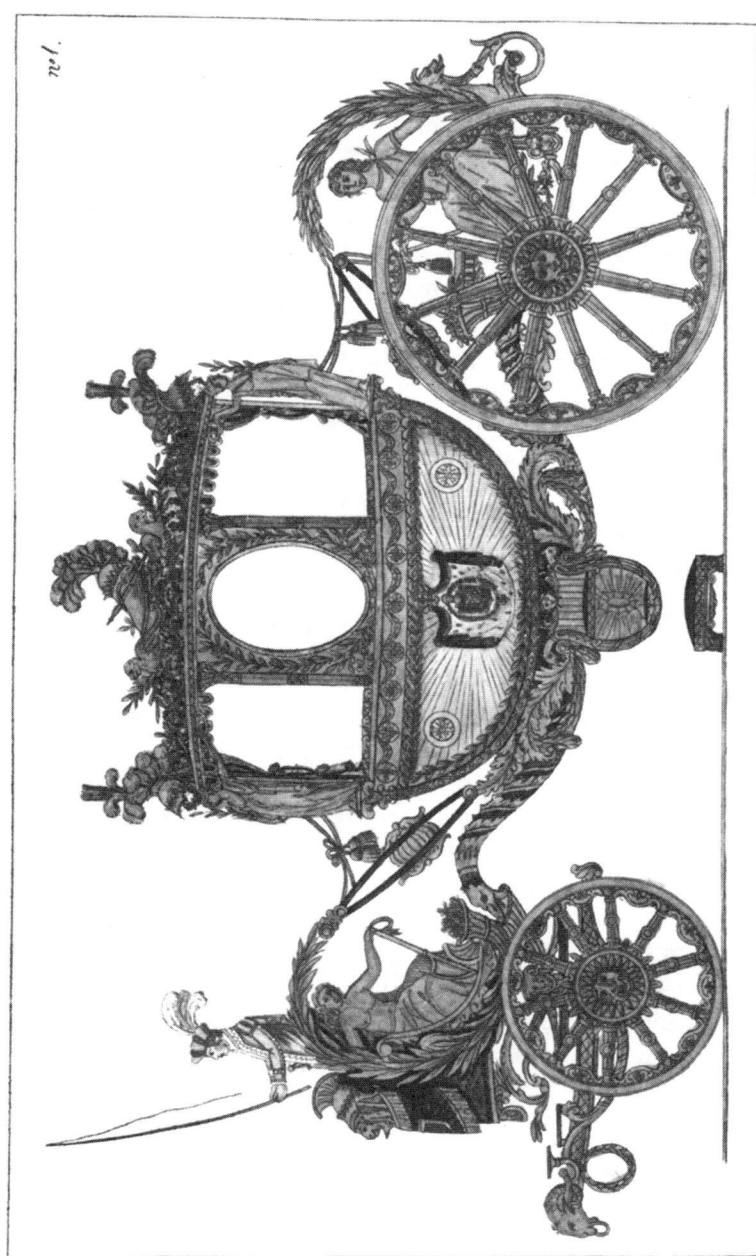

nº1.

Johann C. Ginzrot, Die Wagen und Fahrwerke der verschiedenen Völker des Mittelalters. München 1830.

als der spanische und französische coche, der italienische cocchio, der englische coach, der polnische Kotzi usw.

Innerhalb weniger Jahrzehnte verbreitete sich dieser Wagentyp in ganz Europa. Wer bis dahin hoch zu Roß gereist war, begeisterte sich nunmehr für die bequeme und schnelle Kutsche, so daß die Zahl der Reiter derart rapide abnahm, daß man ernsthaft um den Bestand der Reiterei fürchten mußte. In England spitzte sich die Lage unter Königin Elisabeth (1533-1603) besonders dramatisch zu. Als man im ganzen Königreich nicht mehr als 3.000 Reiter stellen konnte, wurde im Oberhaus ein Gesetzentwurf verabschiedet, der das Kutschenfahren drastisch einschränken sollte. - Und Herzog Julius von Braunschweig wetterte 1588, daß "jung und alt auf Kutschenfahren zu begeben unterstanden, das die männliche Tugend, Redlich-, Tapfer-, Ehrbar- und Standhaftigkeit beeinträchtigen werde und das Kutschenfahren gleich dem Faullenzen und Bärenhäutern wäre". - Ihm schließt sich Marcus Fugger an:

> "... ja man richtet die Gotzi auch dermaßen zu der Faulheit, dasz einer eine gantze Haushaltung sampt Köchin und Keller darauf führen kann."

Aber all diese Verbote und Mahnungen blieben natürlich erfolglos, solange die Adeligen und Fürsten nicht mit gutem Beispiel vorangingen, sondern darin wetteiferten, sich an Wagenluxus gegenseitig zu übertreffen. - So fuhr 1562 der Kurfürst von Köln mit 14 kostbaren Kutschen zur Kaiserkrönung, und fünf Jahre später hielt Johann Sigismund von Brandenburg mit 36 sechsspännigen Karossen Einzug in Warschau. - Bei dem Turnier, welches Kurfürst Joachim von Brandenburg 1509 zu Ruppin veranstaltete, erschien seine Gemahlin in einer vergoldeten Kutsche, der zwölf weitere mit Karmoisin beschlagene Wagen folgten. - 1595 erhandelte Herzog Friedrich I. von Württemberg durch seinen Gesandten Breuning in London eine englische Kutsche für 181 Gulden, und 1601 sah man in Deutschland die erste Kutsche mit Glasfenstern, nämlich den zweisitzigen Brautwagen der Infantin Maria bei ihrer Vermählung mit den nachmaligen Kaiser Ferdinand III.

Diese Fuhrwerke nahmen mit der Zeit riesige Dimensionen an. Oft waren sie aus Glas und vergoldeten Streben zusammengesetzt, mit lichter Seide ausgeschlagen und von bunten Federbüschen überwallt. Auf den Tritten standen die Pagen, hintenauf Schwärme von Lakaien. Die schweren Wagen wurden von sechs bis acht kolossalen Holsteinern, Oldenburgern oder Flamen gezogen, die in Sammetgeschirren gingen und hohe Aufsätze von Straußenfedern trugen. Solcherart Fahrzeuge waren natürlich nur für den reichen Adel erschwinglich, beispielsweise für Kaiser Leopold I., der 1667 anläßlich seiner Vermählung mit Margarete Theresa von Spanien mit einem Brautwagen durch Wien fuhr, der die enorme Summe von 38.000 Gulden gekostet hatte. - Ein anderer dieser feinen Herren, Ernst August von Hannover, hielt allein 50 prächtige, sechsspännige Wagen!

Im 18. Jh. wurde in Preußen durch allerhöchstes Dekret die Zahl der vorgespannten Pferde bestimmt, um schon so den unterschiedlichen Rang der Adeligen nach außen demonstrieren zu können. - Einer Anekdote zufolge erbettelte damals ein neureicher Kaufmann von Friedrich dem Großen unter Anpreisung seines Reichtums die Erlaubnis, sechsspännig fahren zu dürfen. Gegen eine nicht unbedeutende Zahlung in die Armenkasse erhielt er die Genehmigung. Kaum aber zeigte er sich dem erstaunten Berlin in seiner neuen Herrlichkeit, so hielt ihn die Polizei an. Er berief sich auf den König, und dieser soll dann erklärt haben, es sei zwar dem Kaufmann die Erlaubnis gegeben worden, sechsspännig zu fahren, keineswegs aber die, die Pferde zu zweit anzuspannen, und er ließe ihm raten, künftig die Pferde alle sechs der Länge nach eines vor das andere zu legen.

Mit dem Siegeszug der Kutsche war aber noch lange nicht das Ende in der Entwicklung des Fuhrwerks angezeigt.

Aus England wanderte der Gig ein, ein offener zweirädriger, leichtbeweglicher Gabelwagen. Aus Frankreich stammen die Diligence, die Chaise, der Phaeton, das Cabriolet und vor allem der weithin beliebte Fiaker. Seine Heimat ist Paris, wo 1650 Nicolas Sauvage den ersten Lohnwagenstand auf der Rue St. Martin am Hotel St. Fiacre errichtete, das hierdurch unsterblich geworden ist. St. Fiacre, Sohn eines Schottenkönigs, lebte in der Mitte des 7. Jh.'s und war ein Missionar der Franken.

Nicht nur die Kutsche und der Fiaker wurden nach ihren Ursprungsorten benannt, sondern auch der "Hamburger", ein einfacher, meist verdeckloser Stuhlwagen, die "Berline", der "Tilbury", dessen Namenspate ein Platz in London war, und der "Landauer", ein Reisewagen, dessen Verdeck sowohl nach hinten als auch nach vorne aufklappbar war.

Das Fahren und das Fuhrwerk haben sich zwar nicht so sehr in der Volkssprache gespiegelt wie das Reiterwesen, dennoch sind aus diesen Quellen manches Wort und mancher Spruch eingeflossen: - Sehr angespannt sein; sehr abgespannt sein. - Jemanden abspenstig machen. - Über die Stränge schlagen. - Das fünfte Rad am Wagen. - Die Karre in den Dreck fahren. - Großspuriges Benehmen. - Im alten Geleise fahren. - Usw...

Ehegespons nennt man ein im Ehejoche leidendes Menschenkind, so sehr es auch seufzen mag:

> "Spann aus, spann aus, oh frommer Gott,
> Spann mich aus diesem Karren!"

Daß es gar viele so Seufzende gibt, kommt wohl daher, daß die Zusammengespannten oftmals nicht das Sprichwort beherzigen: - "Wenn Eheleute nicht zugleich an einem Strang ziehen, bleibt der Wagen im Kot stecken."

Wesentliche Vorbedingung glücklicher Fahrt war und ist immer noch die gute Instandhaltung des Fuhrwerks:

> "Ein Fuhrmann, der fortkommen will,
> Muß schmieren seinen Wagen viel!"

Etwas zweideutiger:

> "Wer gut schmeert,
> Der gut fährt!"

Der biedere Burkhard Waldis hält sich lieber an den ursprünglichen Sinngehalt:

"Ein altes Rad knarrt an eim Wagen,
Das thet dem Fuhrmann miszbehagen.
Er sprach: 'Wie machst so grosz geschrey,
Mehr denn die andren drey?'
Der Wagen sprach: 'Wir hans so funden -
Die Kranken klagen jr leydt den gsunden.' "

Hoch auf dem gelben Wagen

Bis weit in das vergangene Jahrhundert hinein waren die Begriffe "Pferd", "Wagen" und "Post" so eng miteinander verbunden, daß es durchaus angemessen erscheint, die Entwicklung des Postwesens wenigstens in den Grundzügen etwas näher zu skizzieren.

Der Versuch Karls des Großen, die altrömische Einrichtung des "Cursus publicus", d. h. regelmäßige Relaisritte auf Kurierstraßen, wieder zu neuem Leben zu erwecken, brachte nur recht mageren Erfolg, und nach dem Tode des Kaisers geriet alles bald wieder in Vergessenheit.

Erst mit dem Aufblühen der Hanse (14. Jh.), die dringendst eines ausgebildeten Systems von Brief- und Botensendungen bedurfte, trat eine Wende ein. Und so entstanden jene großen Botenzüge mit den drei Hauptzentren Hamburg, Nürnberg und Köln, welche vom 14. bis 17. Jh. Kern und Grundstock des deutschen Postwesens blieben. Für diese Züge wurden in einigen Städten besondere Botenreiter zunftmäßig ausgebildet, in anderen wiederum reisende Händler mit der Überbringung von Nachrichten beauftragt. Großer Beliebtheit erfreuten sich hierbei die Metzger, die regelmäßig hoch zu Roß in die Ferne zogen, um Vieh einzukaufen. Als Entgelt erhielten diese "Metzgerposten" entweder einen gewissen Sold, oder sie wurden von einigen Abgaben und Steuern befreit. - Noch heute führen die Metzger vieler süddeutscher Städte im Innungswappen das ehrenvolle Posthorn!

Verständlicherweise konnten die Metzger oft die vorgesehene Reiseroute nicht einhalten, weil sie sich nach dem jeweiligen Angebot richten mußten, und so gelangten viele Briefe überhaupt nicht, oder wenn, nur mit großer Verspätung an den Adressaten. Daher ging man allmählich zu festangestellten, sogenannten "Magistrats-Ausreutern" über, die das Stadtwappen und ein "Patent" mit sich führten, worin ersucht wurde, ihnen "Führschutz und Fürdernusz" zu erweisen.

Diese Reiterboten kündigten ihre Ankunft schon weithin mit dem Klang kleiner Jagdhörner an, worauf sich die Einwohner in der Herberge des

Französische Reisepost.
Johann C. Ginzrot, Die Wagen und Fahrwerke der verschiedenen Völker des Mittelalters. München 1830.

Angekommenen einfanden, um mitgebrachte Briefe entgegenzunehmen oder abzusendende dem Reiter zu übergeben.

Die "edlen Postjungen" waren aber vielfach keine sehr zuverlässigen Vertrauensmänner, was Thomas Garzonius in seinem "Allgemeinen Schauplatz" beklagt:

> "Beneben andere Untreu, so oftmals bei den Boten gespühret wird, dasz sie die Brieffe auffbrechen, die Siegel verfälschen, Heimlichkeiten verrathen, sind sie auch meisterlich darauff abgerichtet, dasz sie die Päck mit Geld auffmachen, verspielen, versauffen, usw.; in Kriegs- und Pestilentz-Läufften haben sie ihren gröszten Fieber, sintemal es dann nirgend mit ihnen fort will, sondern werden dann über all auffgehalten, die Brieffe und Geld abgenommen, die Haut voll geschlagen und was dergleichen Unfälle mehr sind."

Einen Brief von Wien nach Brüssel, Amsterdam oder Paris durch reitende Boten zu übermitteln, war fast ein Unding. In dieser Not erbot sich der italienische Edelmann Francesco de Tassis, genannt Torriani, Kaiser Maximillian gegenüber, dessen Briefe kostenfrei und andere gegen Gebühr zu befördern, wenn der Monarch ihm und seinen Nachkommen die Einkünfte der projektierten Anstalt zusicherte. Der Kaiser, in dessen Kasse permanente Ebbe herrschte, erteilte ihm 1519 mit Freuden die Genehmigung und ernannte ihn zum "Niederländischen Postmeister". Nach Maximilians Tod bestallte sein Nachfolger Karl V. den Neffen jenes Francesco, Johann Baptisse von Tassis, zum "General-Postmeister" in allen seinen Erbstaaten. Seitdem richteten die beiden Tassis an mehreren Orten eigene Stationen ein, und nach anfänglichen Schwierigkeiten zog sich auf die Taxis'sche Post eine unbeschreibliche Menge von Briefen zusammen. Die Einnahmen sprudelten so reichlich, daß Graf Leonhard von Taxis 1595 den jährlichen Überschuß mit 100.000 Dukaten angab, "alldieweil diese Einrichtung ein Brunnen ist, in welchen alle Quellen zusammenfließen".

Mit der Zeit entwickelte sich neben der Briefpost auch für den Personenverkehr eine Reitpost. An den jeweiligen Stationen standen Pferde

Schnellpostwagen aus Ungarn. Lithographie von C. Backer

bereit, die von den Reisenden angemietet werden konnten. Der Postillion begleitete den in der Regel Ortsunkundigen, und bei solchen Ritten mit gemeinsamer Mühsal und nicht selten auch gemeinsamer Gefahr entstand jenes vertrauliche Verhältnis, das jeden Postillion zum "Schwager" des Reisenden machte.

Daneben bestand auch die Möglichkeit, mit dem Postwagen zu reisen, doch wurde kaum davon Gebrauch gemacht, was in Anbetracht der verheerenden Straßenverhältnisse und der schwerfälligen Fuhrwerke auch durchaus verständlich war. Auch der sehr hohe Fahrpreis machte das Reisen mit dem Postwagen nicht gerade attraktiver, so daß bis zum 18. Jh. das Sprichwort galt:

> "Wer mit der Post reisen will, muß eine fürstliche Börse und eines Lastträgers Rücken haben!"

Diese Einstellung wandelte sich erst mit dem Siegeszug der Kutsche und mit dem Bau von Kunststraßen, die ein schnelleres und komfortableres Reisen ermöglichten. - Prinz Eugen, der "edle Ritter", war der erste vornehme Herr, der im Jahre 1700 in einer gewöhnlichen Postkalesche in Frankfurt a. M. ankam und seine Fahrt über Aschaffenburg nach Wien fortsetzte, "ohn Aussteigung der Postkutschen", wie der Chronist ausdrücklich vermerkt. Seitdem bedienten sich vornehme Personen immer öfter dieses Gefährtes, doch wurde auch hierbei wieder viel Aufwand betrieben. - So reiste beispielsweise 1731 die Erbprinzessin von Bayreuth mit ihrem Gefolge in neun mit je sechs Pferden bespannten Postkutschen nach Frankfurt a. M.: "Vor der Prinzess ihrer Kutsche ritten 12 blasende Postillions, es stiegen Ihro Durchlaucht in dem fürstlich Taxis'schen Haus ab und hielten des anderen Tages mit Ihro Durchlaucht dem Erbprinzen von Thurn und Taxis Beylager."

Solche Reisen hatten noch den besseren Nutzen, daß bei dieser Gelegenheit die Wege ausgebessert wurden und so mancher Fluß zu seiner ersten Brücke kam. Als z. B. die Erzherzogin Maria Elisabeth, Statthalterin der österreichischen Niederlande, nach Frankfurt a. M. reiste, befahl der Rat, "weilen Ihro Erzherzogliche Durchlaucht durch kein Wasser fahren, soll sogleich eine Brücke zu Rödelheim über die Nidda geschlagen werden".

150

Die gute alte Postzeit in England.

Johann C. Ginzrot, Die Wagen und Fahrwerke der verschiedenen Völker des Mittelalters. München 1830.

Die Reisen von Frauen hielt man übrigens - von Fürstinnen abgesehen - im allgemeinen nicht für schicklich, "weilln solches Begeben unter fremde Leute wider die weibliche Zucht und Schamhafftigkeit lauffet, zumahl dergleichen Reisen öfters Gelegenheit darwider zu handeln, zu geben pflegen".

Zwischen den großen Handelsstädten ging die Reichspost zweimal wöchentlich ab. Ab 1729 verkehrte die Post von Frankfurt nach Darmstadt und zurück viermal wöchentlich, während der Messen gar täglich. - Die meist sechssitzigen Kutschen legten bei guten Wegeverhältnissen etwa sieben bis acht Kilometer in der Stunde zurück, ansonsten nur die Hälfte. Das Tabakrauchen war streng verboten, "dieweilen in der Streu des Wagens zum öfteren ein Feuer sich entzündet". Der Fahrpreis war enorm hoch; pro Person waren für eine preußische Meile (7.420 m) fünf Groschen zu zahlen. Diese zusätzlichen Einnahmen derer v. Thurn und Taxis weckten natürlich den Neid der Reichsstände, die nicht müde wurden, der Reichspost ans Zeug zu flicken. Neben den hohen Beförderungsgebühren wurde vor allem der schlampige Kundendienst beklagt, der in der Tat sehr zu wünschen ließ: Der unerhört hohe und schmale, gelb angestrichene Wagenkorb thronte unmittelbar auf den Achsen, wodurch die Federung einen Großteil ihrer Wirkung einbüßte. Türen gab es nicht, und die primitiven Leinwandvorhänge an den Seiten boten nur ungenügenden Schutz gegen Wind und Wetter. Vor der Abfahrt lud man zuerst das Gepäck und die verschiedenen Warengüter auf und in den Wagen, und der Reisende mochte zusehen, wie er in dem Wirrwarr noch einen Platz fand. Dann ging es im gemächlichen Tempo los, immer wieder unterbrochen von längeren Aufenthalten an Wirtshäusern, in denen sich die Postillione gemütlich mit Speis und Trank labten. - Vornehme Gesellschaften reisten natürlich nicht in solchen Wagen, sondern mit der wesentlich bequemeren und schnelleren Eilpost, die allerdings für den "kleinen Mann" den entscheidenden Nachteil hatte, daß sie für ihn unerschwinglich war.

Hatten alle diese Klagen noch ihre Berechtigung, so nicht die weitergehenden Behauptungen, daß das Taxis'sche Postmonopol keine Rechtsgrundlage hätte. Fast zwei Jahrhunderte dauerte der hierüber entbrannte Streit, der auf allen Reichstagen beständig wiederkehrte und unter Teilnahme der angesehensten Staatsrechtler eine umfangreiche Literatur

Ein Viererzug auf der Fahrt zum Meet des Coaching-Clubs. Carl G. Wrangel, Das Luxusfuhrwerk. Stuttgart 1898

erzeugte. In Norddeutschland war es der Große Kurfürst, der sich 1646 als erster von dem Monopol befreite und eine eigene Postanstalt gründete, der er während seiner ganzen Regierungszeit die größte Aufmerksamkeit widmete, "weil es ein hochnützliches Werk ist, woran sowohl Uns als denen Commercien hoch und viel gelegen und so zu sonderbahren Wohlfahrt aller Unserer Lande gereicht".

Friedrich der Große, der sich stets der Worte seines Vaters erinnerte, daß die Post "gleichsam das Öl vor die ganze Staatsmaschine" sei, führte das Werk fort, wenn auch die zur Verfügung stehenden Mittel nur im geringen Maße dem guten Willen entsprachen. - Wie der sprichwörtlich geizige Alte Fritz den Berliner Fuhrleuten, welche um Ersatz ihrer von den Russen requirierten Pferde baten, antwortete, "ob man ihnen nicht auch den Schaden vor der Sündflouth vergüten soll", so setzte er auf einen Antrag des Generalpostamtes, 50.000 Taler für die Anschaffung von Fuhrwerk zu bewilligen, die Marginalbemerkung: _ "Ich bin jetzt arm wie Hiob!" Nun, er konnte fortan besserer Stimmung sein, denn bald sprudelten die Einnahmen aus dem Postwesen dank dem organisatorischen Talent des Generalpostmeisters v. Seegebarth in nie geahnter Menge in den Staatssäckel.

Ab 1840 wurden nach und nach zwischen Deutschlands Staaten Postverträge abgeschlossen, aus denen sich 1850 nach manchen Schwierigkeiten der deutsch-österreichische Postverein entwickelte. - Die Taxis resignierten und waren froh, mit Vertrag vom 28.1.1867 ihr Monopol auf deutschem Boden gegen Zahlung von drei Millionen Talern an Preußen verkaufen zu können, dessen Generalpostdirektor Stephan 1871 den Grundstein zur Einrichtung der Reichspost legte.

Mit dem Aufkommen der Dampflokomotiven, der Morseapparate und anderer technischen Errungenschaften verstummte zwar das Posthorn des "Schwagers hoch auf dem gelben Wagen", doch so ganz vergessen wurde diese von Pferd und Wagen geprägte "gemütliche Zeit" eigentlich nie. - Erinnerungen an die im vergangenen Jahrhundert üblichen Wettfahrten der Postkutschen sind insbesondere in England lebendig geblieben und haben nachhaltig auf den "freien" Fahrsport eingewirkt, der in Deutschland für immer mit der Fahrkunst seines Nestors Benno v. Achenbach (1861-1936) verbunden bleiben wird.

Gestüte

Wir können uns heute kaum noch eine rechte Vorstellung von der Größe der vormaligen Gestüte machen: Marbach unter dem König von Württemberg besaß 1.000, Lipizza 2.500, Trakehnen 6.000 und Mezöhegyes in Ungarn gar 17.000 Hektar Areal. In Mezöhegyes wurden allerdings auch Rinder gezüchtet, und es gab die verschiedensten landwirtschaftlichen Betriebe, die zusammen 7.000 Menschen beschäftigten und zwischen 18.000 bis 20.000 Tiere umfaßten.

Das alles aber verblaßt im Vergleich zu den antiken Stutereien. - Herodot beziffert die Zahl der im berühmten Gestüt von Nisäa in Medien gezogenen Tiere auf 150.000! Die Pferde wurden in Herden gehalten, die unter Aufsicht in den ausgedehnten Steppengebieten weideten.

Ähnliche Dimensionen hatten auch die zwölf königlichen chinesischen Gestüte. Jede Herde unterstand einem Hütemeister, dessen Aufgabe nicht allein darin bestand, die Tiere zu versorgen, sondern der auch darauf achten mußte, daß die Weiden im Frühjahr abgebrannt und die Stuten gedeckt wurden. Zum Personal zählten u. a. auch weise Frauen, die "wu-ma", die sich um kranke Tiere kümmerten. Vorrangig züchtete man Pferde für militärische Zwecke, und der Kriegsminister selbst trug den Titel eines Oberstallmeisters. Tiere, die den strengen Anforderungen nicht genügten, wurden gemästet und waren als "Eßpferde" heiß begehrt.

In Deutschland war es Karl der Große, der auf den vielen Königshöfen eine gezielte Pferdezucht einleitete. Die Brevarien, die wir von einigen Königshöfen noch besitzen, geben Aufschluß und Einblick auch in die geringsten Einzelheiten dieser Musterwirtschaften. - So befanden sich beispielsweise auf dem Königshof Asnapium 51 alte Stuten (jumenta majora) nebst fünf dreijährigen, sieben zweijährigen und sieben einjährigen Stuten, sodann zwölf zweijährige und acht einjährige Hengstfohlen (poledros) und drei Beschäler (emissarios). - Auf einem anderen Königshof waren vorhanden: 79 alte Stuten, 24 dreijährige, zwölf zweijährige und 13 einjährige Stutenfüllen (pultrellas), ferner sechs zweijährige und zwölf einjährige Hengstfohlen sowie fünf Beschäler.

Diese wohl ältesten Bestandsverzeichnisse deutscher Gestüte legen lebendiges Zeugnis ab von Kaiser Karls hoher Sorgfalt für die Pferdezucht, die sich darin aussprach, daß er den Pferden den Königsfrieden gab - pacem habeant per bonum regis - und die Ausfuhr von Hengsten verbot, - gerade so, wie es für Moslems nach den Lehren Mohammeds eine Sünde war, einem Ungläubigen ein edelrassiges Pferd zu verkaufen (dieses beinahe zum Dogma erklärte Verbot ging übrigens so weit, daß bis zur Regierungszeit des Sultans Mohammed Ali 1805-1849 im Nahen Osten kein Jude oder Christ auf einem Pferd reiten durfte!).

Daß die Mühewaltung des großen Kaisers gute Früchte erzielte, erhellt ein Brief Papst Hadrians, in welchem er sich für die Übersendung von einigen deutschen Zuchthengsten bedankt, die Karl dem Papst zum Geschenk gemacht hatte:

> "Wir finden uns für solch gütiges Geschenk äußerst verbunden, begehren aber, daß Ihr in Erwägung unserer Liebe, die Wir für Euer glänzendes Reich hegen, uns auch fürderhin mit wohlgefütterten Pferden, die sich allerdings für Uns eignen, an die Hand zu gehen; wodurch, da sie allen Augen gefallen, Euer großer Name gepriesen werde und weshalb Ihr von dem Apostel Gottes einen würdigen Lohn erhalten möget!"

Auch die Klöster und insbesondere die Ordensritter widmeten sich einer intensiven Pferdezucht, die vor allem auf die Entwicklung des schweren Streitrosses abzielte. Da der Pferdebedarf sehr groß war, ergriffen die Ordensritter begierig jede Gelegenheit, um edles Blut starker Schläge zu erhalten. Viele von den Kreuzzügen heimkehrende Adelige überließen ihnen einen Teil ihrer edlen Pferde, und so standen in den Conventsställen schließlich an die 2.000 "große Pferde", nicht mitgerechnet der reiche Pferdebestand in den Ställen der Komture und der bei den Ordenshäusern gelegenen Karwanshöfe (Vorwerke). Neben der Sorge um die Streitrosse versäumten die Deutschherren aber keineswegs die Pflege der kleinen, einheimischen Zucht, welche sie für Wirtschafts- und Verkehrszwecke sowie für die leichte Reiterei benötigten. In Urkunden werden die Pferde des bodenständigen Schlages, die "Sweiken", sehr oft erwähnt, wobei die unterschiedlichen Benennungen wie Pflug-,

Reit-, Brief-, Wald-, Karwans-, Trolle-, Strand- und Hofsweiken auf die vielfache Art ihrer Verwendung hindeuten.

So kam es, daß Anfang des 16. Jhdts., als der Trend vom schweren Ritterroß zum leichten Jagd- und Gebrauchspferd ging, Preußen gegenüber den anderen deutschen Ländern einen großen Vorsprung hatte und aus diesem Vorteil viel Kapital schlagen konnte. - Um von der teuren Einfuhr preußischer Pferde unabhängiger zu sein, ging man nun allenthalben mit Eifer daran, spanische und neapolitanische Hengste zu importieren, die einen leichteren Schlag erzielen sollten. - Die Bemühungen waren derart, daß beispielsweise die württembergische Regierung 1566 verordnete, die Pferde zum Nachteil des Ochsenbestandes nicht zu sehr zu vermehren! Die deutschen Pferde dieser Zeit schildert M. Fugger 1584 wie folgt:

> "Die Friesen sind grosz, stark, dauerhaft, rauh von Schenkeln; die Flandern und Holländer schön von Figur, doch weit; das Bergische Pferdt vnd demnächst die von Geldern vnd Westfalen werden als die besten Deutschlands berühmt. Sie sind leichter von Schenkel, schöner von Kopff vnd Hals denn alle übrigen."

Über die zu weit gehende Kreuzung mit fremden Pferden klagt Fugger:

> "Zu unser jetzigen Zeiten haben wir im Brauch: Spanische, Sardin'sche, Friesische, Flemmische, Barbarische, Türkische, Neapolitanische, Italienische, in gemein Abruzzische, Römische vnd Mantuanische Pferde zu halten ... vnd haben wir schier kein recht wissen mehr, wesz Landsarth ein Pferdt sey, weil sie alle fast bastardiert sein."

Fugger ist übrigens der Ansicht, daß sich die deutschen Pferde eben so gut entwickeln könnten wie die Rosse des Südens, wenn man in seinem Heimatland die Pferde nur nicht so fürchterlich und erbärmlich prügeln würde! Zum allgemeinen Durcheinander leisteten die "wilden Gestüte" den geringsten Beitrag. - Zu nennen wären das schon im 15. Jh. berühmte Senner Gestüt, das des Davert südlich von Münster, sowie die Gestüte des Emscher- und des Merfelder Bruchs. Der dort gezogene Schlag war zwar klein, aber zäh, und wurde durch Kreuzung mit spanischen Hengsten häufig zu ganz vorzüglichen Reittieren gesteigert.

Ein Bericht an den Kurfürsten von der Pfalz hebt 1594 hervor, "daß auch schon unter den Vorfahren des Allergnädigsten Herrn vier unterschiedliche Gestüte gehalten worden" , und beschreibt sodann ein "wildes Gestüt auf dem Otterberg", weiter eins, "das auf den fünf Höfen zur Versorgung des Mar- und Wagenstalls" eingerichtet war, ferner ein "welsches Gestüt von neapolitanischen Pferden, wie solche auch sonst an etlichen Orten in Teutschland und fürnehmlich in den Kaiserlichen, Churfürstlichen und Fürstlichen Gestüten erzogen würden", und schließlich ein Gestüt "auf der Rehhütte", das mit starken friesischen Pferden versehen war. - In allen vier Stutereien zusammen befanden sich 600 Stuten. - Bemerkenswert ist in diesem Bericht die Beschreibung des "wilden Gestüts", das zehn Meilen Umfang hatte und zum Teil dem Gebirge angehörte. Der Bericht erzählt weiter, daß "oft die Hengste einen starken Kampf miteinander zu halten pflegen, wobei es sich ergibt, daß ein Hengst, der gänzlich überwunden, gleichsam als schäme er sich, nicht wieder zu seiner Koppel zurückkehrt".

Während des Dreißigjährigen Krieges kam das Gestütwesen in Deutschland völlig zum Erliegen. - Armut und Elend lasteten so furchtbar auf dem Reich, daß der Adel keine neuen Stutereien mehr errichtete. So waren es auch denn die Regenten, die damals die Initiative zur Erneuerung übernahmen. - In Jagdschlössern, Vorwerken und säkularisierten Klöstern wurden Stutereien ins Leben gerufen, und durch Einfuhr geeigneter ausländischer, zumeist spanischer Hengste sowie durch Abgabe von Sprunghengsten aus den Marställen erholte sich dann auch nach und nach der verkommene Schlag der Landpferde. - Der Herzog von Friedland - der kampferprobte Wallenstein - ging hierbei allen anderen Fürsten mit gutem Beispiel voran. - Auch Anton Günther, der letzte Graf von Oldenburg, widmete sich mit einer solchen Leidenschaft seinem Marstall, daß Königin Christine ihn zum "Stallmeister des heiligen Römischen Reiches" ernannte. Sein Leibpferd, der apfelgraue "Kranich", ist bis heute wegen der Länge seiner Mähne (2,35 m) und seines Schweifes (3,00 m) berühmt. - Der Graf ritt ihn erstmals beim

Einzug seiner Braut, der Prinzessin Sophia von Holstein. Der Hengst soll der Sage nach das Dankgeschenk von einflußreichen Falschmünzern gewesen sein, denen der Graf einstmals in die Hände gefallen war, und die er, auf Ehrenwort entlassen, nicht verraten hatte!

Besondere Förderung erfuhr das Gestütwesen in Preußen. Nahezu die Hälfte der Gestütpferde stand in Ostpreußen und Litauen. Als Deckhengste dienten Araber, Friesen und Dänen, vor allem aber Neapolitaner und Spanier.

Um eine bessere Kontinuität in der Zucht zu erreichen, löste Friedrich Wilhelm I. alle kleinen Gestüte in Ostpreußen auf und konzentrierte das züchterische Bemühen fortan auf Trakehnen. Trakehnen war jahrhundertelang das Jagdrevier der litauischen Großfürsten, doch allmählich verlor sich das Wild, und als nach der schrecklichen Pest von 1709-1711 die Jagd gänzlich zum Erliegen kam, sprach der Soldatenkönig über die große, mit kurzen Erlen, Birken, Weiden und hohem Schilfgras bestandene Sumpfebene im Jahre 1725 sein schöpferisches "Werde!"

Nach dem Plan und unter der Leitung des Ingenieur-Geographen v. Suchodolez wurde zunächst ein ca. 8 km langer Hauptkanal gegraben, dann zog man Binnengräben und rodete das Strauchwerk, und innerhalb von sechs Jahren hatten die hierfür abkommandierten Soldaten die ganze Anlage fertiggestellt. Die erstreckte sich über ein Gebiet von 6.000 Hektar Größe und unterstand als "Königliches Stutamt Trakehnen" einem Oberstallmeister, der 1732 insgesamt 1.001 Pferde, darunter 513 Mutterstuten, in seine Obhut nahm.

Trakehnen war im eigentlichen Sinne eine Hausdomäne des Landesfürsten und hatte zunächst keinen anderen Zweck, als den königlichen Marstall zu remontieren und daneben durch den Verkauf von Pferden so viel Gewinn als möglich zu machen. Und Friedrich Wilhelm zeigte sich sehr ungehalten, als die Einnahmen nicht so schnell und reichlich flossen, wie er gehofft hatte. Trotzdem war er nachsichtiger und anspruchsloser als sein großer Sohn und Nachfolger, dem er schon 1739 das Gestüt nebst allem Zubehör schenkte.

Was Friedrich Wilhelm I. im wesentlichen noch als ein Kulturwerk betrachtet hatte, sah nunmehr Friedrich der Große lediglich als eine reine Geldquelle an.

Kaum war das Gestüt in seinen Besitz gelangt, erließ er sofort Befehle, auf die Vermehrung der Einnahmen hinzuarbeiten; jeder Etat sollte gegenüber dem Vorjahr einen Überschuß nachweisen. Trotzdem behielt er sich sämtliche vierjährigen Hengste vor, die im Gestüt gezogen wurden, auch diejenigen, welche die Verwaltung als Beschäler einsetzen wollte. Viele dieser Hengste verschenkte er an Generale, zuweilen auch an regierende Fürsten und andere hohe Persönlichkeiten, die übrigen wurden nach zuvor festgestellter Taxe so teuer wie möglich verkauft. Die baren Einnahmen flossen direkt in die königliche Schatulle und betrugen jährlich zwischen 12 - 18.000 Taler. Diese Summe war dem König jedoch stets zu klein, und er drohte fortwährend, das Gestüt eingehen zu lassen. Gewiß hätten größere Einnahmen erzielt werden können, wenn der König den ihm eigenen Geiz überwunden und bessere Beschäler aufgekauft hätte, doch blieben alle Bitten des Oberstallmeisters vergebens. - Überhaupt fehlte es dem Gestüt überall am Nötigsten, und so verwundert es nicht sehr, daß die überaus schlecht besoldeten Beamten und Diener sich zu Veruntreuungen und Diebstählen hinreißen ließen, nur um nicht zu verhungern!

Sein Nachfolger Friedrich Wilhelm II. zeigte sich von ganz anderer Art. Als Erstes verfügte er 1786, daß die Überschüsse des Gestüts der Anstalt verbleiben und zum Ankauf von Landbeschälern verwendet werden sollten. - Der Vice-Oberstallmeister Graf Lindenau säuberte in strenger Musterung die reichlich vorhandenen, schwachen und fehlerhaften Hengste und Stuten aus, und von nun an begann die glänzende und kontinuierliche Entwicklung Trakehnens als Heimat eines eigenständigen, weithin berühmten Schlages. Im Jahre 1797 zählte Trakehnen 926 Stück, also 60 Pferde weniger als zehn Jahre zuvor, doch deren Qualität betrug zumindest das Doppelte.

Welch drastische Mittel der König androhte, um den Ankauf schlechter Pferde zu verhindern, geht aus einem Brief hervor, den er am 8. Dezember 1786 aus Potsdam dem Fürsten Leopold von Dessau schrieb:

"... Die Remonte-Pferde von Möllendorf seyn hier passiert, recht brave Pferde. Die Sonsfeld'schen sehr schlechte, davon habe 30 Stück die Ohren abschneiden lassen. Der Herr General mag zusehen, wo er sein Geld wiederbekommt..."

Aktenkundig belegt ist diese Verstümmelung nicht, so daß der Vorgang wohl eher als mahnende Drohung zu verstehen ist.

Seine Blütezeit erlebte Trakehnen unter der Leitung des Herrn v. Burgsdorf (1814-1842), der verstärkt orientalische und englische Hengste einsetzte und dabei eine so glückliche Hand hatte, daß sich die jährlichen Versteigerungen zu wahren Volksfesten gestalteten, zu denen Käufer aus aller Herren Länder herbeiströmten. Zuvor wurden jedoch die neuen Hauptbeschäler sowie drei Reitpferde für Sr. Majestät ausgewählt. Danach wurden die Landbeschäler und diejenigen Pferde abgesondert, welche der Chef des königlichen Marstalls anforderte. Was übrig blieb, war aber immer noch von solch vorzüglicher Qualität, daß die Kaufinteressenten sich geradezu darum rissen!

Im Laufe seines Bestehens ist Trakehnen viermal evakuiert worden, letztmalig im strengen Winter 1944/45 vor den anrückenden sowjetischen Truppen. Angeschirrt vor schwere Feldwagen, die ihre Besitzer und deren Habseligkeiten aufnahmen, zogen die Pferde mit einer Zähigkeit ohnegleichen in eisiger Kälte und unter feindlichem Beschuß rund 1.400 Kilometer in Richtung Westen. Nur etwa 700 Stuten und einige wenige Hengste erreichten das Ziel, doch konnte mit den Überlebenden der Grundstock für einen neuen Anfang gesetzt werden, insbesondere im niedersächsischen Landgestüt Celle.

Im Gegensatz zu Deutschland und vielen anderen europäischen Ländern, in denen der Staat durch die Einführung von Landgestüten die Pferdezucht in die Hand nahm, wählte man in England den umgekehrten Weg, indem man dort die Zucht weitgehend den Privatleuten überließ. Schon König Heinrich II. (1154-1189) führte spanische, neapolitanische und flandrische Hengste ein, um, dem Bedürfnis der Ritterschaft entsprechend, den einheimischen Ponyschlag zu stärken und zu festigen. Aus der Kreuzung mit ausgesuchten Stuten, den "Royal mares", ging sodann ein Pferd hervor, das nicht nur als vielseitiges Gebrauchspferd, sondern ebenso als Renner hervorragende Dienste leistete.

Pferdezucht und Pferderennen waren in England immer ein Hauptzeitvertreib der Stadt- und Landbevölkerung, und die oft wiederholte Behauptung, erst die im 18. Jh. importierten orientalischen Hengste hätten die Linie der Vollblutrenner begründet, bedarf unter den vorgenannten Aspekten wohl einer gewissen Einschränkung.

Unter Heinrich VIII. (1509-1547) unternahm man abermals energische Schritte zur Verbesserung der Zucht, wie sie gleich konsequent in Deutschland schon wegen der politischen Zersplitterung kaum möglich waren. - Heinrich VIII. sorgte immer wieder für neue Überraschungen. So verfügte er, daß der Adel in seinen Parks und die Gemeinden auf den Kommunalwiesen Zuchtstuten hielten, und daß jeder Geistliche, dessen Frau eine französische Haube oder einen Samthut trug, auch einen Reithengst halten mußte!

Durch solche Maßregeln hob sich die Zucht, und die erzielten Pferde wurden gut, ohne besonders schwer zu sein. Hinzu kam ein strenges Ausfuhrverbot, das spekulativen Elementen entgegentrat. - Dieses wurde mit einer solchen Strenge gehandhabt, daß beispielsweise 1760 auf das Schiff des Grafen Ferdinand Kinsky, der einen Hengst und vier Stuten über den Kanal nach Ungarn schaffen wollte, Geschützfeuer eröffnet wurde! Und Rathgeb berichtet in seiner "Badenfahrt":

> "Von Rossen hat England sehr viel ... mehrmals gute Zelter und verschnitten. Es wird auch ohne Paszport niemandts gestattet, solche Pferdt auszerhalb des Königreichs zu verführen."

Bei einer solchen Abschottung nach außen hin konnte es nur eine Frage der Zeit sein, wann die Einfuhr besonders qualifizierter Hengste Früchte trug. Diese Ernte wurde im 18. Jh. eingebracht, als mit den arabischen Beschälern "Byerley Turk", "Godolphin Arabian" und "Darley Arabian" die Ära des sogenannten "Vollblutes" eingeläutet wurde.

Im zaristischen Rußland war es Graf Alexius Grigoriewitsch Orlow-Tschemskoy (1737-1808), der einer effektiven Pferdezucht erste Impulse gab.

Alexius war der aktivste und fähigste der außergewöhnlichen Orlow-Brüder, die sich alle der besonderen Gunst des Zarenhofes erfreuten. Dennoch gerieten sie in den Verdacht, an der Absetzung und nachfolgenden Ermordung ihres Souveräns Zar Peter III. zugunsten seiner Gemahlin Katharina maßgeblich beteiligt gewesen zu sein, doch konnte dieser Vorwurf nie bewiesen werden. Jedenfalls nahmen die Orlow-Brüder auch weiterhin bei Hofe eine bevorzugte Stellung ein, die noch dadurch gefestigt wurde, daß die Zarin den ältesten der Brüder, Gregor, zu ihrem Liebhaber und einflußreichen Berater machte. Als aber Katharina dem Prinzen Potemkin ihre Huld und ihr Vertrauen schenkte, fand der idyllische Zustand ein jähes Ende. Das wiederum brachte den jähzornigen gewalttätigen Alexius derart in Rage, daß er dem Prinzen eine Tracht Prügel verabreichte, die diesen ein Auge kostete! Nachdem Alexius so auf seine Art die Familienehre gerächt hatte, zog er sich grollend vom Hofe zurück und verbrachte die folgenden Jahre auf seinem riesigen Besitz im Süden Moskaus damit, ein schnelles und ausdauerndes Wagenpferd zu züchten, das in den schier unermeßlichen Weiten Rußlands nutzvoll eingesetzt werden konnte.

Das Produkt war der Orlow-Traber!

Stammvater der Orlow-Rasse war der arabische Silberschimmelhengst "Smetanka", den Alexius 1775 für 60.000 Rubel in Griechenland erstanden hatte. Dieser nur 1,50 m hohe Hengst verfügte über außergewöhnliche Vererberqualitäten und war u. a. auch dadurch bemerkenswert, daß er nur 19 Rippenpaare besaß. - Aus der Paarung mit einer großen Frederiksborger Stute ging 1778 der Hengst "Polkan" hervor, und aus dessen Paarung mit einer holländischen Harddraver-Stute der berühmte Hengst "Bars I.", der demnach in sich Trabereigenschaften und robuste Ausdauer vereinigte. Bars I. wirkte 17 Jahre als Deckhengst und zeugte u. a. den Hengst "Ljubesnor", der den nahezu perfekten Trabertyp darstellte.

Der englische Ausnahmetraber *Confidence*. Gemälde von J. F. Herringsen, 1842.

Den Nachwuchs unterwarf Graf Orlow härtesten Leistungsprüfungen. So mußten die Pferde viermal täglich im Renntrab mit 240 kg Gewicht im Rennschlitten oder in einer Renndroschke um eine 426 m lange Bahn laufen, in deren Mitte eine riesige Uhr mit Sekundenzeiger stand. An manchen Tagen mußten sie je 20 km im Trab und im Schritt zurücklegen. Pferde, die dieses strapaziöse Training nicht durchhielten, wurden ausgeschieden. Derartige selektive Methoden brachten als Resultat drei Typen von Orlow-Pferden hervor, die sowohl als Zugpferde in der Landwirtschaft und als Reitpferde Verwendung fanden, als auch auf der Rennbahn, obwohl ihnen dort der amerikanische Standard-Bred-Traber inzwischen den Rang abgelaufen hatte.

Bis zu seinem Tode verkaufte Graf Orlow keine Hengste, denn er wollte verhindern, daß andere Züchter den erreichten Zuchterfolg zunichte machten. - Er starb 1808 und vermachte sein Gestüt, fünf Millionen Rubel und 30.000 Leibeigene seiner Tochter, die sein Vermächtnis bis 1845 fortführte. Im nämlichen Jahr verkaufte sie das Gestüt an den Zaren, der die Orlow-Pferde auf verschiedene Gestüte im Lande verteilte.

Mit der Oktoberrevolution 1917 blieb von den vormals 1.500 Trabergestüten nicht mehr viel übrig. - Lenin setzte voll auf Motorisierung, mußte aber bald erkennen, daß dieses Ziel nicht so schnell zu erreichen war, und so ging man in der Sowjetunion wieder an den Aufbau einer Pferdezucht. Beim Zählen des Bestandes konnte man nur noch 851 Orlow-Traber verbuchen, zuzüglich 1.060 mit amerikanischen Standard-Breds gekreuzte sogenannte "Metis". Durch Rückkreuzungen versuchte man krampfhaft, das amerikanische Blut aus den Metis zu verdrängen, das nach kommunistischer Auffassung die Leistungsfähigkeit der sowjetischen Pferde vermindert hatte, doch war der Erfolg gleich Null.

Pferde unterliegen nun mal keiner Ideologie!

Die Großen und die Kleinen

In seinem "De Bello Gallico" erwähnt Julius Caesar lobend die kräftigen und großen Pferde aus dem Gebiet der Ardennen.

Ob und inwieweit aber diese Pferde auf die Zucht der schweren Zugpferde wie den heutigen Ardennern, Percherons, Clydesdale, Shire und Belgiern eingewirkt haben, ist allerdings umstritten. Als ziemlich sicher gilt jedenfalls, daß der bereits im Mittelalter gefestigte Ardenner - Typ und das Belgische Pferd zu jenen Rassen zählen, aus denen das "Große Pferd" hervorgegangen ist, auf dem sich die hohen Herrschaften vergangener Jahrhunderte tummelten. - Mit dem Aufkommen der Feuerwaffen und dem damit verbundenen Niedergang des Rittertums schienen auch die Stunden des "Großen Pferdes" gezählt zu sein, doch sicherte der wachsende Bedarf an schweren Zugtieren diesen Pferden eine weitere Zukunft.

Ohne das schwere Arbeitspferd des Bauern wäre durch Jahrhunderte keine ertragreiche Landwirtschaft möglich gewesen. Als Zugtier vor großen Frachtwagen transportierte es tonnenschwere Güter Tag für Tag über schlammige und steinige Wege; über Göpel, eine senkrecht stehende Antriebswelle mit waagerechtem, vier bis fünf Meter langen Deichselarm, trieb es die Pumpen und Dreschmaschinen an; auf Treidelpfaden zog es die Lastkähne der Binnenschiffahrt: Eines nach dem anderen gespannt, gingen sie geduldig den "Pferdestieg" (Leinpfad, Treideldamm), und wenn dieser zu schmal wurde, lagen "Pferdeplätten" (kleine, flache, fährenartige Schiffe) bereit, um das Schleppgespann auf die andere Seite des Flusses zu überführen, wo dann wieder ein gangbarer Leinpfad vorhanden war.

Diese Pferde waren von außerordentlich gewaltigem Körperbau, hatten einen kurzen, dicken Hals, eine erstaunlich tiefe Brust und große, breithufige Füße, die mit dicken Stollen an den Eisen versehen waren. - Für die Göpelarbeit verwendete man im allgemeinen alte Pferde, um noch das letzte Quentchen Kraft aus ihnen herauszupressen. Diese elende und stumpfsinnige Tätigkeit hat Friedrich Fröbel (1782-1852) in einer Fabel herausgestellt:

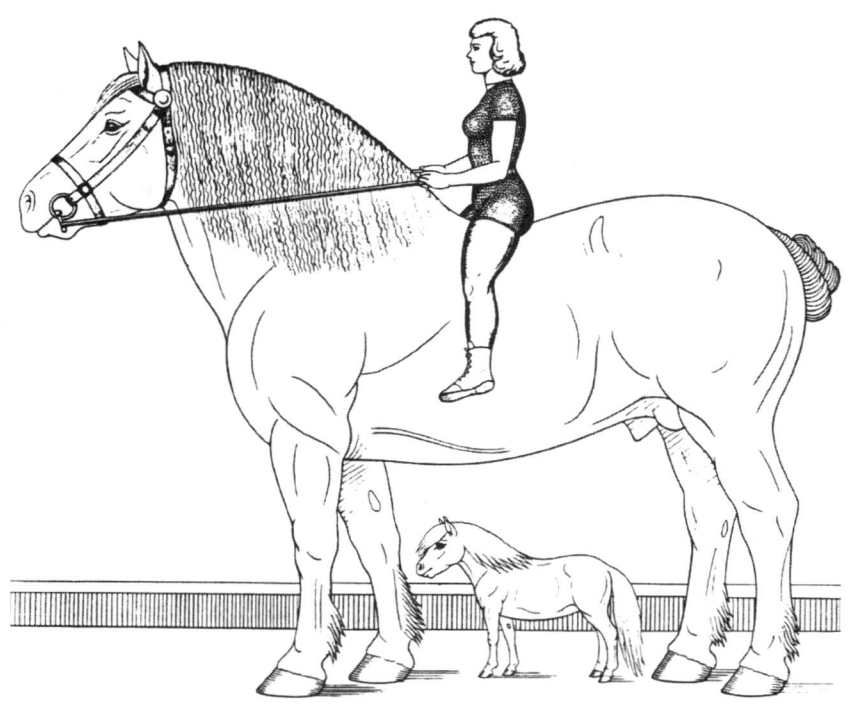

Brooklyn Supreme, das wohl schwerste und mächtigste Pferd aller Zeiten,
im Größenvergleich zu *Sugar Dumpling*, dem Kleinsten.

"Eingesperrt beim alten Pferd,
Das im Radlauf wohl gelehrt,
Stampft ein Streitroß vor Verlangen,
In dem Siegeszug zu prangen.
'Sei nicht töricht', sagt der Gaul,
'Hast's ja ruhig hier! Und lug';
Hängt das Heu Dir nicht in's Maul?
Gibt's nicht Hafer überg'nug?
Einzig hier wohnt wahres Glück -
Glaub es mir und meinen Jahren,
Täglich hab' ich das erfahren!'
Und das Roß spricht stolz zurück:

'Was hast Du denn für Erfahrung?
Nichts, denn Kreislauf, Schlaf und Nahrung!'

Die exponiertesten Vertreter der schweren Zugpferdklasse sind seit jeher die gewaltigen belgischen Kaltblüter, die in diversen Geschichtsbüchern unter den Bezeichnungen "Brabanter" oder "Flandrisches Pferd" auftauchten. Diese prachtvolle, konsolidierte Rasse hat nicht nur den nachhaltigsten Einfluß auf das Rheinisch-Deutsche Kaltblut ausgeübt, sondern befruchtete in gleicher Weise die Zucht der englischen Schwergewichtler.

Unter diesen Pferden finden sich zuweilen Giganten von kaum glaublichem Körperbau und Gewicht. - So war 1863 in Aachen ein aus Erkelenz stammendes "Wunderpferd" ausgestellt, das bei 1,83 m Größe stolze 2.072 Pfund wog. - Noch viel früher, nämlich 1342, staunten die Chinesen über ein "Deutsches Kriegsroß", das der Papst dem Kaiser von China zum Geschenk gemacht hatte. Es soll über 1,80 m hoch und so "schwer wie ein kleiner Elephant" gewesen sein. - Das kompakteste und schwerste Pferd aller Zeiten war wohl der am 6.6.1930 auf der Farm von Mr. Earle Brown in Minneapolis/USA geborene belgische Hengst "Brooklyn Supreme", der als ausgewachsenes Tier 1.532 kg auf die Waage brachte. Sein Rumpfumfang betrug 2,60 m, und jedes seiner Hufe wog zwölf Pfund! Man sollte eigentlich meinen, daß diese Giganten vor lauter Kraft kaum noch laufen konnten, doch belehren die Leistungen dieser Kaltblüter uns eines Besseren, so z. B. die des russischen Wladimir-Hengstes "Pepper", der eine Wagenladung von vier Tonnen Gewicht über eine Strecke von knapp zehn Kilometern in einer Stunde, 39 Minuten und 49 Sekunden zog.

Besonders in der Landwirtschaft leisteten diese zuverlässigen und duldsamen Muskelpakete kaum Vorstellbares. Früher rechnete man auf ein solches Zugtier ungefähr 250 Arbeitstage im Jahr bei einer durchschnittlichen täglichen Arbeitszeit von zehn Stunden! In 24 Arbeitstagen war die Frühjahrs- und Herbstbestellung zu besorgen, wobei für je zwei Pferde das tägliche Soll auf zwei Morgen Pflügearbeit oder 16 Morgen vor der Egge festgelegt war. - Solche Kraftleistungen konnten natürlich nur bei entsprechend guter Verpflegung erreicht werden. So fütterte der Bauer jedes Tier um fünf Uhr morgens und mittags mit je sechs Pfund Weizen und abends um 19 Uhr mit 47 Pfund gedünstetem Futter aus Kartoffeln und Rüben.

Ein derart hoher finanzieller Einsatz konnte sich selbstverständlich nur bei einer effizienten Leistung der Pferde rechnen, und so schien ihnen im aufdämmernden Maschinenzeitalter nur noch das traurige Schicksal von Fleischlieferanten beschieden zu sein. - Gerade in unserer Zeit erleben aber diese stolzen und mächtigen Tiere eine wahre Renaissance, und das nicht nur in den USA und Großbritannien, wo sie als Werbeträger für Brauereien und sonstige Auftraggeber vor schweren Wagen sehr begehrt sind, sondern insbesondere in der Forst- und Landwirtschaft, die sich aus umweltfreundlichen Gründen in zunehmendem Maße dieser Pferde bedient.

So imponierend die Kraftleistungen der Kaltblüter auch sind, so darf doch nicht übersehen werden, daß gerade ihre kleinen Vettern, die Ponys, im Vergleich zu ihrer Größe zu den kräftigsten Pferden aller Rassen zählen.

In seiner "Kurzen Beschreibung von Orkney, Zetland, Pightland-Firth und Caithness" berichtet der englische Geistliche John Brand 1701:

> "Sie haben dort kleine Pferde, die sie Shelties nennen - andere gibt es nicht, es sei denn, man bringt sie von anderswo her ... Sie sind etwa 90 bis 100 Zentimeter hoch und gelten mit 112 Zentimetern bereits als sehr groß. Trotz ihrer Kleinheit sind sie voller Kraft und Feuer und kennen Sommer wie Winter keinen Stall, sondern laufen in Herden im Gebirge herum. Wenn im Winter der Sturm so stark wird, daß er sie beim Fressen umwirft, kommen sie herunter und fressen bei Ebbe Seetang. Die Kälte der Luft, die Kargheit der Berge und die schwere Arbeit halten sie offenbar so klein, denn wenn man größere Pferde hierher bringt, degenerieren auch diese innerhalb von kurzer Zeit. Hier offenbart sich die Weisheit der Vorsehung, denn auf den tiefen und mancherorts sumpfigen Wegen kommen diese leichten Pferde überall durch, wo größere und schwerere einsinken würden. Sie springen sehr geschickt

über Gräben. Immer wieder habe ich gesehen, wie sie schwere Reiter über sumpfige Abhänge und Hügel herauf- und heruntertrugen, ja ich habe sie sogar Böschungen auf den Knien heraufklettern sehen, wenn sie es mit ihrer Last auf dem Rücken nicht anders schafften... Gerade die kleineren erwiesen sich oft als die stärksten. Einige sind so klein, daß sie ein kräftiger Mann in seinen Armen hochheben kann, und dennoch sind sie in der Lage, ihn und seine Frau acht Meilen hin und zurück zu ziehen."

Gemeint sind die in Nordschottland und den Shetlandinseln beheimateten Shetland-Ponys, die in der Tat ihr doppeltes Eigengewicht tragen können - zweimal so viel, wie die meisten Kaltblüter! Diese Ponys verkörpern eine uralte Rasse. - Auf altsteinzeitlichen Höhlenmalereien der Dordogne und bei Altamira in Nordspanien sind unschwer Pferde dieses Types zu erkennen, so daß die Theorie an Gewicht gewinnt, daß sie während einer der frühesten Einwanderungswellen aus dem Biskaya-Bereich nach Britannien gebracht worden sind.

Die Trag- und Zugkraft sowie die zähe Ausdauer dieser mutigen und charaktervollen Pferde sind geradezu legendär. So soll einem Bericht von 1820 zufolge ein 92 Zentimeter großes Shetland-Pony einen 153 Pfund schweren Mann 65 km weit getragen haben. - Diesen Fähigkeiten entsprechend waren sie Mitte des 19. Jhdts. als Grubenpferde in den nordenglischen Kohlengruben sehr gefragt. - Nicht besser erging es den in Westmorland und Cumberland beheimateten Fell-Ponys, die im 17. und 18. Jahrhundert als Packtiere benutzt wurden, um Blei von den Gruben zur Küste zu transportieren. Pro Tag 200 Pfund Last auf einer Strecke von rund 48 km war die Norm - jahrein, jahraus, bis zum erlösenden Ende!

Die Exmoor- und Dartmoor-Ponys, die ihre Ahnenreihen ebensoweit zurückverfolgen können wie die Shetlands, leben seit Menschengedenken in den weitläufigen Moorgebieten im Südwesten Englands, wo sie selbst die strengsten Winter ohne Fütterung und Schutz überstehen. Im Jahre 1820 ritt ein 175 Pfund schwerer Mann auf einem dieser robusten Energiebündel 138 km von Bristol nach South Moulton und war hierbei schneller als die Postkutsche, die auf der gleichen Strecke verkehrte! -

Shetland-, Forester- und Welch Ponys. J. Lawrence, History & Delineation of the Horse. London 1809

In einem anderen Fall soll ein in die Enge getriebenes Dartmoor-Pony über seine Verfolger hinweggesprungen und entkommen sein.

Die Kraft des nordenglischen Dales-Ponys kommt am augenscheinlichsten wohl dadurch zum Ausdruck, daß es mühelos eine Last von einer Tonne und mehr ziehen kann, und ein Highland-Pony kann sich rühmen, bei einer Zirkusveranstaltung einmal sieben Reiter mit einem Gesamtgewicht von etwa 750 Pfund ohne Schwierigkeiten getragen zu haben!

Das wohl vielseitigste aller britischen Ponys ist das Welsh-Mountain-Pony, daß sich in den kleinen, harten Original-Mountain- Typ und den größeren Welsh-Cob-Typ aufgliedert. Einige Fachleute sind der Meinung, daß sich der Welsh-Cob aus den Pferden entwickelt habe, die Julius Caesar nach Britannien mitgebracht hatte, doch ist diese Ansicht keineswegs gesichert. - Jedenfalls war dieses schöne Vielzweckpferd ein Volltreffer, was auch aus einem Brief hervorgeht, in welchem 1767 Sir Richard Smyth einem Mr. George Selwyn mitteilt, daß ein gewisser Dr. Thistlewaite gestorben sei und dessen Pferde nunmehr zum Verkauf stünden:

"Darunter ist auch ein kleiner, kastanienbrauner Wallach, von etwa 130 bis 150 cm Höhe, mit auffallend langem Schweif. Er ist stark genug, Sie, Herr Bürgermeister, und alles Geld, das Sie jemals für Wahlen in Gloucester ausgegeben haben, zusammen zu tragen. Er geht schnell genug, um Sie auf der Jagd dicht neben Ihren Hunden zu halten. Wenn aber Ihre Geschäfte einmal nicht derart viel Aufmerksamkeit erfordern, könnte eine Schnecke ihn hinter sich lassen. Seine Statur ist dergestalt, daß Sie, würden Sie Ihren Schneider auf seinem Rücken sitzend antreffen, vor diesem Ihren Hut zögen, auch wenn Sie ihm nicht einen einzigen Schilling schuldeten. Ich kenne zwanzig Männer von Gewicht, die ihn haben möchten, doch das Gewicht von Edelmetall wird entscheiden, wer ihn bekommt."

Hengst der norwegischen Fjordrasse.
Carl G. Wrangel, Das Buch vom Pferde. Stuttgart 1927

Dieses so hochgelobte Pferd muß in der Tat schon über eine gehörige Portion an Kraft und Stehvermögen verfügt haben, brachte doch der verstorbene Dr. Thistlewaite zu Lebzeiten immerhin satte 316 Pfund auf die Waage!

Das vielleicht widerstandsfähigste und robusteste Pferd aller Rassen ist das Island-Pony, das wegen seines enormen Kampfesmutes und seiner sagenhaften Ausdauer berühmt ist. Viele Wissenschaftler sehen dieses Pferd als ein Kreuzungsprodukt des tarpanähnlichen Gotland-Ponys und des norwegischen Fjord-Pferdes an, das mit seiner mondsichelför-migen Mähne eine frappierende Ähnlichkeit mit dem Przewalski-Pferd aufweist. Diese Pferde waren es auch, die erstmals 871 von flüchtenden Norwegern nach Island gebracht wurden, als sich Harald Schönhaar zum König von ganz Norwegen erklärt hatte und dabei nicht überall auf Zustimmung gestoßen war. Eine große Anzahl dieser zähen Tiere wurde nicht nur in den englischen Bergwerken zerschlissen, sondern auch bei Pferdekämpfen, die nicht selten in einem blutigen Gemetzel endeten, und zwar nicht nur zwischen den Hengsten, die es darauf abgesehen hatten, dem Gegner die Zähne einzuschlagen und somit hilflos zu machen, sondern auch zwischen deren durch hohe Wetten angeheizten Besitzern, die während des Kampfes ebenfalls aufeinander eindroschen und manchmal eine Blutfehde vom Zaun brachen! - Dieser "Hahnenkampf des Nordens" wurde erst 1896 per Gesetz verboten!

Unter den anerkannten 63 Ponyrassen sind auch die Haflinger zu finden, die auf den Bergwiesen Tirols und Bayerns bis zum vierten Lebensjahr "geälpt", d. h. aufgezogen werden, ehe es an die Arbeit geht. Diese gesunde Aufzucht mag der Grund dafür sein, daß Herz, Lunge und Beine überaus kräftig ausgebildet sind, und die Pferde bis zum 30. Lebensjahr voll einsatzfähig bleiben.

Wahre Winzlinge sind die Falabella-Ponys, die Julio Cesar Falabella vor knapp 100 Jahren auf seiner Ranch Recreo de Roca in der Nähe von Buenos Aires aus sehr kleinen Vollblütern und Shetlands herauszüchtete. Leider haben diese bis zu 72 cm großen, intelligenten und freundlichen Pferde durch extrem selektive Auswahl viel von ihrer Kraft eingebüßt, und sind daher als Reittiere ungeeignet, werden aber als attraktive Hausgenossen und Wagenpferde vor allem in Nordamerika durchaus sehr geschätzt.

Nicht ein Falabella-Pony, wie zu vermuten, sondern eine Shetlandstute war das kleinste Pferd aller Zeiten - "Sugar Dumpling". Dieses Pony wies eine Größe von nur 53 cm auf und wog knappe 28 Pfund! - Sugar Dumpling starb 1965 auf der Farm ihres Züchters Mr. Smith Mc. Coy in Roderfield/Westvirginia.

Weit ist der Weg

Bukephalos soll seinen Herrn Alexander insgesamt über 18.000 Kilometer getragen haben. - Noch 3.500 Kilometer weiter ging der Ritt des Argentiniers Aime F. Tschiffely, der in den Jahren 1925-28 mit seinen beiden Criollo-Pferden "Mancha" und "Gato" von Buenos Aires nach New York zog. Die 21.500 Kilometer lange Strecke führte über Gebirgspässe bis zu 3.730 Meter Höhe, Wüsten, Dschungel und normale Straßen, begleitet von allen Launen des Wetters - und als die drei Beteiligten endlich in New York ankamen, befanden sie sich in allerbester Verfassung. Es war der wohl längste Ritt aller Zeiten!

Ähnlich imponierende Leistungen hat es seit jeher gegeben:

So wurde im 13. Jh. die Eilpost der mongolischen Herrscher durch Stafettenreiter befördert, die täglich eine Strecke von 340 Kilometern zurücklegten. Alle paar Meilen wurden an Relaisstationen Reiter und Pferde ausgewechselt. - Diese Leistung verblaßt aber hinter der des mongolischen Postreiters Tzeren, der 700 Jahre später (1920) die Strecke Ulias-Sutai-Peking (2.800 km) in neun Tagen bewältigte. Er hatte dabei das Vorrecht, die besten Pferde der jeweiligen Relaisstationen in Anspruch nehmen zu dürfen. Vorausgeschickte Boten sorgten für einen raschen Pferdewechsel, der sich in der Weise vollzog, daß sich Tzeren ohne Stop in den Sattel des bereitgestellten Reservepferdes schwang. Um die Anstrengungen einigermaßen erträglicher zu gestalten, hatte der Reiter Arme, Beine, Rumpf und Brustkasten mit starken, wollenen Wickeln bandagiert. Der neun Tage während Ritt, bei dem er Entfernungen von 20 bis 25 km jeweils im gestreckten Galopp zurücklegte, wurde täglich von nur sechs bis sieben Stunden Rast unterbrochen!

Auch die Leistungen des nordamerikanischen Pferdeexpresses waren nicht von Pappe. - Dieser Pferdeexpreß, den man im "Wilden Westen" der sechziger Jahre des vergangenen Jahrhunderts aus jungen, drahtigen Burschen von kaum mehr als 18 Jahren und abgehärteten, schnellen Pferden verschiedener Rassen zusammenstellte, schaffte 320 km am Tage, wobei alle 40 km Reiter und Pferde gewechselt wurden. Um den überall lauernden Gefahren durch Räuberbanden und Indianerhinterhalte möglichst zu entgehen, wurden die verwegenen Ritte meistens nachts durchgeführt, doch nicht immer war Fortuna auf der Seite der Gerechten. - Gerade die Räuberbanden wurden in jenen Zeiten zu einer wahren Landplage. Vor einem Bankeinbruch oder Zugüberfall hatten sie in der Regel auf der Fluchtroute frische Pferde bereitgestellt und konnten so den sie verfolgenden Sheriff und dessen Helfer oft mit Leichtigkeit abhängen. - Aber auch ohne eine Vielzahl von Ersatzpferden bewiesen die Banditen beachtliches reiterliches Können. So mußte sich eines Tages einer der berüchtigtsten Desperados, Kitt Carson, Hals über Kopf mit einigen Mexikanern und nur zwei Ersatzpferden von Los Angeles nach San Francisco absetzen. Für die 960 km lange Strecke benötigten er und seine Spießgesellen nur sechs Tage!

Da mochte so mancher von der anderen Seite nicht zurückstehen, beispielsweise jener Constabler von der berittenen Polizei im Nordwest-Territorium Kanadas, der bei der Verfolgung von Banditen bei glühender Hitze und ohne Pferdewechsel 211 km von Regina zum Posten Wood Mountain ritt. Bei der Ankunft war das Pferd noch so frisch, daß es den Reiter abwarf! Sein Landsmann François Xavier Aubry, "Little Aubry" genannt, stellte im September 1948 einen bis heute einsamen Langstreckenrekord auf: 320 km in 26 Stunden mit nur einem Pferd!!

Noch einige Beispiele: Im Jahre 1762 legte der Cowboy Neil Shaftoe mit Pferdewechsel (14 Tiere) 4.640 km in 29 Tagen zurück. An einem Tag ritt er auf nur einem Pferd 256 km.

1831 wettete ein englischer Oberst um 1.000 Guineas (etwa 14.000 DM), daß kein Reiter 200 Meilen (320 km) unter zehn Stunden zurücklegen könne. Ein gewisser George Osbaldison bewies ihm auf der hindernisfreien Rennbahn in Newmarket, daß es doch möglich ist, wozu ihm 28 Auswechselpferde verhalfen, mit denen er die Strecke in acht Stunden und 42 Minuten bewältigte. - 37 Jahre später benötigte H. Mowry in San Francisco 30 Pferde, um die gleiche Strecke in exakt acht Stunden hinter sich zu bringen.

Der erste urkundlich belege Distanzritt in Frankreich resultierte ebenfalls aus einer Wette, als 1381 der französische König Karl VI. und

176

sein Schwager, der Herzog von Touraine, 5.000 Francs darauf setzten, wer als erster die 750 km lange Strecke von Montpellier nach Paris schaffen würde. Sie starteten in Begleitung je eines Ritters und wechselten wiederholt die Pferde. Das Rennen und somit auch die Wette gewann der Herzog, allerdings mit einem faulen Trick, denn während sich der König in Troyes für acht Stunden ins Bett gelegt hatte, ließ sich der Herzog in einem Kahn auf der Seine bis Melun bringen, wo er wiederum ein Pferd bestieg und so in viereinhalb Tagen Paris erreichte - sechs Stunden früher als der genasführte König!

Zweihundert Jahre später vollbrachte ein Landsmann von ihnen, der königliche Abbé Niquet, als Kurier eine Glanzleistung, indem er die Strecke von Paris nach Rom (1.680 km) auf erbärmlichen Straßen in nur sechs Tagen und vier Stunden zurücklegte. Wieviel Pferde er hierfür benutzte, ist nicht überliefert worden.

Nur unwesentlich schneller war 1879 der Amerikaner C. M. Anderson, der für 1.762 km sechs Tage benötigte. Auch hier ist die Anzahl der gewechslten Pferde nicht bekannt.

Man sollte meinen, daß mit solchen Langstreckenleistungen das Laufvermögen des Menschen nicht konkurrieren könne, doch belehren einige Vergleiche uns eines besseren. - So lief beispielsweise im Jahre 1836 der berühmte norwegische Kurier Mensen Ernst in nur 59 Tagen von Kalkutta nach Konstantinopel. Eine derartige Leistung über 9.000 Kilometer könnte kein Pferd zuwege bringen! - Auch ein 1924 in London veranstaltetes Sechstage-Vergleichsrennen zwischen dem englischen Marathonläufer George Hall und einem Rennpferd namens "Black Jack" endete zugunsten des Läufers. Am fünften Tage wurde das Pferd aus dem Rennen genommen, als Hall bereits 24 km Vorsprung hatte und keinerlei Anzeichen von Ermüdung zeigte. Man sieht, so leicht läßt sich der Mensch von einem Pferd nicht bezwingen! - Einzigartig steht wohl nur die Leistung von "Little Aubry" da, denn 320 km in 26 Stunden müssen von einem Menschen erst einmal gelaufen werden.

Erstaunlich waren auch die Marschleistungen der preußischen Schwadronen. - So rückte beim Feldzug 1866 eine Schwadron des Westfälischen Dragoner-Regiments in zwei Tagen 130 km in Sachsen vor. -

Eine aus dem Blücher'schen Husaren-Regiment und dem 1. Pommer'schen Ulanen-Regiment kombinierte Brigade unter Graf Bismarck-Bohlen legte von Weißenburg nach Dresden und von dort nach Göden bei Bautzen 119 km in 40 Stunden zurück, wovon acht Stunden biwakiert wurden. - Leutnant von Sperber vom Litauischen Dragoner-Regiment Nr. 1 marschierte mit seinem Zuge von Pilnikan über Eisenbart nach Kottwitz 127 km in 24 Stunden, die vielen Umwege nicht mitgerechnet. Kein Pferd blieb zurück, und Reiter und Rosse waren bei der Schlacht von Königgrätz in vorderster Front zu finden.

Respekt, Respekt, - doch was die dauernde Beweglichkeit über einen längeren Zeitraum anbetrifft, dürfte es wohl keine vergleichbare kavalleristische Leistung wie jene der Indianer vom Stamme der Nez-Percé geben, die mit ihren Pferden in elf Wochen 2.500 km zurücklegten, um der Umklammerung durch berittene US-Einheiten zu entkommen. Wenn man bedenkt, daß der mit Frauen, Kindern und dem Gepäck zusätzlich belastete Hauptteil des Stammes im Durchschnitt 30 km täglich hinter sich brachte, so mußte die kämpfende Truppe gewiß das Doppelte bewältigt haben - die Zeit für 13 Gefechte und Scharmützel nicht inbegriffen!

Organisierte Wettbewerbe über lange Strecken sind erst seit gut einhundert Jahren bekannt. - 1886 wurde in den USA ein Rennen von Galvestone (Texas) nach Rutland (Vermont) über eine Distanz von 2.880 km ausgeschrieben, an welchem 56 Reiter teilnahmen, von denen allerdings nur drei das Ziel erreichten. Der zeitliche Abstand der ersten beiden Reiter betrug zwei Wochen. Sieger wurde ein Mustanghengst, der für diese Strecke 31 Tage benötigt hatte, was einem Tagesdurchschnitt von 93 km entspricht.

Auch in Europa wurden gegen Ende des 19. Jhdts. eine Reihe von Langstreckenrennen durchgeführt, die vor allem in militärischen Kreisen große Resonanz fanden. - Die Leidtragenden waren allerdings bedauerlicherweise die Pferde! So nahmen 1892 an den Distanzritten Wien-Berlin und Berlin-Wien Offiziere der österreichisch-ungarischen und der deutschen Armee teil. Von den 97 österreichischen Reitern erreichten 69 das Ziel, von den 120 deutschen 76. Der Husarenoberleutnant Graf Starhemberg war auf der insgesamt 1.160 km langen

Wie noch heute in Pony-Clubs üblich, mußte im Japan des 17. Jhdts. der Reiter
bei einem Rennen absteigen und die letzte Strecke mit seinem Pferd laufen.

Strecke mit seiner Halbblutstute um eine Stunde 40 Minuten schneller
als der erste deutsche Reiter, Freiherr v. Reitzenstein, der 73 Stunden 7
Minuten gebraucht hatte. Bei diesem Ritt ohne Pferdewechsel verende-
ten 25 Pferde, darunter auch das des Siegers!

Beim Distanzritt Brüssel-Ostende im Jahre 1902 kamen von 61 Teilnehmern trotz der verhältnismäßig kurzen Strecke von 132 km nicht
einmal die Hälfte ins Ziel. Ein Drittel der Pferde verendete!

Zu ähnlichen Ergebnissen führte 1895 der Ritt Dresden-Leipzig über
135 km. Es siegte der königlich-sächsische Husarenoberleutnant Zürn
auf einer Halbblutstute aus Beberbeck in der kaum glaubhaften Zeit

von fünf Stunden 57 Minuten, doch wurde diese Superleistung dadurch negativ überschattet, daß von 22 Teilnehmern nur 16 das Ziel erreichten und sieben Tiere "in den Pferdetod geritten" wurden!

Einer der berüchtigtsten Pferdeschinder war der ungarische Graf Moritz Sandor, der keine sich bietende Gelegenheit für dergleichen Distanzritte ausließ. Von ihm hieß es, daß er allein so viele Reitpferde "verbraucht" hätte, wie fünf Kavallerieregimenter!

Diese bösen Erfahrungen der Vergangenheit beeinflußten über viele Jahre die Einstellung zum Distanz-Reitsport, so daß nach dem Ersten Weltkrieg nur noch sporadisch derartige Langstreckenrennen durchgeführt wurden. - Rein sportliche Prüfungen, die weder militärischen noch züchterischen Zwecken dienten, organisierte erstmals der Amerikaner Wendell Robie, der 1955 in den USA den ersten "Western States Trail Ride" veranstaltete, einen über 161 km führenden Distanzritt, der innerhalb von 24 Stunden unter denkbar schlechten Witterungsverhältnissen und in schwierigstem Gelände absolviert werden mußte. Waren es damals nur ein paar Reiter, die sich zu dem scheinbar verrückten Unternehmen einfanden, so stieg die Zahl im Jahre 1983 bereits auf 350 Teilnehmer, und fast ebenso viele Nennungen fielen entweder den strengen tierärztlichen Kontrollen zum Opfer oder mußten aus Platzgründen abgewiesen werden.

Dressur und Hohe Schule

Wer sich zum Reiten berufen fühlt, muß diese Kunst erst einmal erlernen.

"Wilde Fohlen werden muntere Pferde!",

sagt das Sprichwort, doch es heißt auch:

"Ungezähmt' Pferd ging nie wohl",

denn

"Pferd ohne Zaum, Jung ohne Rut',
Taten nimmermehre gut!"

Diese Spruchweisheiten sind so alt wie die Pferdezucht selbst. Assyrische Tontäfelchen enthalten Anweisungen für das Training von Pferden, die frisch von der Weide als Kampfrösser für die Streitwagen eingeübt werden sollten. - Die Skythen galten in der Alten Welt als Meister im Bändigen der Pferde, und der Vater Alexanders des Großen erkannte die Begabung seines Sohnes zum Herrscher, als er ihn den Bukephalos zum Gehorsam zwingen sah.

Ein Grieche war es auch, der um 350 v. Chr. das erste Handbuch der Reitkunst geschrieben hat - Xenophon. Xenophon war neben Platon der bedeutendste Schüler des Sokrates und genoß sowohl als Schriftsteller wie auch als Reitergeneral einen großen Ruf. Sein Ziel war, ein Pferd heranzubilden, das einerseits zum Kriegsdienst taugte und andererseits als prächtiges Paraderoß mit vornehmer Haltung und hohen, eleganten Gängen seinen Reiter wirkungsvoll präsentieren konnte.

Einiges an Xenophons Ausbildungsmethoden mag uns heute recht fragwürdig erscheinen, manches wiederum ist geradezu modern:

"Dem Menschen haben die Götter die Gabe verliehen, auf Menschen durch die Rede einzuwirken. Worte sind aber den Tieren Schall und Rauch. Belohnt man sie aber, sobald sie tun, was man will, und straft sie, wenn sie ungehorsam sind, so lernen sie bald, ihre Schuldigkeit zu tun. - Dies ist eine Regel in wenigen Worten. Sie zieht sich durch die ganze Reitkunst hin."

Als Mittel der Belobigung empfahl er Ruhepausen, Absitzen, Nachlassen des Druckes am Gebiß und freundliches Zureden:

"Der allerbeste Grundsatz ist, sich einem Pferd niemals in zorniger Stimmung zu nähern, denn der Zorn ist unberechenbar, und er tut oft etwas, was er hinterher bereuen muß."

Xenophon mahnt, schon beim Kauf des Pferdes darauf zu achten, "daß der Hals von der Brust nicht wie beim Eber vorgeneigt sei, sondern wie beim Hahn sich senkrecht zum Scheitel erhebe":

"Ein Paraderoß kann man nur aus einem Pferde machen, das viel Feuer hat, dabei namentlich einen schwunghaften und starken Rücken, und überhaupt kräftig gebaut ist."

Von Brachialmethoden hält er nicht viel:

"Verhältst du das Pferd mit den Zügeln, während es sich auf den Hanken versammelt, so biegt es die Sprunggelenke und hebt die Vorhand so, daß man vorn den Bauch und das Geschröt sieht. Sobald es dies tut, gib ihm die Zügel nach, dann wird es die schönste Haltung, die ein Pferd annehmen kann, auch freiwillig annehmen... Manche versuchen dies den Pferden beizubringen, indem sie mit Stöcken unter die Sprunggelenke schlagen und durch einen Gehilfen die Rückseite des Vorderschenkels stacheln lassen. Ich aber betone immer wieder, viel erfolgreicher ist es, wenn man das Tier für alles belohnt, was es nach dem Wunsch des Reiters getan hat. - Erzwungenes und Unverstandenes wirkt niemals schön und ist, als ob man einen Tänzer zum Umherspringen zwingen wollte. Dadurch wird Mensch wie Pferd eher häßlich als schön."

Was die Haltung des Reiters angeht, so meint er:

> "Sitze nicht, sei es auf nacktem Pferde oder auf einer Dek-
> ke, als wenn du auf einem Stuhl sitzest, sondern wie wenn
> du mit gespreizten Beinen aufrecht stündest, denn so wirst
> du den besseren Schenkelschluß haben, und kannst auch
> kräftiger den Speer werfen und mit dem Schwert hauen."

Als militärische Übung empfiehlt er den Übergang aus dem Halten zu
schnellstem Galopp und wiederum kurzem Halt, sowie Weit- und
Hochsprünge und Bergauf- und Abklettern. Zusammenfassend preist er
die Reitkunst als herrliches Vergnügen:

> "Und wenn du auch den Wunsch hast, fliegen zu können -
> nun wohl, nichts kommt ihm näher als das Reiten!"

Aus der römischen Zeit ist Vergleichbares nicht überliefert worden.
Zwar erwähnen die Geschichtsschreiber gelegentlich die ruhmreichen
Taten ihrer Reiterei, und die Dichter ergehen sich über Roß und Reiter
oft in schwungvollen Versen, doch konkrete Hinweise auf eine eigentliche Schulreiterei fehlen gänzlich. Der Dichter Tibull (gest. 19 v. Chr.)
schwelgt geradezu in lobhudelnder Bewunderung gegenüber seinem
Gönner, dem Konsul Messala:

> "Wer wohl versteht es wie du,
> Aus raschestem Laufe
> Plötzlich das Streitroß
> Mit wenig sich spannendem Zügel
> Stillstehn zu machen,
> Es dann in zierlichstem Bogen
> Hierher und dorthin zu lenken,
> Darauf wie ein Pfeil schnell
> In der geradesten Richtung zu fliegen!?"

Und Vegetius singt 400 Jahre später das Lob auf Kaiser Valentinian:

> "Der Perser bewundert dein Roß,
> Wenn du in der Volte es tummelst.

Vergebens bemüht sich der Hunne,
der vielgewandte Alane,
Ähnlich zu reiten wie du.
Sarazenen und Inder wagen es nie,
Sich zu messen mit dir
Im Einzelkampfe zu Pferde!"

Das dürfte etwas zu stark aufgetragen sein, denn gerade die Alanen und Hunnen sowie die Goten waren für ihre nahezu perfekten Reitkünste berühmt. - Großes Erstaunen ergriff den oströmischen Historiker Prokopius, der das Heer Belisars begleitete, als der Gotenkönig Totila vor der Schlacht von Taginae 552 n. Chr. zwischen beiden aufmarschierenden Heeren sein Roß tummelte:

"Auf einem prachtvollen Pferde reitend, führte er auf dem freien Raum mit Geschicklichkeit das Waffenspiel aus. Zuerst ließ er sein Roß die zierlichsten Wendungen machen, dann warf er in vollem Jagen den Speer in die Lüfte und faßte ihn, wenn er wirbelnd niedersank, in der Mitte. Er fing ihn mal mit der rechten, mal mit der linken Hand in gewollter Abwechslung, wobei er seine ganze Gewandtheit zeigte, sprang von hinten und von vorn, wie von beiden Seiten vom Pferde herab und wieder hinauf, wie einer, der von Jugend auf die Künste der Reitbahn geübt hat!"

Auf den Kreuzzügen fand die abendländische Ritterschaft viele Anregungen für eine bessere Pferdebeherrschung bei ihren Gegnern, den Moslems, doch dann geriet die europäische Reitkunst ganz unter die Zeichen der Jagd, der Fehden und Turniere. Die Rüstungen wurden immer schwerer, die Streitrosse immer mächtiger. Gefragt war die geballte Wucht des Anpralls, doch mit dem Aufkommen der Feuerwaffen wurde die Ära der leichten Reiterei eingeläutet. Die Reiter gliederten sich nunmehr in eigentümlich organisierte Haufen, um ihre Hauptwaffe, das zwei bis drei Spannen große Faustrohr, möglichst effektiv einsetzen zu können. Die vorderste Reihe rückte ganz nahe an den Feind heran, schoß ihre "feuerschlagende" Fauströhre ab, warf sodann schnell das Pferd nach links herum, und zog sich "karakolierend" hinter den Haufen zurück, während die nächsten Glieder ständig nachfolgten und so ein unaufhörliches Feuer unterhielten. - Eine solche Taktik setzte natürlich eine wesentlich bessere Reitkunst voraus, als das bloße Geradeanstürmen der gepanzerten Pferdekolosse.

Vor allem in Italien entstanden im 15. Jh. Reiterakademien, die sehr bald Weltruf erlangten. - Nachhaltige Impulse erhielt die neue Reitmethodik der schnellen Wendungen und gewaltigen Luftsprünge durch den neapolitanischen Edelmann Federigo Grisone, der 1550 seine "ordini di cavalcare" drucken ließ. Diese Reitregeln haben die ganze reiterliche Literatur über Jahrhunderte hinweg auf das nachhaltigste beeinflußt.

Grisone beginnt sein Werk mit dem Lob des "königlichen Geschöpfes", das allerdings zur Entwicklung seiner Möglichkeiten der menschlichen Hilfe bedürfe:

> "Die größte Schwierigkeit und Kunst des echten Reiters ist, dem Pferd klar verständlich zu machen, weswegen und wozu er ihm die Strafe oder Hilfe, nicht nur die der Sporen, sondern jeglicher Art gibt... Ohne diese Einsicht ist es unmöglich, daß man solche Geschicklichkeit erlangt, und man kann sagen, daß diese Dinge der Grund sind, weshalb bisher niemand über diese Wissenschaft geschrieben hat."

Abgesehen davon, daß er in selbstherrlicher Weise den Griechen Xenophon ganz übergeht, bringt er nachfolgend "Weisheiten", die unter hippologischen Aspekten danebengegriffen sind:

> "Wenn etwa dein Pferd aus Furcht vor der Arbeit oder aus Übermut sich zum Aufsitzen nicht an die Treppenstufe heranführen lassen will, so schlag ihm mit einem Stock zwischen die Ohren oder sonst am Körper, außer in die Augen, - dann wird es dir wunderlich zu Willen sein. Strafe es ohne Rücksicht, bedrohe es dabei mit fürchterlicher Stimme. Einem so entschlossenen Auftreten gegenüber wird es sich willfährig wie ein Schäfchen heranbegeben. Aber du mußt es streicheln, sobald es sich gibt und schön tut. Eine andere Methode wäre, man führt den Gaul auf ein frisch gepflügtes Feld und jagt ihn mit der Peitsche so

lange am Longierzügel im Kreise herum, bis der Teufel den Ungehorsam austreibt."

Also: - Zuckerbrot und Peitsche, keine Spur davon, das Vertrauen des Pferdes zu gewinnen, sondern lediglich das Ziel, dessen Widerstand durch ständige "Korrekturen" zu brechen!

Spornstiche wertet Grisone nicht nur als Hilfe oder Strafe, sondern als immer wirkendes Allheilmittel. Er meint, sie seien wie Sonnenstrahl und Feuerbrand - einmal erweichend, einmal erhärtend.

Dergleichen Brachialmethoden finden sich allerorts in Grisones "Lehrbuch", doch sollte man fairerweise auch anerkennen, daß er der eigentliche Begründer der "Hohen Schule" ist, auf die allerdings im Rahmen dieses Buches nur insoweit Bezug genommen werden soll, wie zur Aufhellung des Hintergrundgeschehen nötig erscheint.

Grisone läßt nur zwei Kunstsprünge gelten, nämlich Kapriolen ("Ziegensprünge", von lat. capra=Ziege) und Courbetten. Er sagt dazu:

> "Wie Ballspielen und Voltigieren zur ritterlichen Erziehung nicht gerade notwendig sind, obwohl sie Anstand, Geschicklichkeit beim Reiten und die Gewandtheit beim Waffengebrauch erhöhen, so ist auch für das Pferd der Widder- oder Ziegensprung, die Kapriole, nicht notwendig, um es hinten und vorn, in Hanken und Kruppe, geschmeidig zu machen. Aber man kann nicht leugnen, daß es dadurch zu prächtigerem Aussehen und zu größerer Vollkommenheit gelangt."

Da haben wir es: - die ganze Kunstfertigkeit der Dressur war seinerzeit darauf gerichtet, dem Adel die Möglichkeit zu geben, sich mit Capriolieren und Courbettieren dem niederen Volk in einer glanzvollen und heroenhaften Pose zu zeigen.

Am Schluß seines Buches führt Grisone 50 Stangengebisse an, die sich den unterschiedlichsten Pferdemäulern anpaßten. Da gibt es Kanonen-, Rohr-, Hals-, Melonen-, Birnen- und Glockengebisse, Gänsehälse, Kat-

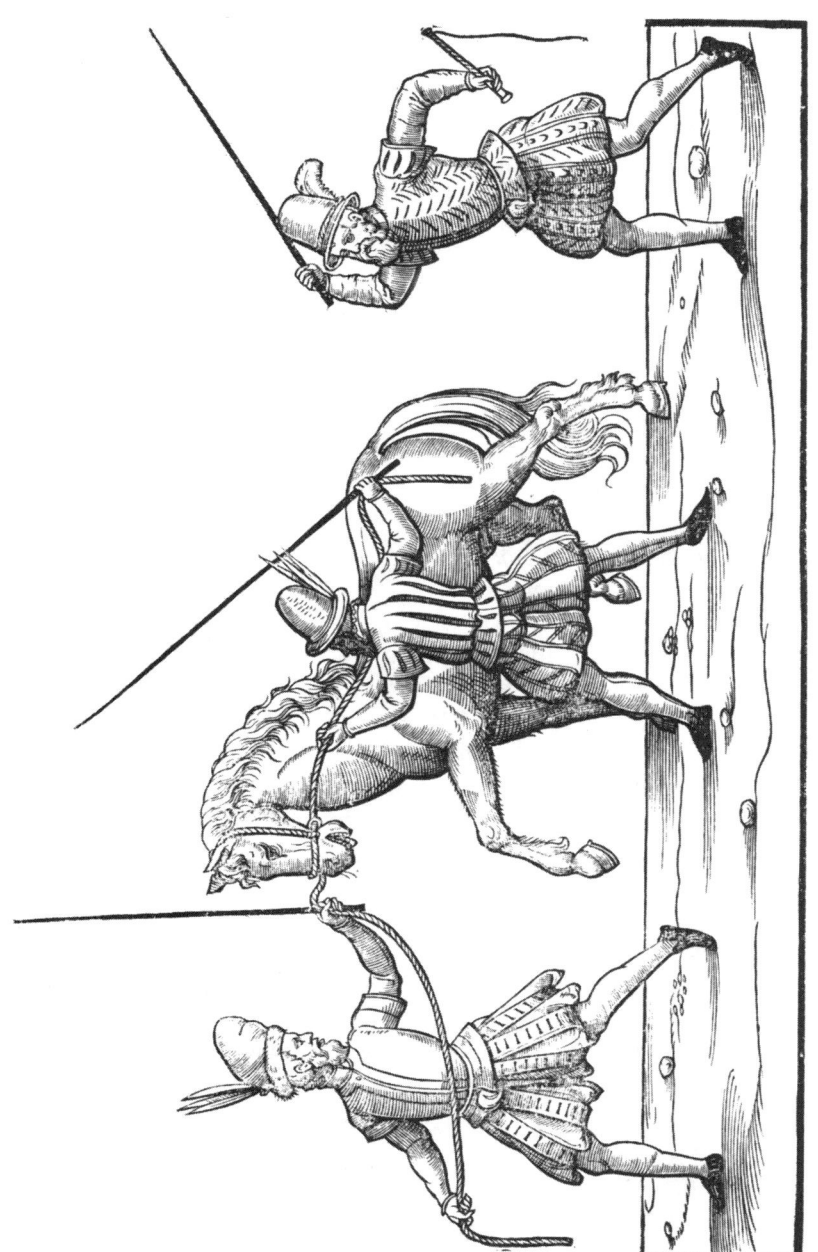

So erzog man Pferde...Federigo Grisone, Künstlicher Bericht.. Augsburg 1570.

zenpfoten u. a., die mit ihren Walzen, Reifelungen und scharfen Formen uns heutzutage als schreckliche Marterwerkzeuge erscheinen, doch
ist hierbei zu berücksichtigen, daß der starke Hebeldruck durch die
Nachgiebigkeit der fast ausnahmslos "gebrochenen" Gebisse weitghend
gemildert wurde. Sehr jungen Pferden billigte er übrigens das
"entschärfte", runde Zylindergebiß zu, welches man gern mit Honig
einschmierte, "damit der Gaul sich mit Vergnügen daran gewöhnt und
immer etwas zu kauen hat".

Dergleichen menschliche Anwandlungen waren aber nicht die Regel,
und schon gar nicht für Thomas Blundeville, der in seinem 1534 er-
schienenen Buch "The Art of Riding" die wunderlichsten und grau-
samsten Erziehungsmethoden anpreist. Dieser "Experte" empfiehlt z. B.
bei Widersetzlichkeit und störrischem Verhalten des Pferdes einen laut
kläffenden und bissigen Hund einzusetzen oder notfalls auch eine mit
Stacheln versehene Eisenstange, die, am Schweif des Pferdes befestigt,
vom Reiter hochgezogen werden müsse, sowie das Tier zurückhufe. Es
kommt aber noch schlimmer:

> "Wenn das mißlingt, stelle man einen Lakaien hinter das
> Pferd mit einer an einer Stange festgebundenen, scharfen
> Katze, die mit den Zähnen und Krallen kräftig zupacken
> kann. Wenn das Pferd dann wirklich stehen bleibt oder
> nach hinten ausweicht, soll der Lakai dem Gaul das Kat-
> zenvieh zwischen die Beine schieben, damit es ihn nach
> Herzenslust beißt oder kratzt, - in die Schenkel, in den
> Leib oder in die Hoden."

Dieser "Pferdefreund" muß ein Sadist gewesen sein, denn für dergleichen Torturen gebrauchte er auch lebende Igel, wie er auch glaubte, ein
sich in einem Gewässer hinlegendes Pferd recht flott wieder auf die
Beine bringen zu können, indem "sich drei Stallknechte auf den Gaul
stürzen und dessen Kopf unter Wasser zwingen, bis ihm das Wasser in
die Ohren läuft. Man halte den Kopf eine Weile unten und vergesse
dabei nicht, das Tier gründlich durchzuprügeln und mit lauter, furcht-
einflößender Stimme anzuschreien. - Wenn diese Erziehungsmaßnah-
men nicht anschlagen, so liegt sicherlich bei den Lakaien die Schuld,

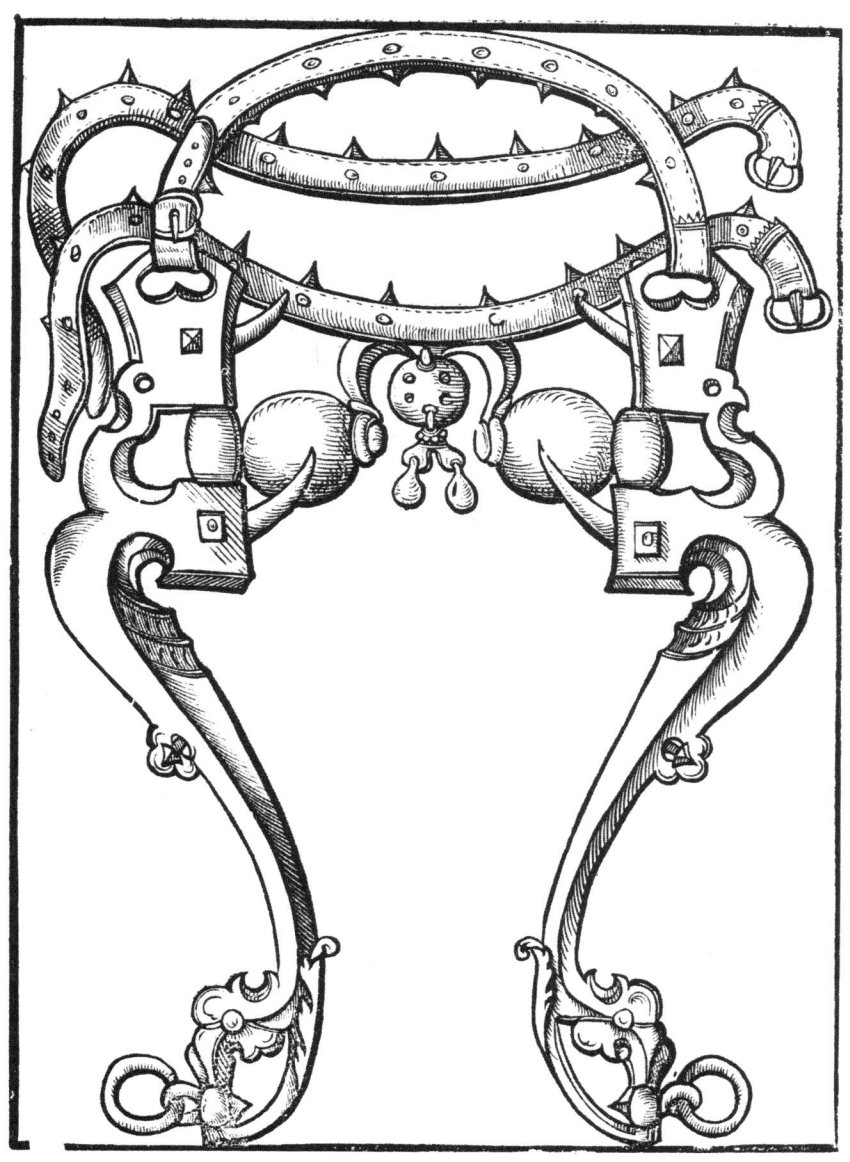

Stangengebiß. Federigo Grisone, Künstlicher Bericht...Augsburg 1570.

die es an lautem Gebrüll und strengen Worten haben fehlen lassen, die für ein gutes Gelingen notwendig sind."

Was soll man dazu sagen? - Am besten, man breitet den Mantel des Schweigens über so viel Tierquälerei und Unverstand! Von ganz anderem Format waren zwei weitere Apostel der Reitkunst - Anton de Pluvinel und der Herzog von Newcastle.

Pluvinel, der Anfang des 17. Jhdts. in Paris eine Reitakademie für junge Edelleute unterhielt, hatte die Anatomie und Psyche der Pferde eingehend studiert, und zeigte sich wesentlich besonnener und fachkundiger als zuvor Grisone oder gar Blundeville.

Einer seiner Schüler war Ludwig, der Sohn von Heinrich IV. und nachmalige König Ludwig XIII., den er in langer und mühevoller Arbeit zu einem hervorragenden Reiter ausbildete. Zu Lebzeiten hatte Pluvinel keine schriftstellerische Fähigkeiten erkennen lassen, und man war daher um so überraschter, als nach seinem Tode ein flämischer Künstler 1623 dem König Ludwig XIII. ein großformatiges Werk überreichte, das auf 50 schönen Kupferstichen und 70 Textseiten den Unterricht darstellt, den Pluvinel dem jungen König einst erteilt hatte. Dieses Werk, die "Manège du Roi", legt ein beredtes Zeugnis von der Sachkenntnis des Autors ab, und war trotz des horrenden Preises von 2.000 Francs rasch vergriffen.

Die beiden Kernpunkte des Buches konzentrierten sich zum einen auf die individuelle Behandlung jedes einzelnen Pferdes, zum anderen auf die Grundregel, daß man niemals mit grausamen Mitteln, sondern immer nur mit überlegener Kraft arbeiten solle. - Geschrieben ist das Buch in Form eines Dialoges zwischen einem Autorität ausstrahlenden, aber stets respektvollen Monsieur Pluvinel und seinem intelligenten, lernbegierigen Schüler, dem jungen Prinzen Ludwig. Gelegentlich streuen Höflinge devote Zwischenbemerkungen ein, die einzig dazu bestimmt sind, das natürliche Genie ihres königlichen Herrn in das rechte Licht zu rücken.

> Pluvinel: "Das Pferd muß selber an der Reitbahn Freude haben, sonst wird dem Reiter nichts mit Anmut gelingen...

Ich habe niemals mit Gewalt dem Verständnis des Pferdes etwas abgewinnen können."

Der König: "Wie aber soll man ein ungehorsames Pferd behandeln?"

Pluvinel: "Besser immer mit Güte als mit Strenge... Wenn ein Pferd den Gehorsam verweigert, muß ein guter Reiter den Grund herausfinden... Die ganze Reitkunst beruht auf dem vollkommenen Gehorsam gegen die Zügelfaust und gegen die Hacken. Das Pferd kann nichts lernen, ohne gute, immer wiederholte Übungen, die es in Gewohnheit halten... Man muß dem Pferd immer Arbeiten geben, die seinem Willen entgegengesetzt sind, um es sicher zum vollständigen Gehorsam zu bringen."

Der König: "Ihr habt bisher von Schaukelsätzen und Courbetten gesprochen. Ihr müßt mir nun auch die anderen Schulsprünge nennen!"

Pluvinel: "Es gibt noch zwei: Die Capriolen und "Ein Schritt - Ein Sprung". Diese hohen Sprünge sind die schönsten. Ballotaden und Kruppaden sind nichts anderes als Capriolen, nur je nach der Neigung des einzelnen Pferdes verschieden."

Und in diesem Dialogstil geht es weiter.

Pluvinel war übrigens der Meinung, daß zu seiner Zeit nur vier Pferde in der Lage gewesen seien, gute Kapriolen auszuführen, und nur eins habe es hierbei bis zur Vollkommenheit gebracht. Dieses Pferd habe einmal 24 Kapriolen ohne Anzeichen von Ermüdung absolviert, andererseits aber aus purem Eigensinn an einem Morgen 14 Reiter hintereinander abgeworfen, davon einen bis in die Äste eines Baumes.

Außer den Kunstsprüngen befaßt sich Pluvinel natürlich auch mit den drei Grundgangarten Schritt, Trab und Galopp.

Der Schritt ist die ruhigste und schonendste Gangart, bei welcher dem Körper stets drei Füße als Stütze dienen. - Alle sich selbst überlassenen und unausgebildeten Pferde gehen den nachlässigen "Weideschritt", mit dem sie "nicht genug Raum nehmen", sondern nur "unter sich greifen". - Sache der Dressur ist es, sie den "Feldschritt" zu lehren, der sie befähigt, sich im Gleichgewicht zu halten und doch mit jedem Schritt um etwas mehr als eine Körperlänge an Boden zu gewinnen. Beim Schritt darf keine starke Muskelanspannung stattfinden; je leichter und eleganter das Pferd dabei schreitet, desto besser. Das Gegenteil davon, das "erschütternde Auftreten", wird als "Tappfuß" getadelt. Getadelt wird auch der "Hahnentritt", d. i. ein heftiges Aufwärtszucken der Sprunggelenke, und nicht minder jedes allzu weite Vorlangen der hinteren Füße, der sogenannte "Bärentritt", während für zu geringes Vorschreiten der Hinterhand gesagt wird: "Das Pferd hat keine Folge."

Der Trab stand als Gangart lange Zeit in schlechtem Ruf.

Bekannt ist, daß er im Zeitalter der ungesattelten Pferde ebensowenig zum Zuge kam, wie in der Ära der schwergepanzerten Ritter des Mittelalters. - In der Tat ist der Trab ohne das sogenannte "Positurreiten" oder "Englischtraben" für einen Reiter über längere Distanzen derart anstrengend und unbequem, daß man die Pferde bestrafte, sobald sie in diese Gangart verfielen. Wie verhaßt er damals war, geht schon aus seinen damaligen Benennungen wie "cruciator", "succusator", "tortor", "tormentor" und den noch heute geltenden Nebenbedeutungen von "traballen" (franz. travailler=treiben, sich abmühen) und "trotten" hervor.

Auch eine Episode der Artussage verdeutlicht die Unbeliebtheit dieser Gangart. - Da wird erzählt, daß Frauen, die lieblos und ohne Zärtlichkeit zu ihren Männern gewesen waren, nach ihrem Tode zur Strafe in lumpigen Kleidern und auf trabenden Pferden durchs Land reiten müßten, während brave und liebenswürdige Frauen reich geschmückt an der Seite schöner, junger Ritter vor ihnen her galoppierten. - Der Trab schien also würdig, als Höllenstrafe verwendet zu werden, und ganz entsprechend sagte das Sprichwort:

"Wer im Galopp reitet, den holt der Teufel im Trabe!"

Der Meister und sein gelehriger Schüler. Antoine de Pluvinel, Neu-auffgerichtete Reut-Kunst. Frankfurt 1670.

Die Capriole des Baron v. Eisenberg.
Baron v. Eisenberg, Wohleingerichtete Reitschule. Zürich 1748

Die Passage entsteht durch schulgerechte Verkürzung des Trabens, d. h. durch Verringerung der Schrittweite und Verminderung der Neigung in den Gang mit einem fast zur Übertreibung gesteigerten Abschwung. Dabei kommt es vorrangig darauf an, daß das Pferd ganz nach dem Willen des Reiters den Takt hält, recht erhaben vortritt, ohne jemals auszuschreiten, und bei allen Drehungen und Wendungen diesen stolzen Gang gleichmäßig fortsetzt. Wird solch "Spanischer Tritt", ohne überhaupt fortzuschreiten, auf der Stelle ausgeübt, so heißt die Bewegung "Piaffe" (franz.=Stolzieren), eine stattliche und dabei lebhafte Aktion, die früher namentlich Generalspferde lernten, um beim Vorbeimarsch der paradierenden Truppen mit dem inspizierenden Reiter in anmutiger Weise gewissermaßen zu salutieren. Außerdem wurde diese Bewegung angewendet, wenn ein Reiter das Pivot (= Drehpunkt) einer schwenkenden Linie bildete oder im Gedränge stockender Prachtumzüge in Aktion bleiben wollte. Bei gleicher Gelegenheit ließen auch gewitzte Kutscher ihre Pferde piaffieren, um sich schnell die kleinste Öffnung zu Nutzen machen zu können.

Wenn die Passage sowie die Piaffe im eigentlichen Sinne als kunstmäßige Sonderformen von Schritt und Trab gelten können, so der Vierer - Tempogalopp, der Redopp, als künstliche Ausführung des Galopps. Er unterscheidet sich von allen anderen Galopparten dadurch, daß bei ihm kein freier Abschwung, kein "Moment" vorkommt, in welchem sich das Pferd mit allen vier Beinen in der Luft befindet. Die Elevation der Vorhand erfolgt in der den Schulpferden eigentümlichen, engen Versammlung: in majestätisch hoher Aktion stützt sich die Vorhand, leicht erhoben und elastisch, auf die scharf gebogenen Hanke und setzt sich mit graziöser Beinbewegung fast auf dieselbe Stelle nieder, um sich sofort von neuem zu erheben. - Auf solche Weise brauchte einmal ein Stallmeister König Ludwigs XIV. im Schulgalopp dreiviertel Stunden, um die 150 Schritte von der Reitbahn in Versailles bis zum Marmorhof zurückzulegen!

Vom Redopp zum "Galopp auf der Stelle" war es nicht weit, und der Herzog von Newcastle erfand sogar den "Galopp rückwärts"! - Der Herzog, der seit dem Beginn der englischen Revolution (1645) in Frankreich, Belgien und in den Niederlanden lebte, wo er sich voller Hingabe der Ausbildung von Schulpferden widmete, brachte mit dem Rubensschüler Diepenbeecke 1658 ein Prachtwerk mit dem Titel "Neue Art Pferde zuzureiten" in französischer Sprache heraus, allerdings nur in 50 Exemplaren, die schnell vergriffen waren.
Newcastle zeigte viel Einfühlungsvermögen in die Psyche der Pferde. Vor allem empfahl er Geduld:

> "Ein kleiner Junge braucht ja auch lange, bis er sein ABC kann, noch länger, bis er orthographisch schreiben lernt, und unter Umständen mehrere Jahre, bis er fließend lesen kann. Bei uns aber gibt es Leute, die meinen, sie brauchten sich nur auf einen jungen, noch ganz undressierten und ungeschulten Gaul zu setzen und könnten an einem Vormittag nur mit Schlagen und Spornieren ein durchgebildetes Pferd daraus machen. Solche törichten Leute würde ich am liebsten fragen, ob sie denn auch mit Schlägen einem Jungen das Lesen beibringen könnten, ohne ihn erst das ABC zu lehren. Kein Zweifel, eher würden sie ihn zu Tode prügeln, als daß sie ihm das Lesen beibrächten."

L'Epaule en Dedans. F.R. de la Guérinière, Ecole de Cavalerie. Paris 1733

Auf den Nutzen der Hohen Schule angesprochen, antwortete der Herzog:

> "Von Leuten, die sich besonders gescheit vorkommen, wird man mitunter gefragt, welchen Nutzen es habe, wenn ein Pferd nur Tanzfiguren und andere ausgefallene Künste lernt. Wenn die Herren, die so denken, auf alles verzichten, was dem Vergnügen dient, und alles nur nach der Nützlichkeit beurteilen, können sie ebenso gut statt in einem Haus in einem ausgehöhlten Baumstamm wohnen, sich mit Feigenblättern bekleiden, von Eicheln leben und nichts als Wasser trinken. Für Könige, Fürsten und Personen von Stande werden die besagten Spaßvögel ja doch das Pferd der Hohen Schule gelten lassen. Es gibt kein adeligeres Reittier, und auf keinem bieten sie einen besseren Anblick, als wenn sie sich auf einem solchen Pferde vor ihren Untertanen sehen lassen oder den Soldaten an der Spitze ihrer Armee Mut einflößen."

Spricht da jemand "vom hohen Roß" herunter? - Man ist leicht geneigt, Newcastle in die Schar jener Zeitgenossen einzureihen, die das sibyllinische Siegel geheimen Wissens und angeborener Genialität auf der Stirn zu tragen schienen, doch würde man damit das Persönlichkeitsbild des engagierten Herzogs stark verzerren. Sein Anliegen war, durch hartes Training Pferd und Reiter zu einer Einheit zu verschmelzen, und, Hand aufs Herz, warum sollte man an ihrem harmonischen Zusammenspiel nicht ebensolche Freude empfinden dürfen wie beispielsweise an einer Ballettaufführung, die ja auch von jeglichem Nutzwert frei ist!

Der eigentliche Erbe Pluvinels und große Wegbereiter der modernen Dressur war François Robichon de la Guèrinière, der von 1730 bis zu seinem Tode im Jahre 1751 den Schulstall König Ludwigs XV. leitete. - In seinem 1733 veröffentlichten Buch "École de Cavalerie" legt er die Ausbildungsmethoden dar, wie sie noch heute in der Spanischen Reitschule praktiziert werden. Ihm kommt das besondere Verdienst zu, die geistige Einstellung des Reiters zu seinem Pferd geändert zu haben:

F.R. de la Guérinière, Ecole de Cavalerie. Paris 1733.

"Der Ungehorsam bei Pferden geht häufig auf mangelndes Können beim Reiter zurück, häufiger, als daß eine natürliche Unvollkommenheit des Pferdes daran schuld wäre... Von jedem Reitersmann, der seine Kunst beherrscht, ist zu erwarten, daß er weiß, auf welche Gründe die Arten von Widersetzlichkeit und Aufsässigkeit beim Pferd zurückgehen."

Hier kündigt sich eine durchaus neuzeitliche Auffassung von der Reitkunst an, die fortan nicht nur der Hohen Schule in Wien und Saumur (Frankreich), sondern der Dressur und dem Reitsport insgesamt neue Impulse verleihen sollte.

Ein Jäger aus Kurpfalz

Als der Mensch eine Kulturstufe erreicht hatte, die es ihm ermöglichte, Hunde und Pferde durch Zuchtauswahl für besondere Zwecke zu formen, bediente er sich dieser beiden schnellfüßigen Helfer auch bei der Jagd.

Uralte Papyri und Reliefs der Ägypter bezeugen, daß die Jagd mit den Pferden und Windhunden schon vor über dreieinhalb Jahrtausenden ausgeübt wurde, und auch von den Assyrern ist überliefert, daß sie auf Streitwagen mit Hundemeuten zur Jagd auszogen. Ihr König Tiglat Pileser rühmt sich in einer Inschrift, auf diese Weise 120 Löwen zur Strecke gebracht zu haben, doch verschweigt er, daß diese Tiere zuvor eingefangen und bis zum Jagdtage in Käfigen verwahrt worden waren. Obwohl diese Hofjagden schon gewisse Zeichen eines kulturellen Verfalls aufweisen, darf dennoch nicht verkannt werden, daß zur Erlegung eines freigelassenen Löwen kaum weniger Mut und Kraft gehörten als für den Kampf mit einem in völliger Freiheit aufgewachsenen Raubtier.

Der Grieche Xenophon empfahl die Jagd als Übung im Querfeldeinreiten, "wo immer das Land dazu geeignet und Wild vorhanden ist". - Vasenmalereien stellen dar, wie Damhirsche und Wildeber von Reitern mit Speeren gejagt werden. Dergleichen reiterlichen und waidmännischen Sinn brachten die allen gesitteten Bräuchen abholden Hunnen und Mongolen nicht auf. Sie jagten gern im Kolossalmaßstab, formierten sich als berittene Bogenschützen zu Kreisen von 60 bis 80 Kilometer Umfang, und zogen den Kreis allmählich immer enger, bis alles, was ihnen im Wege stand, in der Mitte zusammengetrieben und erbarmungslos abgeschlachtet war. An diesen "Jagden" nahmen - laut Marco Polo - außer mehreren tausend Reitern die verschiedensten Mitglieder des fürstlichen Jagdgefolges, Hetzmeister, Falkner und Windhundführer teil. Den letzteren unterstanden mehr als 20.000 Hunde. Die wertvollste Beute war der zu Tode gehetzte Wolf.

Solche Metzeleien waren in einigen Gegenden Osteuropas noch bis in das vergangene Jahrhundert hinein durchaus üblich. So berichtet 1817 der General Csekonics über eine großangelegte Hetzjagd bei Mezöhegyes (Ungarn), an der über 600 Reiter teilnahmen. - Es ging auf Wölfe, Füchse und Hasen, wobei festgesetzt war, daß das Wild nur mit Peitschen, Wurfprügeln oder durch Zutodereiten erlegt werden durfte. - Die zweitägige Jagd endete mit einem außergewöhnlichen Ereignis, das in einem Pferdebuch nicht unerwähnt bleiben sollte: - Beim Schließen des letzten Kreises sprang unerwartet ein Wolf aus dem dichten Gestrüpp, in das er sich gedrückt hatte, und durchbrach den Reiterring. Er hatte schon einen guten Vorsprung, als ihm ein Reiter auf einer kleinen Schimmelstute nachsetzte. Nach über fünf Stunden erschien der Reiter wieder, den erbeuteten Wolf über das Pferd gelegt. Diese Bravourleistung löste um so mehr Bewunderung aus, als im darauffolgenden Pferdewettrennen der nämliche Reiter mit seiner kleinen Stute als Sieger durchs Ziel ging.

Man ist zwar beeindruckt von dem Mut und dem reiterlichen Können eines Einzelnen, mehr aber auch nicht, denn wer mag an solchen Massenabschlachten heutzutage noch irgendeinen Gefallen finden!

Vorausetzungen für die Hetzjagd mit der Hundemeute waren und sind große Grundherrschaften und Jagdreviere, wie sie gerade dem französischen Adel im Mittelalter ebenso im überreichen Maße zur Verfügung standen wie die nötigen finanziellen Mittel für die Unterhaltung des Jagdpersonals, der Hundemeuten und der Pferde.

Bereits in der Zeit Ludwigs des Heiligen (13. Jh.) entwickelte sich in Frankreich eine besondere Form der Reitjagd, die sogenannte '"Grande Vénerie", bei der das Wild nach bestimmten Regeln "par force", d. h. "mit Gewalt" zu Tode gehetzt wurde. - In der Anfangszeit der Vénerie bzw. Parforcejagd ging es auf zehn Arten Wild, nämlich auf fünf rote (Edelhirsch, Hinde, Damwild, Reh und Hase) und fünf schwarze (Wildeber, Bache, Wolf, Fuchs und Otter), später nur noch auf Edelhirsch, Damschaufler, Rehwild, Fuchs und Schwarzwild.

Der technische Ablauf solcher Jagden hat sich seit König Franz (1494-1547), des "Père de la vénerie", nur wenig geändert. Vom "Bestätigen" des Wildes mit dem Leithund im Morgengrauen des Jagdtages, der Wahl des zu bejagenden "Stückes" durch den Maitre d'équipage, der Jagd selbst mit den hervorragend lautgebenden französischen Bracken-

Ausritt zur Jagd.
John Lawrence, The History & Delineation of the Horse. London 1809

hunden, begleitet von den Signalen der Parforcehörner, bis zum "Halali" und dem großartigen Zeremoniell der "Curée" - fast alles spielt sich heute noch so ab, wie es der erste Klassiker der Vénerie, der Graf von Foix, in seinen Schriften um 1560 geschildert hat. - Geändert haben sich Gott sei Dank die höfischen Sitten beim "Ausheben", d. h. beim Töten des gestellten Tieres, insbesondere des Hirsches. - Früher war es üblich, daß demjenigen, der als erster an dem von den Hunden gestellten Tier ankam, auch das Recht zustand, diesem mit dem Hirschfänger den Fang zu geben. Später wandelte sich das Gewohnheitsrecht zugunsten des Jagdherrn oder eines Ehrengastes. Das wirkte sich dahingehend aus, daß man dem Hirsch die Hechsen durchschlug, um seine Bewegungsmöglichkeit zu unterbinden, oder den Kopf der armen Kreatur so lange unter Wasser drückte, bis endlich der Fangberechtigte heran war und dem Tier den erlösenden Gnadenstoß gab.

An all diesem Elend trugen die Pferde die allerwenigste Schuld, und auf den Nur-Reiter, der zur Jagd keine Beziehung hat, wirkt die Vénerie nicht nur abstoßend, sondern auch eintönig, doch darf man nicht verkennen, daß diese Jagden dem Pferd und dem Reiter eine Menge Kondition abverlangen. Von kurzen Unterbrechungen einmal abgesehen, sind die Reiter vier bis acht Stunden im Sattel, wobei Strecken von 20 bis 40 Kilometern zurückgelegt werden. Hinzu kommt, daß auch das Ausheben gelernt sein muß, denn gerade dieser Moment der Jagd ist in Anbetracht der besonderen Wehrhaftigkeit von Hirsch und Keiler eine sehr gefährliche Angelegenheit, bei der so manch guter Hund, ja oft auch der Reiter daran glauben mußte, noch ehe die Hörner das "Halali" herausschmettern konnten!

Auch in England ist die Reitjagd über lange Zeiten hinweg ein Privileg der Mächtigen gewesen. - Der schwergewichtige König Heinrich VIII. frönte diesem Vergnügen mit einer solchen Leidenschaft, daß er, in Schweiß gebadet, fast täglich hinter der Meute her war und dabei drei oder vier Pferde zuschanden ritt. - Und der ebenso vom Jagdfieber befallene König Jakob I. befahl seinen Söhnen, mit freier Meute auf die Jagd zu reiten, "denn das ist der ehrenwerteste und nobelste Sport. Mit Gewehr oder Bogen zu jagen hat, damit verglichen, etwas Unvornehmes, und auch die Jagd mit dem Windhund ist nicht ritterlich."

Die rigorose Bejagung führte von der Restaurationszeit an zur vollständigen Ausrottung des Schwarzwildes. Auf Grund des vorangetriebenen Flottenaufbaus verschwanden die großen Wälder, und das in sehr kurzer Zeit, da für den Bau jedes einzelnen der Nelson'schen Linienschiffe jeweils mehr als 4.000 ausgewachsene Eichen benötigt wurden! - Und mit den Wäldern verschwanden auch das Rot- und Damwild, das sich auf einige wenige unzugängliche Restgebiete zurückzog.

Verzweifelt hielt man nach einer anderen Wildart als dem klassischen Rotwild Ausschau, doch außer dem Fuchs war kein jagdgerechtes Tier zu sehen. - Der bis dato als Schädling angesehene Meister Reineke wurde nunmehr als rettender Engel beinahe in den Himmel gehoben, und das um so mehr, als die Fuchsjagd nicht wie die Jagd mit der Schußwaffe auf einige privilegierte Personen beschränkt war. Jeder, der hinter den Hunden seinen Strich reiten konnte, durfte auch jagen, und daran hat sich bis zum heutigen Tage kaum etwas verändert. Das führt dazu, daß sich zum Fox-Hunting oft ein fast unüberschaubares Teilnehmerfeld einfindet. Auffällig ist die verschwindend geringe Zahl der roten Röcke, denn nur Mitglieder der zur Jagd einladenden Jagdvereinigung dürfen solche Röcke tragen, und selbst die erscheinen zumeist in schwarzem Rock und weißen Hosen, Stulpstiefeln und Zylinderhut. Unabdingbar ist nur der Zylinder, ansonsten steht jedem Nicht-Funktionär die Wahl der Kleidung völlig frei.

Diese demokratische Form des Jagdreitens brachte frische Luft in die stark verstaubte Reiterei des ausgehenden Rokoko, und gerade der außerordentlichen Popularität der Fuchsjagd hat der Reitsport in Großbritannien eine Menge zu verdanken.

Auch in Deutschland erfreute sich die Reitjagd hinter der Meute der besonderen Leidenschaft des adeligen Standes, doch die Formen der französischen Parforcejagd wurden erst nach dem Dreißigjährigen Krieg übernommen. Tonangebend waren hierbei die Höfe von Hannover-Celle, Potsdam, Schwerin, Hubertusburg, Dessau, Nymphenburg, Ballenstedt, Ludwigsburg, Weimar und Darmstadt, später Kassel und der Jagdhof des Fürsten Öttingen. - Dabei ging man mit Geld nicht gerade zimperlich um. So leistete sich beispielsweise Fürst Leopold von Dessau den Luxus eines Kennels (Hundehofes) mit 75 Koppeln, also 150 Hunden, so daß er jederzeit mit neuem Pack (Hundemeuten) zu jagen vermochte. Wenn man bedenkt, daß im Mittelalter ein Dutzend Hunde als eine ausreichende Meute gegolten hatte, und daß die Parforcejagden nunmehr in eingezäunten Parkanlagen veranstaltet wurden, so ist es kein Wunder, daß sie immer kostspieliger wurden, und selbst kleinere deutsche Fürsten um die Mitte des 18. Jhdts. 30-50.000 Gulden jährlich für dieses Jagdvergnügen berappen mußten! Doch Prunk mußte sein, auch wenn einige dieser Potentaten die Anstrengungen eines mehrstündigen Rittes hinter dem Feisthirsch lieber teuer bezahlten französischen oder englischen Piqueuren (Hetzreitern) überließen und selber im bequemen Kutschwagen gerade noch rechtzeitig zum Halali anreisten.

Mit den napoleonischen Kriegen nahte das Ende der höfischen Parforcejagden auf deutschem Boden. - Am längsten hat sich diese Reitjagd noch bei den preußischen Großgrundbesitzern in Schlesien, Pommern, Mecklenburg, Ostpreußen und Brandenburg gehalten. Geritten wurde hier vorwiegend hinter dem Schwarzkittel und hinter dem Hasen, selten hinter dem Hirsch. Allerdings erwuchs der Parforcejagd in der Schießjagd eine immer stärker werdende Konkurrenz, die den Wildbestand derart reduzierte, daß man vielerorts lebendes Wild erst einfangen oder käuflich erwerben mußte, um eine Jagd par force überhaupt durchführen zu können. - Das Tier, sei es Rotwild oder Wildschwein, wurde in einen Kasten gesperrt, sodann an den Jagdort transportiert und dort - mit einem gewissen Vorsprung vor der Meute - freigelassen. Die Meute jagte dann so lange, bis sich das "Stück" stellte. Aus ökonomischen Gründen wurde es aber nicht wie vordem ausgehoben und mit der kalten Waffe abgefangen, sondern man hielt die Hunde unter Kontrolle, bis das Transportfahrzeug zur Stelle war. Meist betrat das Tier freiwillig den Anhänger, um die Heimfahrt in das Gatter anzutreten. - Mit der Zeit gewöhnten sich die Hunde und das Wild an dieses Spiel, so daß beispielsweise die Pardubicer Parforcejagd stolz auf ihre "Baba" war, eine Hirschkuh, die 20 Jahre lang hervorragende Jagden geliefert hatte!

Der Jagd hinter diesem sogenannten "Kastenwild" fehlte somit schon ganz der Gedanke des Beutemachens im ursprünglichen Sinne, und in dem Maße, in welchem der Rennsport in Deutschland aufblühte und zudem der Dampfpflug einen lukrativen Zuckerrübenanbau ermöglichte, ging auch das Interesse der Junker an dieser Reiterjagd zurück.

Nach und nach verschwanden die berühmten Meuten wie die Walsroder, Lippspringer, Lissaer, Crenzower, die Schlesische und die Uckermärkische, und als Anfang der neunziger Jahre des vergangenen Jahrhunderts auch die zuletzt von Herrn v. Perbandt-Langendorf geführte, ostpreußische Hasenmeute aufgelöst wurde, legte sich einsame Stille über den "Goldadler", jenes historische Gasthaus an der Straße von Königsberg nach Insterburg, wo zuvor die Offiziere der ostpreußischen Kavallerieregimenter mit den Gutsherrn so fröhlich und so ausgiebig gepichelt hatten.

Mit "Horrido" und "Hussa" wurde allemal gejagt, doch besteht bis heute keine Einigkeit über die sprachliche Herkunft dieser beiden

Jagdrufe. - Die Deutschen führen das "Horrido" auf den Ruf des Rüdenmeisters zurück, der seine Hunde mit "Ho Rüd'! Ho!" anspornte, die Franzosen hingegen behaupten, es leite sich aus dem Ruf ab, der zu Beginn der Jagd dem Forstpersonal in dem mit Lappen umgrenzten Revier gegeben wurde: - "Haut les rideaux!" (= Die Lappen hochziehen!). Umstritten ist auch der sprachliche Ursprung des "Hussa". Die Deutschen sind der Auffassung, dieser Hetzruf an die Hunde sei von den Germanen überkommen, die mit "Hu Sau" oder "Husa" die Meute auf den Schwarzkittel gehetzt hätten, während die Franzosen fest davon überzeugt sind, daß sich dieser Jagdruf aus "Houssez ça!", einem Anfeuerungsruf für die Hunde, herleitet.

In das Kapitel der Bräuche und Gepflogenheiten gehört auch die von alters her bestehende Reiterpoesie, die das Jagen zu Pferde zum Inhalt hat.

Nachstehend eine kleine Auslese:

> "Wer hinter Hunden reitet,
> Kommt nicht vor die Hunde!"

Die gleiche Lebensweisheit atmen die Verse:

> "Auf eines guten Pferdes Rücken,
> Und in dem Jagen hinter Hunden,
> Bekämpft man des Lebens Tücken
> Und hat sich selbst auch bald gefunden!"

Ein anderer Vierzeiler lobt die Reiterjagd als Mannestugend:

> "Hinter schnellen Hunden jagen,
> manchen kühnen Sprung zu wagen,
> Querfeldein auf edlem Pferd -
> Das ist rechten Mannes Wert!"

Tiefempfunden sind die Worte, die der Reiter bei seiner Heimkehr spricht:

"Und wenn ich daheim beim Abendstrahl
Abnehme den Sattel dem Pferde,
Dann sag ich im Stillen noch einmal:
Wie ist doch so schön die Erde!"

Die Fuchsjagd hat sich in Deutschland nie so recht durchsetzen können, was insbesondere dem Umstand zuzuschreiben ist, daß sich der gewiefte Reineke nur sehr schwer aus dem Schutz der Wälder auf offenes Geländer herausstöbern läßt.

Als Ersatz bot sich die Schleppjagd an, bei welcher die Hunde auf eine künstlich gelegte Wildfährte angesetzt werden. Die Schleppe bestand anfangs aus einem in Fuchslosung getränkten Wergball, dessen Witterung die Hunde folgten. Heute verwendet man Tropfkanister, deren spezifischer Inhalt allerdings noch immer natürlicher Herkunft ist.

In Deutschland überschneiden sich bei den Schleppjagden drei verschiedene Sphären althergebrachten Brauchtums:

Man jagt "auf englisch" (schnelles Galoppieren über Sprünge hinter schnellen Hunden), gibt sich "französisch" (Jagdsignale, Zeremonie der Curée, etc.) und ehrt die Reiter "deutsch" (Überreichen des Bruchs - ein sonst nirgends auf der Welt geübter Brauch).

Auf jeden Fall hält dergleichen Betätigung jung und frisch, und darum beschließen wir dieses Kapitel mit dem schönen Vers:

"Färben grau sich deine Haare,
Bleib im Bügel, straff die Zügel!
Mit der Jahre flücht'ger Meute,
Um die Beute, um das Heute -
Um die Jugend reite - reite!"

Die Dame zu Pferde

Bei alledem mochte das schwache, schöne Geschlecht partout nicht zurückstehen.

Assyrische Reliefs zeigen Reiterinnen im Herrensitz, aber auch vornehme und beleibte Damen in Reitsesseln, in denen sie im Seitsitz saßen und vor der sengenden Sonne durch einen geflochtenen Baldachin geschützt waren.

Von anderem Kaliber waren da schon die jungen Frauen der am Schwarzen Meer beheimateten Sauromatier. Diese im Herrensitz reitenden Amazonen der griechischen Mythologie zogen mit den Männern in den Krieg und durften erst heiraten, wenn sie einen Feind getötet hatten.

Derartige Anforderungen wurden an die griechischen und römischen Damen zwar nicht gestellt, doch gingen diese mit einer solchen Leidenschaft dem Jagdvergnügen nach, daß sie im zweiten Jahrhundert v. Chr. von der Obrigkeit ernstlich ermahnt werden mußten, sich bei der Jagd zu Pferde zurückzuhalten.

Auch viele nordische Sagen erzählen von rossetummelnden Göttinnen und Frauen, und so verwundert es nicht weiter, daß Mitte des 12. Jhdts. dreihundert wohlberittene und kühne Jungfrauen, Walküren gleich, König Konrads Heer in das Heilige Land begleiteten.

Im Mittelalter nahmen Frauen zuweilen auch an Kampfspielen und Turnieren teil, allerdings nur aus Jux, wie beispielsweise im Jahre 1214 zu Trevigi in Italien, wo man eine Burg aus Holz errichtet und mit kostbaren Fellen und Stoffen verkleidet hatte. Die Besatzung bestand aus 200 vornehmen Frauen, die statt der Helme goldene, edelsteinverzierte Krönchen und prächtige Kleider anstelle der Panzerhemden trugen. Junge, nicht minder herausgeputzte Ritter griffen die Festung mit Früchten, Törtchen, Blumen und Riechfläschchen an, und die Damen antworteten in gleicher Weise. - Dieses seltsame und luxuriöse Schauspiel soll eine Menge Zuschauer herbeigelockt haben.

Ein ganz anderer Wind blies den Damen bei der Jagd hoch zu Roß in die reizenden Gesichter, was die Schönen jedoch nicht davon abhielt, es darin den Männern gleichzutun. - Manchmal endeten dergleichen Jagdausflüge tragisch. - So mußte Kaiser Maximilian nicht nur den Tod seiner ersten Gattin, Maria von Burgund, beklagen, die während einer Beizjagd unglücklich vom Pferde stürzte, sondern ebenso den seiner zweiten Gemahlin, Blanca Sforza, die auf ähnliche Weise ums Leben kam. - Auch Katharina von Medici erlitt zweimal so schwere Verletzungen, daß man an ihrer Wiedergenesung zweifelte.

Aber nicht nur bei der Jagd begleiteten berittene Damen die Herren, sondern zuweilen auch bei profaneren Angelegenheiten, wie z. B. bei der Heerfahrt Herzog Albas in die Niederlande, wo 400 Kurtisanen auf sehr edlen und lammfrommen Pferden dem Feldherrn das Geleit gaben. Weitere 800 Damen folgten zu Fuß.

Im 18. Jh. legte sich der Markgraf von Baden eine berittene weibliche Leibwache zu. Sechzig junge und hübsche Töchter des Landes folgten S. Durchlaucht bei jedem Ausflug, sangen, tanzten und warteten bei der Tafel auf. Zur Nachtzeit jedoch wurden sie vorsichtshalber in dem Obergeschoß des Schloßturmes eingesperrt und durch Wegnahme der Holztreppe von jeder Verbindung zur Außenwelt abgeschnitten. - Es war die wohl sonderbarste Kavallerietruppe, die jemals in Deutschland aufgetreten ist!

Im 12. Jh. bevorzugten einige Reiterinnen, so u. a. die englische Königin Anna, den Seitsitz, wobei die höfische Regel vorschrieb, daß die Damen ihr Gesicht dem Kopf des Pferdes zuwendeten. Hierbei saßen sie nicht auf Sätteln, sondern auf kostbar bestickten Reitkissen, auf die sie von edlen Herren oder eigens dazu bestimmten Knappen gehoben wurden, die sodann das Pferd zur Sicherheit der Reiterin am Zügel führten, weil die damals modernen und spitzenhohen Hüte der Reiterin ebensowenig Balance gaben, wie die bis zum Erdboden reichenden Schleppen der Robenmäntel.

Später setzte sich immer mehr der Seitsitz auf Herrensätteln durch. - Im frühen 16. Jh. entdeckte die so oft lädierte Katharina von Medici, daß die Reiterin sicherer und gesitteter auf dem Herrensattel saß, wenn sie das rechte Knie über das vordere Ende des Sattels legte. Einen noch besseren Halt fand das Bein, als man das Sattelende zu einem nach oben gekrümmten "Horn" umwandelte. Da aber dieses Hilfsmittel in vielen Fällen versagte, insbesondere beim Jagdreiten über schwere Hindernisse, tüftelte ein englischer Berufsjäger namens Thomas Oldaker so lange herum, bis er der entzückten viktorianischen Damenwelt ein zweites Horn präsentieren konnte, den "leapinghead", der unterhalb des oberen Hornes angebracht war und den linken Oberschenkel der Reiterin von oben umgriff und festhielt. Diese Vorrichtung bewirkte, daß sich die Damen selbst in kritischen Situationen im Sattel halten konnten.

Begeisterten Beifall erntete die Erfindung besonders bei jenen Damen, deren Korpulenz eine andere Reitweise einfach aus ästhetischen Gründen nicht gestattete, so z. B. auch der Pariser Kulturpäpstin George Sand, die sich begreiflicherweise durch das zu sehr gehemmt fühlte, was der Schriftsteller Saint-Beuve einmal boshaft als das größte Gesäß bezeichnet hatte, dem er je begegnet sei.

Das außerordentlich unvorteilhafte lange Reitkleid hat sich, abgesehen von einigen modischen Abwandlungen, bis weit in das 19. Jh. erhalten. Der sodann einsetzende enorme Aufschwung des weiblichen Jagdreitens führte zu einer Verkürzung der Reitkleider und später zum "Sicherheitsrock", der sich bei einem Sturz von der Reiterin löste, damit sie nicht von ihrem Pferd mitgeschleift werden konnte. Unter dem Reitkleid trug die Dame Breecheshosen und lederne Reitstiefel, manchmal auch Flanellkombinationen, die aber den Nachteil hatten, daß sie leicht verrutschten und sich unangenehm nach oben schoben. Als Kopfbedeckung dienten flache, seidene Hüte, breitrandige Filzhüte und sogenannte "Melonen".

Derart gewandet ritten in den sechziger und siebziger Jahren des vergangenen Jahrhunderts immer mehr Frauen zur Jagd oder zum Gesehenwerden durch die Parks, wie beispielsweise die "Kameliendame" Marie du Plessis, die man oft im Bois St. Germain "en cavalier" in vollem Galopp bewundern konnte, - elegant gekleidet in Wildlederbreeches und kastanienbraune Kaschmircapes, eine Reitgerte in der Hand und eine Kamelie, ihr berufliches Kennzeichen, im Revers.

Helene v. Rheiffen, Die Dame zu Pferde. Berlin 1907.

Hürdensprung. Ludwig Koch, Die Reitkunst im Bilde. Wien 1928

Ansonsten war man ängstlich darauf bedacht, sich ja nicht auch nur die geringste Blöße zu geben, und darum wurden die Reitkleider entweder am Saum mit einem Bleiband beschwert, oder man nähte in die Innenseite des Rockes ein breites Gummiband, durch das die Reiterin die Fußspitzen hindurchschieben und somit den Rock festhalten konnte. - Besondere Gefahren lauerten beim Auf- und Absitzen, was der englische Reitlehrer Samuel Wayte 1850 wie folgt verdeutlichte:

> "Beim Absitzen der Dame ist Takt vonnöten, damit sie nicht in die unfeine und peinliche Lage kommt, von ihrem Sattel sozusagen in die Arme eines Stallknechtes gehoben

zu werden. Dabei kann es leicht zu Unschicklichkeiten kommen, und gleichzeitig gibt sie diesen gewöhnlichen Leuten gute Gelegenheit, untereinander ihre ordinären Kommentare auszutauschen."

Auch das Aufsitzen enthielt Fallstricke. - Freifrau Helene v. Rheiffen gibt hierzu 1907 folgende Regeln:

"Zu diesem Zweck stellt sich die Dame auf die linke Seite des Pferdes neben den Sattel, das Gesicht nach vorne gewendet, und umfaßt mit der rechten Hand das obere Horn. Ihr Begleiter stellt sich etwas seitlich gegenüber und beugt sich mit fest ineinander geschobenen Händen herab. Die Dame erhebt nun den linken Fuß, setzt ihn in die zusammengeschobenen Hände und stützt sich mit der linken Hand auf die rechte Schulter des Begleiters. Derselbe zählt am besten: eins, zwei, drei - die Dame federt ein paarmal mit dem rechten Fuß während des Zählens und stößt sich auf "drei" energisch mit demselben vom Boden ab, stützt sich mit der linken Hand fest auf die Schulter des Herrn, zieht sich leicht an dem angefaßten Horn nach aufwärts und tritt vor allen Dingen fest in die Hände des Begleiters. Zu gleicher Zeit erhebt sich der letztere aus seiner gebückten Haltung und hebt so mittels seiner Hände den linken Fuß der Dame und dadurch diese selbst in die Höhe."

Während des komplizierten Vorganges müsse das Pferd natürlich ganz still stehen, denn "sonst können die Folgen katastrophal sein".

Aber nicht nur auf ihren guten Ruf legten die Damen Wert, sondern insbesondere auch auf die Unversehrtheit ihrer Schönheit. - So mahnte die Kaiserin von Österreich einst ihre Jagdbegleiter: "Denken Sie daran, daß es mir nichts ausmacht zu stürzen, aber auf keinen Fall darf mein Gesicht zerkratzt werden!". Um den Damen das Jagdvergnügen so gefahrlos wie nur möglich zu gestalten, sägten die Herren der Schöpfung überhängende Äste ab, beschnitten Grenzhecken, preßten das Unterholz nieder und hielten galanterweise kleine Spiegel parat, mittels derer die Schönen ihr äußeres Erscheinungsbild jederzeit überprüfen konnten.

Nach dem Ersten Weltkrieg endete nicht nur die Ära des Herrenreiters, sondern auch die des Damensattels, was dazu führte, daß die nunmehr ausnahmslos im Herrensitz reitenden Damen bei vielen Reitsportveranstaltungen ihren männlichen Konkurrenten den Sieg streitig machten.

Die erstaunliche Entwicklung des Reitsports unserer Tage zu einem wahren Volkssport ist nicht zuletzt den Mädchen zu verdanken, die in größerer Zahl als die mehr technisch interessierten Jungen zu dieser Sportart finden und sich voller Hingabe und Einfühlungsvermögen dem Pferd und seinem Umfeld widmen. - Und daran dürfte wohl auch die bei offiziellen Paraden noch heute im eleganten Damensitz reitende Queen Elisabeth ihre Freude haben!

Panem et circenses

An den allerfrühesten Pferderennen, die vor über 3.500 Jahren ausgetragen wurden, waren Reiterinnen oder Reiter nicht beteiligt, denn es waren im eigentlichen Sinne Leistungsprüfungen für Pferde. - Man gab den Pferden vor den "Rennen" so lange kein Wasser, bis sie vor Durst fast umkamen. Dann ließ man sie frei, und dasjenige Pferd, das als erstes an der weit entlegenen Wasserstelle ankam, war Sieger und wurde für die Zucht ausgewählt.

Mit dieser passiven Rolle wollten sich die ehrgeizigen Züchter auf Dauer nicht zufrieden geben, zumal auch militärische Aspekte das Miteinbeziehen von Reitern und Fahrern in diese Wettbewerbe geradezu erforderten.

Bis heute ist es unklar, ob der Reitsport dem Wagenrennsport vorausging, doch wissen wir aus Griechenland, daß dort schon frühzeitig der Wagenrennsport blühte, was auch durchaus verständlich ist, weil in der Heroenzeit die adligen Führer auf zweispännigen Kriegswagen in den Kampf zogen. Während des eigentlichen Gefechtes wurden die Gespanne zwar von erfahrenen Wagenlenkern geführt, doch beim friedlichen Wettstreit bedurften die Herren dieser Hilfe nicht mehr. Hier konnten sie endlich vor aller Augen ihre Fahrkunst, Kühnheit und körperliche Potenz unter Beweis stellen!

Der mit diesen Wettbewerben verbundene Aufwand für erstklassige Pferde und Wagen, für Pfleger, Stallknechte und sonstige Helfer brachte es allerdings mit sich, daß sich von vornherein nur betuchte Adelige an diesen Rennen beteiligen konnten. Das minderte aber in keiner Weise das Publikumsinteresse, denn wo und wann hatte das einfache Volk sonst schon Gelegenheit, so edle Rosse, so kostbares Zaum- und Lederzeug, so feine und doch stabil gebaute Wagen zu bewundern! Daher konnte es auch nur eine Frage der Zeit sein, wann ein derart attraktiver Sport in das Programm der olympischen Spiele übernommen wurde. - Bei der 25. Olympiade (680 v. Chr.) war es schließlich so weit, und jeder Grieche von Rang und Geld setzte seinen Ehrgeiz darin, an diesem Festspiel teilzunehmen.

Das olympische Hippodrom war etwa 400 m lang und 200 m breit und wurde durch jeweils eine Zielsäule am oberen und unteren Ende in einen Umlaufkurs von ca. 100 m Breite geteilt. An der Startlinie waren Startboxen aufgestellt, die in Laufrichtung mit einer beweglichen Klappe versehen waren. Hatten die einzelnen Gespanne in den zuvor ausgelosten Boxen Platz genommen, wurde das Startzeichen in der Weise gegeben, daß ein hölzerner Adler an einem Pfahl in die Höhe gezogen und die Boxenklappen geöffnet wurden.

Fast immer wurde ein Linkskurs über zwölf Runden gefahren. Nach jedem Umlauf spornte Trompetengeschmetter den Mut der Wagenlenker und das Feuer der dahinstürmenden Rosse von neuem an. Taktisch gewonnen wurden die Rennen an den beiden Wendesäulen, wo man höllisch aufpassen mußte, um nicht von danebenliegenden Gespannen aus der Bahn gedrückt oder gar umgestoßen zu werden. In der Regel waren die Rennen unerbittliche Kämpfe auf Biegen und Brechen, bei denen so manch guter Fahrer und so manch gutes Pferd ihr Leben lassen mußten.

Im olympischen Hippodrom zu siegen, war der höchste Triumph, den ein Wagenlenker erzielen konnte. - Alter Sitte gemäß wurde dem Sieger unter dem Jubel der Zuschauer ein Eichen- oder Lorbeerzweig überreicht und das Wagengespann dem Zeus geweiht. - Auf die überschäumende Festfreude, die über den strahlenden Sieger und sein ganzes Geschlecht den Glanz der Unsterblichkeit breitete, folgte die eigentliche Ehrung in der Heimat. In feierlicher Prozession wallfahrte ihm die ganze Bevölkerung entgegen und geleitete ihn zur Heimatstadt, wo er, gleich einem Fürsten mit einem Purpurmantel bekleidet, auf einem Prunkwagen durch die festlich geschmückten Straßen zum Tempel des Zeus zog, dem er unter tosendem Jubel den Siegerzweig opferte. - Zuweilen ging die Begeisterung so weit, daß man Stadtmauern einriß, um zu demonstrieren, daß die Stadt angesichts eines solchen Helden keines äußeren Schutzringes mehr bedurfte.

Philipp von Makedonien wertete den Sieg eines seiner Gespanne in Olympia ebenso hoch wie die Geburt seines Thronerben Alexander, und der berühmte Dichter Pindar sang den großen Herren wahre Lobeshymnen - allerdings schnöderweise nur gegen Bezahlung! - Bei alle-

216

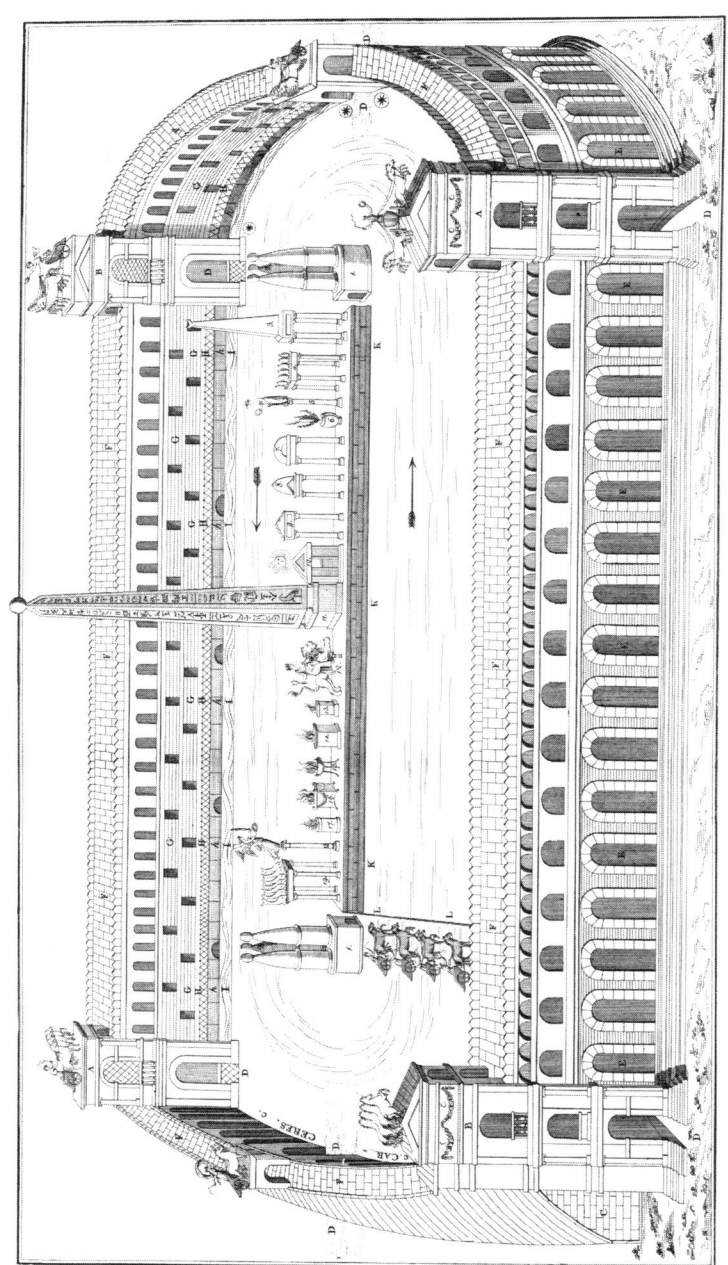

Römisches Hippodrom. Johann C. Ginzrot, Die Wagen und Fahrwerke der griechen und Römer. München 1877

dem mochten auch die Bildhauer wie Polyklet, Lysippos und Myron nicht zurückstehen, die in unerreichten Werken voll lebensfreudiger Bewegung oder feierlicher Ruhe die ideal-schönen Siegergestalten der Nachwelt zum ewigen Ruhm übermittelten.

Seit 408 v. Chr. wurden auch Wettfahrten mit dem Dreiergespann in das olympische Programm aufgenommen, doch hielten sich dergleichen Wettbewerbe nur für kurze Zeit. Bei anderen Veranstaltungen, beispielsweise denen der Panathenäen, pflegten "Apobaten" (Abspringer) eine aus sehr alten Zeiten stammende und an die damaligen Kriegsbräuche erinnernde Kunst. Hierbei sprangen die nur mit Schild und Helm, sonst aber nackten Wagenlenker vom vierspännigen Gefährt in voller Fahrt ab, liefen eine bestimmte Strecke nebenher und schwangen sich dann wieder auf den Wagen. - Mit der zunehmenden Bedeutung des Pferdes als Streitroß wurde auch das Rennreiten populär. Auch hier verlangten die Regeln, daß der Reiter in vollem Lauf vom Pferde auf- und abspringen und das letzte Stück der Strecke mit seinem Pferd laufen mußte - geradeso, wie es in Japan bis zum 18. Jh. üblich war, und wie es heute noch bei vielen Pony-Clubs in England praktiziert wird!

Waren es bei den Griechen Auf- und Abspringer, so bei den Römern Hin- und Herspringer (Desultores), die einen gewissen Bezug zum Reitrennsport herstellten, obwohl von "Reiten" eigentlich nicht die Rede sein kann, da die Teilnehmer mit gespreizten Beinen auf zwei nebeneinander laufenden Pferden standen und während des vollsten Galopps ständig von einem Pferd auf das andere sprangen. Diese akrobatischen Vorstellungen wurden vom Publikum zwar ausgiebig beklatscht, doch zu mehr als zu Pausenfüllern zwischen den Rennen konnten sie sich nie richtig mausern.

Wagenrennen rangierten in der Gunst der Zuschauer weit vor allen anderen circensischen Vorstellungen, und so mußten die Tribünen fortwährend erweitert werden. - Die älteste und bedeutendste Rennbahn Roms war der zwischen dem aventinischen und dem palatinischen Hügel gelegene, etwa 650 m lange und 125 m breite Circus Maximus, der ringsum von einem dreistöckigen Steinbau umschlossen war. - Unter Kaiser Augustus faßten die Tribünen gut 60.000 Zuschauer, und nach einigen Erweiterungsbauten boten sie im 4. Jh. n. Chr. schließlich

Berliner Rennbahn im 19. Jhdt. Lithographie von Franz Krüger.

185.000 Besuchern Platz! - Abgesehen von dieser gigantischen Anlage gab es in Rom sowie in fast allen Provinzstädten noch kleinere Rennbahnen. Das zeugt zwar von der großen Popularität dieser Veranstaltungen, doch gründete dieses Interesse nicht auf einer agonalen oder gar olympischen Idee, wie bei den Griechen, sondern ausschließlich auf dem knallharten wirtschaftlichen und politischen Interesse der Veranstalter, sich bei dem wettfreudigen Publikum "lieb Kind" zu machen.

Die Rennen wurden fast ausnahmslos von betuchten und politisch engagierten Angehörigen des höchsten Standes finanziert, die dafür allerdings sehr tief in die Taschen greifen mußten - letztlich so tief, daß sich die jeweils auf einer politischen Ebene liegenden "Kapitalisten" zu Handelsgesellschaften verbanden, um die Millionensummen verschlingenden Ausgaben für die Wagenlenker, Trainer, Sklaven, Pferde und Wagen überhaupt noch bezahlen zu können. - Jede dieser Gesellschaften hatte eine eigene Betriebsanlage mit einem tausendköpfigen Personal von Futtermeistern, Boten, Handwerkern, Ärzten usw., das einem Rentmeister unterstand, der die Ausgaben und Einnahmen überwachte und die Siegesprämien an die Gesellschafter verteilte. Mit diesen Gesellschaften, die sich durch ihre Stallfarben Rot, Grün, Blau und Weiß unterschieden, schlossen dann die jeweiligen Veranstalter ihre Verträge.

Abgesehen von privaten Rennen unter Ausschluß der Öffentlichkeit, bei denen es um Wetten in astronomischer Höhe ging, beteiligten sich die adeligen Herren selbst nicht aktiv am Renngeschehen. Bei großen öffentlichen Veranstaltungen nahm man Virtuosen der Renntechnik unter Vertrag, und diese erfreuten sich trotz ihres allgemein niedrigen Standes einer Wertschätzung, wie sie sonst nur innerhalb der vornehmsten Kreise üblich war. Man verewigte sie in Marmorskulpturen, räumte ihnen Steuerprivilegien ein und überschüttete sie derart mit Geld, daß einige von ihnen eine Kaste höher aufsteigen und selbst zu Gesellschaftern avancieren konnten. So hatte beispielsweise der "blaue" Wagenlenker Crescens, ein Maure, zwischen 115 und 124 n. Chr. in 686 Rennen insgesamt 1.558.336 Sesterzen auf sein Konto gebracht (Nominalwert 1 Sesterz=2,40 DM). Zu seiner Zeit gab es allerdings nur zwölf Rennen an einem Tag, später steigerte man die Zahl auf das Doppelte, so daß es einige Lenker locker auf über 1.000 Siege brachten.

Zwölf Stunden Renntag führten zwangsläufig zu Auswüchsen, und so ist man auch nicht weiter überrascht, daß Kaiser Gaius Caligula seinem berühmten Hengst Incitatus die Konsulswürde verlieh, eigenhändig Pferde und Wagenlenker der Gegenpartei vergiftete und seinem Wagenlenker anläßlich eines Zechgelages zwei Millionen Sesterzen schenkte! - Manipulationen und Wettbetrügereien waren an der Tagesordnung und führten oft zu blutigen Auseinandersetzungen zwischen den Beteiligten, gelegentlich auch zum Verbot der Rennen, doch der Ruf des Volkes nach "panem et circenses" war stärker als jeder Versuch, den Veranstaltungen eine sportliche Grundlage zu verschaffen.

Das englische Vollblut

Die frühesten Spuren des neuzeitlichen Pferderennsports lassen sich in England bis zur Regierungszeit Wilhelm des Eroberers zurückverfolgen, der im Jahre 1066 mit seinem Normannenheer auf der Insel gelandet war und einige orientalische Hengste mitgebracht hatte, deren Nachkommen wegen ihrer exzellenten Eigenschaften sehr geschätzt waren.

Der große Boom für Pferderennen setzte in der zweiten Hälfte des 12. Jhdts. ein, als dieser Sport bei den Adeligen gewissermaßen zu einer Prestigefrage wurde. Angeheizt durch hohe Wetteinsätze, nutzten Edelleute jede sich bietende Gelegenheit, um über vier bis sieben Meilen gegeneinander anzutreten, bejubelt von den einfachen Leuten, die sich an den Wetten beteiligen konnten.

Um das wettfreudige Publikum bei Laune zu halten, investierten die Könige der nachfolgenden Jahrhunderte enorme Summen in den Rennsport, doch die nachhaltigste Förderung der Rennen ging von Königin Elisabeth I. (1558-1603) aus, die nach der Vernichtung der Armada eine Menge edler, spanischer Pferde nach England bringen ließ. Auf ihrer eigenen Rennanlage in Greenwich, wo an die 40 Berberpferde sowie zwei Jockeys auf Staatskosten unterhalten wurden, fand sich das gemischte Publikum ebenso gern zu einem Stelldichein ein, wie auf den Rennbahnen von Doncaster, Croydon, Salisbury, Richmond, Carlisle und Chester. Als Rennpreise waren kleine Silberglöckchen zu gewinnen, von denen eins noch heute in Carlisle zu sehen ist. - Während der Regentschaft der Königin wurden Pferderennen in einem solchen Ausmaß veranstaltet, daß so mancher beim Wetten Hab und Gut verlor.

Auch in Charles I. fand der Pferderennsport einen großzügigen Förderer, doch nach seiner Hinrichtung durch Cromwell's Schergen ging es mit dem Sport bergab. Viele Rennen wurden schon allein deswegen verboten, weil die Anhänger der von Cromwell geleiteten parlamentarischen Revolution argwöhnten, daß sich hinter diesen Veranstaltungen geheime Royalistentreffen verbergen könnten. - Dabei war Cromwell selbst ein ausgesprochener Pferdefreund, in dessen Gestüt sich auch

Berühmte englische Rennpferde: *Eclipse* (links) und *Shakespeare* (rechts).
John Lawrence, The History & Delineation of the Horse. London 1809

einige Araberhengste befanden, von denen "Place's White Turk" ein
sehr erfolgreicher Renner war. Ebenso berühmt war seine Zuchtstute
"Coffin Mare", die ihren eigentümlichen Namen dem Umstand verdankt, daß sie in der Restaurationszeit während der Suche nach Cromwell's Vermögen vorübergehend in einer Gruft versteckt worden war.
Das Versteck war so gut gewählt, daß die "Sargstute" ihren Häschern
entkam.

Nach der Ära Cromwell's war es Charles II., der den Pferderennsport
zu neuem Leben erweckte. Eine seiner ersten Amtshandlungen war die
Aufhebung des Verbotes der Newmarket-Rennen, an denen er fortan
selbst aktiv teilnahm und sogar einmal, als bisher einziger englischer
König, ein Flachrennen gewann.

Durch den königlichen Mäzen erhielt der Rennsport einen gewaltigen
Auftrieb. - So holte George Villiers, der erste Herzog von Buckingham,

den Araberhengst "Helmsley Turk" nach England, "Marocco Barb" ging als Beschäler in das Gestüt von Lord Fairfax, und auch "Lister Turk" trug einiges zur Festigung der englischen Zucht bei. Weit übertroffen in ihrer züchterischen Qualität wurden aber alle diese Pferde von drei Araberhengsten, die auf unterschiedliche Weise auf die Insel gekommen waren.

Den Anfang machte "Byerley Turk", der dem englischen Oberst Byerley nach der Niederlage der Türken bei Wien 1683 als Kriegsbeute zugefallen war. - Seiner Linie entstammte u. a. "Herod", der nicht nur ein hervorragendes Renn- und Vaterpferd war, sondern über seinen Enkel "Diomed" entscheidenden Einfluß auf die amerikanische Vollblutzucht ausgeübt hat.

Der wohl bedeutendste Beitrag zur Entwicklung des Vollblutes kam 1704 als Geschenk des britischen Konsuls Thomas Darley aus Aleppo in das Gestüt seines Bruders in Yorkshire. Aus der Linie des "Darley Arabian" genannten Hengstes gingen viele siegreiche Nachkommen hervor, so auch "Eclipse", der 1764 während einer totalen Sonnenfinsternis gefohlt wurde. Obwohl dieser Hengst erst fünfjährig in Rennen eingesetzt wurde, gewann er innerhalb von zwei Jahren souverän alle 18 Rennen sowie 18 weitere Matches, bei welchen nur zwei Pferde gegeneinander antraten. Das Erbe dieses 1789 an einer Kolik eingegangenen Ausnahmehengstes findet sich heute in etwa 85 % aller Pedigrees.

Der dritte Urahn des englischen Vollblutes war der Araberhengst "Godolphin Arabian", der als Geschenk des marokkanischen Sultans Muley Abdullah an den Hof des französischen Königs Ludwig XV. gelangte. Weil aber das Pferd weder dem König noch sonst jemandem gefiel, wechselte es in rascher Folge seine Besitzer. Schließlich landete der Hengst bei einem Pariser Holzhändler, der ihn als Zugpferd vor seinen schweren Karren spannte. Von diesem tristen Schicksal befreite ihn 1729 ein mitleidiger, englischer Quäker namens Edward Coke, der das Tier für 75 Francs dem Fuhrmann abkaufte. Nach Coke's Tod kam der Hengst in den Besitz des Grafen Godolphin, der ihn in seinem Gestüt als Probierhengst für den Zuchthengst "Hobgoblin" einsetzte. Das ging eine Zeit lang auch ganz nach Wunsch, bis eines Tages die Stute

"Roxana" zu Hobgoblin geführt wurde. Godolphin, der seine Zurück-gesetztheit wohl endgültig satt hatte, stürzte sich auf seinen Rivalen und biß ihn tot. Danach deckte er die Stute, und die allgemeine Ver-blüffung war groß, als das aus dieser Paarung hervorgegangene Fohlen "Lath Cade" sich zu einem Rennpferd der allerfeinsten Klasse entwik-kelte.

Zur Godolphin-Linie gehören u. a. "Hurry On", "Matchem" und das legendäre amerikanische Rennpferd "Man O'War".

Zum englischen "Vollblut" werden alle Pferde gerechnet, deren Vorfah-ren im ersten General Stud Book von 1793 aufgeführt sind. - Man nimmt an, daß alle heutigen englischen Vollblüter von 49 Original-Mutterstuten, „Royal Mares", abstammen, die lange vor der Veröffent-lichung 1793 gezielt zur Zucht von schnellen Pferden verwendet wur-den. Diese waren nicht nur Pferde der englischen Landrasse, sondern auch importierte Stuten reinsten orientalischen Blutes, die vorwiegend mit orientalischen Hengsten gepaart wurden.

Zwar sind die englischen Vollblüter ursprünglich als "Rennmaschinen" konzipiert worden, doch darf nicht übersehen werden, daß sie darüber-hinaus hervorragende Reitpferde sind, die sich bei der Jagd, bei Viel-seitigkeitsprüfungen und als elegante, temperamentvolle Ge-brauchspferde bestens bewähren, - ganz zu schweigen von ihrem ent-scheidenden Einfluß auf die Konstituierung der heutigen Pferderassen in aller Welt!

Als Zeugnis ihrer besonderen Qualität möge eine typisch englische Wette dienen, die Sir Charles Bunbury Mitte des vergangenen Jahrhun-derts in London einging. Der Lord wettete, daß seine im Derby und in den Oaks siegreiche Stute "Eleanor" ein größeres Gewicht tragen könne als ein für seine enorme Stärke berühmtes Müllerpferd. Bei der Austra-gung der Wette zeigte sich, daß die Vollblutstute unter der gewaltigen Last ruhig ihres Weges ging, während der "Clydesdaler Elefant" unter dem gleichen Gewicht beinahe zusammenbrach.

Wo gewettet wird, schleicht sich auch allerlei Kroppzeug auf die Renn-bahn, und das insbesondere in einer Zeit, als Fürsten, Frauen und Pferde allemal käuflich waren. Da nützte auch der mahnende Hinweis des untadeligen Sportsmannes Charles II. nicht viel, der da sagte:

> "Auf dem grünen Rasen und unter dem grünen Rasen sind alle gleich."

Manche wollten nun mal "gleicher" sein und meinten, das Gleichheitsprinzip durch Betrügereien und Doping zu ihren Gunsten biegen zu können, wie z. B. auch König Georg IV., der sich oft die Anschuldigung gefallen lassen mußte, daß Pferde Sr. Majestät offensichtlich mit Absicht nicht ausgeritten worden seien. Eine tragende Rolle bei diesen Manipulationen spielte der zwar sehr erfolgreiche, aber bei seinen Kollegen höchst unbeliebte Starjockey des Regenten, Samuel Chiffney, der zu ihren Vorwürfen lapidar und arrogant bemerkte: - "Mit Stallpersonal unterhalte ich mich nicht über Pferde. Was ich darüber zu sagen habe, bespreche ich nur mit Herren aus den besseren Ständen."

Die Häufung der Skandale bewog Lord Herbert von Cherbury, die Wettrennen in seinen 1764 veröffentlichten Memoiren unter diejenigen Passionen zu rechnen, die eines vornehmen Mannes unwürdig seien:

> "Die Übung, welche ich nicht lobe, ist das Pferderennen, denn es ist damit gar zu viel Betrügerei verknüpft. Auch sehe ich nicht ein, welches Vergnügen ein tapferer Mann an einem Tier haben kann, dessen Hauptvorteil darin besteht, daß es uns zu schneller Flucht verhilft."

Solche Opposition drang freilich nicht durch.

Einer der gerissensten Halunken des Turfs war Ignatius Coyle, der u. a. den sogenannten "Großen Schwindel von 1844" inszenierte. - Im nämlichen Jahr wurde das Derby von einem Pferd gewonnen, das als "Running Rein" gemeldet war. - Als aber ein irischer Farmer dieses Pferd als den vierjährigen "Maccabeus" wiedererkannte, wurde Protest eingelegt. Der Besitzer von "Running Rein" pochte aber auf Auszahlung des Sieggeldes und ging vor Gericht. Der zuständige Richter veranlaßte, daß das Gelände und der Stall unter strenge Polizeiaufsicht gestellt wurden, damit das allerwichtigste Beweisstück, das Pferd, nicht fortgeschafft werden konnte. Außerdem setzte er umgehend einen Termin für eine tierärztliche Bestimmung des Alters von "Running Rein" an. Am frühen Morgen des besagten Tages ritt Ignatius Coyle in den Hof hinein, angeblich, um einige geschäftliche Dinge mit dem Trainer des Rennstalls zu besprechen. Nach Erledigung seiner Angelegenheiten ritt er seelenruhig durch die Polizeikette wieder davon. Das Pferd allerdings, auf dem er sich hinwegbegab, war "Running Rein" - es wurde niemals wiedergesehen!

Dergleichen Vorkommnisse führten schließlich zu einer Parlamentsakte, die es fürderhin untersagte, Wettschulden in Höhe von mehr als zehn Pfund gerichtlich einzuklagen.

Der "Jockey Club of England" gab sich in der Folgezeit zwar redliche Mühe, das gesamte Rennsystem durch feste Regeln in den Griff zu bekommen, doch lag man sich bei der Auslegung der reichlich verworrenen Bestimmungen fast ständig in den Haaren. - Besonders umstritten waren die Handicap-Rennen, bei denen die Pferde durch verschiedene Gewichtszuteilungen je nach ihren bisherigen Leistungen oder vermeintlichen Fähigkeiten mit Bleigewichten unterschiedlich belastet werden, damit alle Pferde in etwa die gleichen Siegeschancen haben. - Die Bezeichnung "handicap" leitet sich übrigens vom irischen "hand i'the cap" her, was soviel wie "Hand an die Mütze" bedeutet. Auf der grünen Insel war es nämlich althergebrachter Brauch, daß bei einem Tauschhandel ein Unparteiischer hinzugezogen wurde, der eine Hand so lange an seine Mütze legte, bis die Parteien handelseinig waren.

Zu allem Durcheinander gesellte sich immer wieder das Problem um das Berufsreitertum, da die Rennen in der Regel entweder nur für Profis, oder aber für die "Herrenreiter" ausgeschrieben waren. - Im bekannten Streitfall um den sogenannten "Hauptmann" Bouille kam man endlich zum Schluß,

> "daß es sich zweifellos um einen Gentleman handelt, weil er es in seinem ganzen Auftreten zeigt. Er arbeitet nicht, kauft seine Reithosen bei Anderson, seine Stiefel bei Bentley, trinkt auch am Werktag Wein und hat in seinem Schlafzimmer eine ganze Kiste Zigarren stehen."

Später wurden dergleichen Streitigkeiten etwas gewaltsam durch die Mitgliedschaft in einem Club entschieden. - Der Herzog von Beaufort bemerkte zu alledem lakonisch, die Herrenreiter würden sich von den Profis sowieso nur darin unterscheiden, daß sie goldene Fingerringe trügen und nicht mit den Händen in den Hosentaschen herumliefen.

In den Anfangszeiten des englischen Pferderennsports saßen die Herrenreiter tief im Sattel, den Oberkörper kerzengerade aufgerichtet, die Zügel in der linken Hand und die Peitsche hocherhoben in der rechten. Während des Rennens ging es zunächst recht gemütlich zu. Man unterhielt sich mehr oder weniger kameradschaftlich und war letztlich nur auf eine gute Ausgangsposition für das Finish bedacht. Im Endspurt setzten sie sich weit in den Sattel zurück und ließen jeweils den rechten Arm wie einen Windmühlenflügel kreisen, um ihre Pferde anzutreiben.

An diesem seltsamen Reitstil änderten bis zum Ende des vergangenen Jahrhunderts auch die Berufsjockeys nur wenig. Es war ein Amerikaner namens Tod Sloan, der all diese Gebräuche auf den Kopf stellte. Sloan hatte erkannt, daß es beim Renngalopp darum geht, die Schwerpunkte von Pferd und Reiter einander möglichst nahe zu bringen. Wie er gern selbst erzählte, habe er eigentlich immer Angst vor Pferden gehabt, und als einmal ein Pferd mit ihm durchgegangen sei, hätte er sich in seiner Not an den Hals des Tieres geklammert und zu seinem großen Erstaunen festgestellt, daß das Pferd viel schneller lief, solange er sich in dieser Position befand. Man mag dieser Story Glauben schenken oder auch nicht, jedenfalls machten Sloans Rennerfolge den "Affensitz" Mitte der neunziger Jahre in Nordamerika sehr populär. Seine Rennauftritte in England waren von ständigen Skandalen begleitet, da er ein recht loses Mundwerk hatte und in Gelddingen sehr unzuverlässig war. Das führte letztlich dazu, daß er völlig heruntergekommen in einem Armenhospital verstarb, doch zuvor konnte er noch die Genugtuung erfahren, daß sich der von ihm kreierte Reitstil "wie der Affe auf der Stange" bei allen Flachrennjockeys überall in der Welt durchsetzte.

Ausgetragen werden Galopprennen auf ebener Bahn (flat races), Hürdenrennen über lose aufgestelltes Flechtwerk (hurdle races) und Rennen mit künstlichen oder natürlichen Hindernissen (steeple chases). - Gerade die letzteren gaben und geben immer wieder Anlaß für neue Diskus-

Die englische Wunderstute *Eleanor*. John Lawrence, The History & Delineation of the Horse. London 1809.

sionen, insbesondere mit Blick auf das "Grand National", das erstmals 1839 in Aintree bei Liverpool veranstaltet wurde. Dieses Rennen geht über einen unbeschreiblich grausamen Kurs, auf dem 30 Hindernissprünge zu bewältigen sind, die immer wieder neue Opfer fordern. Ein Rennbericht aus Aintree verzeichnet beispielsweise 15 Starter, von denen nur drei das Ziel erreichten. Ein Reiter stürzte zu Tode, ein Pferd brach das Rückgrat, eins ertrank und ein anderes erlitt einen totalen Zusammenbruch!

Wesentlich sportlicher und gesitteter geht es bei den Galopprennen zu, die in der Regierungszeit von Georg III. (1760-1811) als sogenannte "klassische" Rennen für Dreijährige ausgeschrieben wurden, und die deshalb als "klassisch" bezeichnet werden, weil sich hier Hengste und Stuten einer Jahrgangsklasse unter gleichen Bedingungen treffen. - Das erste klassische Rennen ging 1776 über eine Distanz von 2.000 m (später 2.800 m) und erhielt den Namen "St. Leger" von seinem Veranstalter Generalleutnant A. St. Leger. Die "Oaks" über 1,5 Meilen wurden 1779 nach dem Stammsitz des Earl of Derby benannt, während das erstmals 1780 ausgetragene "Derby" (2.400 m) seinem Namen einem Münzwurf verdankt. Seinerzeit vereinbarten die beiden einflußreichsten Mitglieder des Jockey-Clubs von Epsom, ein gewisser Sir Charles Bunbury sowie der Earl of Derby, eine Münze über den Namen des Rennens entscheiden zu lassen. Lord Derby gewann - es hätte auch ebenso "Epsom-Bunbury" heißen können! Sir Bunbury revanchierte sich mit dem Sieg seines Hengstes "Diomed" bei der Eröffnungsveranstaltung. - Über lange Zeit war das Derby das große gesellschaftliche und sportliche Ereignis in England und zugleich ein öffentlicher Feiertag, an welchem sogar das Parlament nicht tagte! Die einzigartigen Erfolge der englischen Vollblüter weckten verständlicherweise den Neid und das Interesse der Züchter im Ausland, doch sah es die britische Obrigkeit trotz der sehr hohen Verkaufserlöse nicht gern, daß der Vollblutexport immer mehr zunahm. - Während der Regierungszeit des englischen Königs Charles I. erwarb der französische Züchter Quinterot einige englische Rennpferde und setzte sie sehr erfolgreich in französischen Rennen ein. Der gewöhnlich um hohe Summen spielende Hof in Fontainebleau benannte daraufhin die Jetons in "Quinterots" um, "weil sie mit der gleichen Geschwindigkeit von Hand zu Hand gehen, mit der die englischen Pferde laufen". - In den folgenden Jahren wurden

Korso, England, 19. Jahrhundert. (Hyde Park Corner 1828)
(Aquatintablatt von R. & C. Rosenberg nach Zeichnung von J. Pollard)

die Rennen derart populär, daß selbst die französische Revolution dem
Sport der Könige keinen Abbruch tat. Aufsichtsbehörde der Rennen
war die Generaldirektion des Bildungswesens, und Meinungsverschie-
denheiten sowie Proteste wurden von den Richtern des Revolutionstri-
bunals entschieden, die darin sicherlich eine willkommene Abwechslung
in ihrer sonst so tristen und bluttriefenden Tätigkeit gesehen haben. Die
Reiter trugen Trikots in den Farben der Trikolore und zur besseren
Unterscheidung verschieden gefärbte Mützen mit langen Federn. Zu
gewinnen gab es nur Siegesruhm, denn Geldpreise und Wetten hielt
man für schnöde Relikte bourgeoiser Gesinnung, die mit dem wahren
Revolutionsgeist nicht in Einklang zu bringen waren.

Auf der 1857 eröffneten Rennbahn von Longchamps wurde 1863 der
erste Grand Prix ausgetragen, den der englische Hengst "The Ranger"
gewann, doch schon zwei Jahre später wetzte der französische Hengst
"Gladiateur" mit dem scherzhaften Beinamen "Der Rächer von Water-
loo" die Scharte gründlich aus, als er in England die "Tripple Crown"
(Derby, 1000-Guineas, St. Leger) gewann!

Pferderennen in Deutschland

In Deutschland lassen sich Pferdewettrennen bis in das späte Mittelalter zurückverfolgen, wo sie zu Ehren fremder Fürstlichkeiten, bei Hochzeitsfeiern hoher Adeliger, aber auch bei allgemeinen Volksfesten zur Erhöhung der Kurzweil veranstaltet wurden. - So berichtet eine Breslauer Chronik aus dem Jahre 1531 von einem Pferderennen, das dort alljährlich anläßlich des "Crucis Marktes" stattfand. Ebendort erstritt 1553 Erzherzog Ferdinand einen vergoldeten Kredenzbecher, wie überhaupt festzustellen ist, daß die Wettrennen jener Zeit fast ausschließlich eine Privatangelegenheit des höheren Standes waren. - Die Ehrenpreise muten für unseren modernen Geschmack ein wenig seltsam an. So wird in einem "Rennbericht" von 1552 der Wert eines Rennens wie folgt angegeben: 1. Preis ein Ochse, 2. ein Gewehr, 3. eine Sau. Ein anderes Mal waren ein silberner Becher, 30 Taler an Wert, zehn Ellen Samttuch und zehn Ellen Damast ausgesetzt. Noch 1724 wurde in der schlesischen Hauptstadt ein Rennen um "einen Ochsen, einen Karabiner und ein Ferkel" gelaufen. - Von Berufsreitern, Rennfarben, Gewichtsausgleich und all den Formalitäten des heutigen Rennbetriebes war damals noch keine Rede, doch wird schon in den Aufzeichnungen des Jahres 1638 eine Wettlaufordnung erwähnt. Nach dieser war die Benutzung eines Sattels verboten, und die Reiter mußten beim "hochedlen und gestrengen Rate" der Stadt um Starterlaubnis nachsuchen. War diese erteilt, so wurden die nunmehr konkurrenzberechtigten Pferde durch ein scharlachrotes Wachssiegel am Mähnenschopf gekennzeichnet. Der Start ging in der Weise von sich, daß an dem durch eine Säule markierten Ziel ein Schuß abgefeuert wurde, worauf ein bei den Reitern aufgestellter Schütze am Ablaufposten antwortete.
Diese "Scharlachrennen", die jedem größeren Volksfest erst die richtige Würze gaben, haben sich am längsten bei den Mai- und Pfingstfesten in Nord- und Süddeutschland erhalten. Ein lustiges Gedicht aus der Altmark schließt gar mit der Strophe:

> "De Engelänner, dat segg' ick,
> Vör Tied is all geschehn,
> Hemm'n moal in unse Ollmark sick
> Des Wettrönn afgesehn."

Wie beliebt diese Rennen einst waren, bringt auch ein altbekannter Spruch aus Niederbayern zum Ausdruck:

"Im Rottal sind der Bauern Stolz
Die schönsten, 's Feld und Holz.
Doch willst du 's Hauptvergnügen kennen,
Dann nenn ich dir das Pferderennen."

Leider erfuhr die Entwicklung des deutschen Rennsports, wenn man diese Bezeichnung überhaupt auf die geschilderten Wettkämpfe anwenden darf, durch die Wirren des Dreißigjährigen Krieges eine nachhaltige Unterbrechung. Auch in der Folgezeit konnte der Pferderennsport sich kaum regenerieren, zumal die friderizianischen und napoleonischen Kriege den Pferdebestand drastisch lichteten. - Gerade in der stagnierenden Pferdezucht liegt aber die eigentliche Wurzel für das Aufblühen des Rennsports zu Beginn des vergangenen Jahrhunderts:

Die über lange Zeiten übliche Dreifelderwirtschaft hatte unleugbare Vorteile für die Zucht. Durch die Parzellierung des Grundeigentums und den Übergang zur Fruchtwechselwirtschaft gegen Ende des 18. Jhdts. wandelten sich die Verhältnisse jedoch von Grund auf. Ausgedehnte Brüche und Weiden, in denen die Pferde sonst sechs Monate Nahrung gefunden hatten, wurden drainiert und als Getreidefelder bestellt. Die Bauern waren nunmehr genötigt, die Hutungen durch Stallfütterung zu ersetzen und also auch Futter anzubauen. Da ergab sich bald, daß der Erlös aus selbstgezüchteten vier- bis fünfjährigen Pferden den Selbstkostenpreis bei weitem unterschritt, und so trat folgerichtig ein Stillstand in der Pferdezucht ein.

In dieser prekären Situation richtete ein Teil der Bauern die begehrlichen Augen auf England, das Gelobte Land der Wettrennen. Dort wurde die Höhe des Pferdepreises auf ganz andere Weise bestimmt als in Deutschland, nämlich durch die Wettgewinne und die für gute Renner erzielten Verkaufserlöse.

Angesichts der lockenden Gewinne brach Anfang des 19. Jhdts. eine wahre Anglomanie aus! - In unbegreiflicher Verblendung wurden "Rennpferde" importiert, die wegen Schmalbrüstigkeit und mangelnder

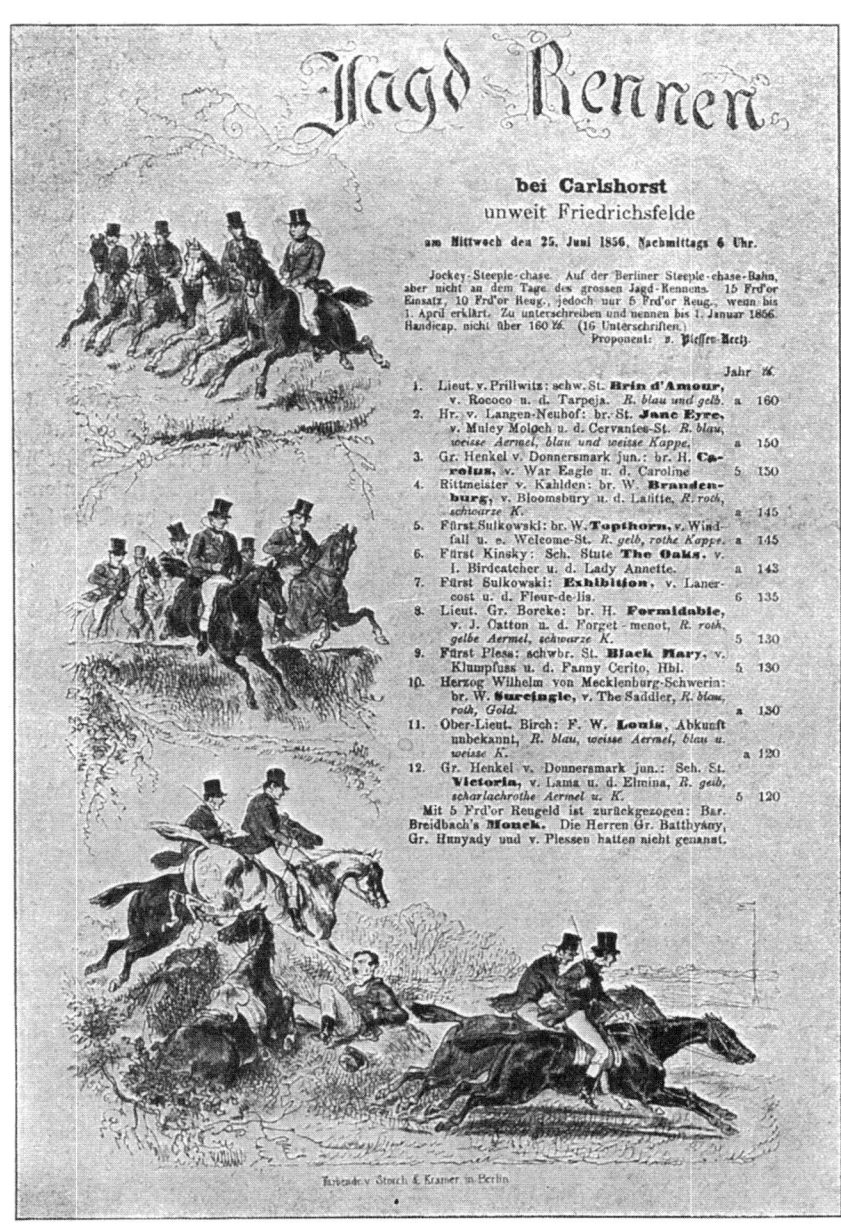

Rennplakat. Berlin 1856. Steindruck nach einer Zeichnung von Th. Hosemann.

Extremitäten, langem Rücken und Hochbeinigkeit selbst den bescheidensten Ansprüchen nicht zu genügen vermochten, ja die von den Engländern selbst als Ausschußware deklariert waren. Obwohl mit diesen Pferden wahrlich nicht renommiert werden konnte, wurden sie derart glorifiziert, daß sich beispielsweise der 1828 gegründete "Berliner Verein für Pferderennen und Pferdedressur" nicht scheute, in einem seiner ersten Jahresberichte die Einfuhr dreier englischer Beschäler besonders hervorzuheben, die der preußischen Zucht zum Heil gereichen würden. - Fatalerweise befand sich unter den drei Wundertieren auch ein Wallach!

Das für einen minderwertigen englischen Hengst zu zahlende Deckgeld betrug gelegentlich mehr, als er mitsamt seiner Nachkommenschaft wert war. Die gedeckten Stuten blieben teils jüst, teils brachten sie tote oder aber elende Fohlen zur Welt, mit denen unendlich gequacksalbert wurde. - Nachdem so viel Schaden angerichtet worden war, kam man endlich zu Verstand und wählte die Mutterstuten und Zuchthengste sorgfältiger aus. Das Resultat waren bessere und leistungsfähigere Pferde, die in zunehmendem Maße auf den Rennbahnen eingesetzt werden konnten.

Den Anfang machte ein mecklenburgischer Edelmann, Baron v. Biel-Zierow, der seine durch Heirat geschlossenen Beziehungen zum Mutterland der Vollblutzucht dazu benutzte, englisches Zuchtmaterial in seine Heimat einzuführen. Sein Beispiel fand verständnisvolle Aufnahme bei vielen seiner Nachbarn, wie den Grafen Hahn, Plessen-Ivenack, Bassewitz, Wilamowitz-Möllendorf, Baron Maltzahn u. a. So entstanden in jener Zeit die Gestüte in Basedow, Ivenack, Walkendorf, und damit war der Boden, ja schon das Bedürfnis für rennmäßige Prüfungen der jungen Zucht geschaffen. - Wiederum war es hier der Gestütsherr v. Biel-Zierow, der dem jungen Sport die Wege öffnete, indem er seine jenseits des Kanals gewonnenen Eindrücke und Erfahrungen in den Dienst der Allgemeinheit stellte. Ein besonderes und bleibendes Verdienst erwarb sich der "englische Baron", wie v. Biel scherzhaft von seinen Leuten genannt wurde, bei der Begründung des Doberaner Meetings, das erstmals am 22. August 1822 in Doberan westlich von Rostock durchgeführt wurde. - Das erste Steeplechase nach englischem Muster wurde 1828 in Mecklenburg ausgetragen und von dem Grafen Hahn-Basedow gewonnen.

Trabreiten. Carl G. Wrangel, Das Buch vom Pferde. Stuttgart 1927.

Dank so bekannter Züchter wie den Grafen Johannes v. Renard und Henckel v. Donnersmarck sowie dem Freiherrn Ernst v. Falkenhausen faßte die Vollblutzucht auch in Schlesien Fuß, und über Mitteldeutschland gelangte die Zucht dieser edlen Pferde in die westlichen Gebiete. - Graditz bei Torgau a. d. Elbe wurde 1866 zum preußischen Hauptgestüt erklärt, wo Vollblüter und Warmblüter, meist Trakehner Abstammung, gezogen wurden. Auch das 1831 gegründete herzöglich braunschweigische Gestüt Harzburg setzte diese Tradition fort, ebenso das bekannte Gestüt Schlenderhan, das Freiherr v. Oppenheim 1869 ins Leben gerufen hatte.

Im Jahre 1830 schrieben die Gebrüder v. Biel-Zierow für 1834 ein Rennen aus, an welchem alle kontinentalen Pferde teilnehmen konnten, deren Geburt 1831 zu erwarten war; die Nennung hatte also im Jahr vor der Geburt zu erfolgen. Als Einsatz waren 120 Dukaten und als Reuegeld 80 Dukaten zu zahlen. Von den Einsätzen wurden zwei silberne Becher für den Sieger und den Zweitplazierten im Wert von je zehn Dukaten angefertigt, außerdem erhielt der Sieger alle Einsätze abzüglich 240 Dukaten für den zweiten. Man taufte das Rennen "Union", das heute als höchste Prüfung der Dreijährigen dem Derby entspricht.

1836 erschien der erste deutsche Rennkalender, und vier Jahre später wurde der Norddeutsche Jockey-Club gegründet, der, dem englischen Vorbild entsprechend, 1842 das erste norddeutsche Gestütsbuch herausgab, das bereits 780 Zuchtstuten von 250 Züchtern enthielt. Dieses Gestütsbuch war eine Art von Vorbuch des 1847 veröffentlichten ersten allgemeinen deutschen Gestütsbuches, in welchem alle aufgeführten Pferde exakt nachweisbar auf Vorfahren des englischen General Stud Books zurückzuführen waren.

1866 gab es in Deutschland bereits 50 Rennbahnen, kurz vor dem Ersten Weltkrieg sogar über 100 - also weit mehr, als in unseren Tagen! - Leider war der auf dem grünen Rasen in Aussicht stehende Gewinn selbst im allergünstigsten Fall kaum ausreichend, die Kosten eines im großen Stil betriebenen Rennstalles zu decken. Das Gros der Rennställe war geradezu darauf angewiesen, in der Rennwette eine Art Rückversicherung für die dem Turf geopferten Summen zu suchen, und so gehörte die Einführung des Totalisators 1870 in Hamburg und 1875 in Berlin zu einer der vordringlichsten Maßnahmen des 1867 gegründeten "Union-Klubs". Damit erhielt der Rennsport eine, wenn auch bescheidene, finanzielle Grundlage, denn für den Veranstalter wurde vom Gesamtumsatz ein bestimmter Prozentsatz zurückbehalten und zweckgebunden zur Durchführung der Rennen verwendet.

Eine der Hauptgründe für das rasche Fußfassen des Trabrennsports in Deutschland war sicherlich der Umstand, daß der Traber bei seiner umfassenden wirtschaftlichen Verwendungsmöglichkeit auch von der Landbevölkerung und den Gewerbetreibenden kostengünstig gehalten werden konnte. Folgerichtig wurden Landwirte, Handwerker und Kaufleute zu eigentlichen Trägern des neuen Pferdesports, und daran hat sich bis heute nicht viel geändert.

Die früheste Nachricht eines Trabreitrennens in Bayern datiert aus dem Jahre 1847, doch hat dieses Rennen keine allzu große Resonanz gefunden, da lediglich bodenständige Pferde verschiedener Schläge zum Einsatz kamen. Als in den folgenden Jahren vermehrt Orlow-Traber das Geschehen belebten, nahmen die Rennen einen enormen Aufschwung, so z. B. auch als Rahmenveranstaltungen anläßlich der Oktoberfest-Programme. Die Entwicklung ging in der zweiten Hälfte des vorigen Jahrhunderts schließlich so weit, daß dort, insbesondere in Niederbayern, in fast jeder Ortschaft von den Gastwirten Pferderennen, in der Regel Trabreiten, veranstaltet wurden. Auf einer Ebene wurde mit langen Strohwischstangen ein 800 Meter umfassender "Ring" abgesteckt, der viermal von den Pferden umlaufen werden mußte. Die Pferde waren zumeist große und starkknochige Tiere, die von jungen, fantastisch herausgeputzten Burschen geritten wurden. Beim "Absprung" (Start) waren zwei Pfosten mit darübergelegten Querbalken angebracht, an denen sich die Teilnehmer versammelten. Vor dem Rennen übten die jungen Reiter ihre Pferde durch kurze Wettritte, welche man "Aichen" nannte. Dann ordneten sich die Reiter nach Losnummern und nach einem Böllerschuß nahmen die Burschen, außerordentlich weit nach hinten übergeneigt, das Rennen auf. Zu gewinnen gab es allgemein nur ein etwas üppigeres Taschengeld, darüberhinaus aber auch durchaus Nahrhaftes wie beispielsweise ein Schwein oder ein Faß Bier.

Richtig in Schwung kam die Sache erst 1864, als der zwölfjährige Orlow-Wallach "Guck" die damals schon nach Zehntausenden zählenden Zuschauer begeisterte. - Von diesem "Guck" ist eine Geschichte überliefert: - Als "Guck" wieder mal ein Rennen gewonnen hatte und sich alles um den dampfenden Renner sammelte, trat ein Mann auf den glücklichen Besitzer des preisgekrönten Pferdes zu und sagte: "Tausend Gulden gebe ich auf der Stelle für dein Pferd!" Der Angeredete schaute den Kauflustigen mit langem Blicke an und erwiderte stolz: "Tausend Gulden hat gar leicht oaner - aber so an Rappen nöt!", nahm sein Roß beim Zügel und führte es von dannen.

Große Konkurrenz erwuchs den Orlow-Trabern im amerikanischen "Standard-Bred", der sich aus fünf Blutlinien entwickelt hat: dem Vollblut, dem englischen Norfolk-Roadster, dem Berber-Araber, dem amerikanischen Morgan und den Passgängern (pacers), die verschiedenen Rassen angehörten. Die Bezeichnung "Standard-Bred" stammt aus dem Jahre 1879, als die "National Association of Trotting Horses

Breeders" bestimmte, daß in das Zuchtbuch nur solche Pferde aufgenommen werden durften, die eine Meile in einer festgelegten "Standard"-Zeit (heute 2:30) zurücklegen konnten. - Diese Pferde lieferten den Orlow-Trabern auch auf deutschem Boden erbitterte Kämpfe, und es zeigte sich, daß die Amerikaner den Orlows auf kürzeren Distanzen überlegen waren, über längere Strecken hingegen den Kürzeren zogen. - Diese Konkurrenzkämpfe trugen zu einer weiteren Belebung des Trabrennsports in Deutschland bei.

Schon bald erlangten die Rennen in Vilshofen, Dingolfing, Altötting, Regensburg und Landshut, vor allem aber in Straubing, wo der noch heute bestehende Zucht- und Trabrennverein bereits 1873 gegründet wurde, große Berühmtheit, ebenso die von Pfarrkirchen im Rottal, das zur Keimzelle der bayrischen Traberzucht amerikanischer Richtung wurde. - Die Residenzstadt München hinkte alledem etwas hinterher. Zwar führte der Münchener Rennverein in den achtziger Jahren des vergangenen Jahrhunderts auf seiner Galopprennbahn in Riem gelegentlich ein gemischtes Programm durch, das auch Trabrennen enthielt, doch auf Dauer mochten sich die in den Münchener Vororten Schwabing, Sendling, Haidhausen und Laim beheimateten Trabrennvereine nicht mit solchen Gastspielen begnügen. Um weite Kreise der Bevölkerung für den Bau einer eigenen Rennbahn zu erwärmen, schlossen sich die einzelnen Vereine zu einem Großverein zusammen, der in der Folgezeit fleißig die Werbetrommel rührte. - So trat beispielsweise am 8. September 1893 Josef Fischer, einer der besten Radrennfahrer seiner Zeit, auf der Radrennbahn am Schyrenplatz in München zu einem Vergleichsrennen gegen das Traberpferd "Flora I" an. Fischer benötigte für die 4.000 m lange Strecke 6:47, der Traber 6:52! Solche Gags kamen beim Publikum natürlich an, und so konnte mit Hilfe der eingehenden Spenden am 19. Oktober 1902 die neue Rennbahn München-Daglfing eröffnet werden. Da das Programm für reichlich Abwechslung sorgte, erfreute sich die Anlage wachsender Beliebtheit. Es gab Trabfahren, Trabreiten, Fiakerfahrten, Zweispänner- und Begegnungsrennen, bei denen je zwei Teilnehmer in entgegengesetzter Richtung um die Bahn fuhren.

In Berlin war schon 1877 der Berliner Traber-Club ins Leben gerufen worden, der am 16. und 17. Juni 1878 auf einem Gelände im nördlich

Standard-Bred-Traber in vollem Geschirr.
Valentin Horn, Das Pferd im alten Orient. Hildesheim 1995.

gelegenen Stadtteil Weißensee die Berliner Traberpremiere durchführte.
Zur Eröffnung hatten sich an beiden Tagen jeweils 5.000 Zuschauer
eingefunden, die in unterschiedlichen Konkurrenzen vor allem Orlow-
Traber siegen sahen. Gemäß den Teilnahmebedingungen mußten die zu
den Rennen zugelassenen Pferde in den letzten vier Wochen vor dem
Renntag als Droschkenpferde in Berlin gearbeitet haben!

Dergleichen Aktivitäten weckten verständlicherweise auch das züchterische Interesse in Nord- und Westdeutschland. - 1874 wurde in Ham-
burg-Altona der Hamburger Traber-Club gegründet, der am 31. Mai
desselben Jahres auf einer 1.700 m langen Bahn in Groß-Jüthorn zur
Volksbelustigung die ersten Trabrennen veranstaltete. Die teilnehmenden Pferde waren Produkte der holsteinischen und Oldenburger Zucht,
die sich zwar durch viel Gängigkeit auszeichneten, ansonsten aber mit
den heutigen Traberrassen nichts zu tun hatten. Die vor schwere Wagen gespannten Pferde legten die Rennstrecke über 1.600 m in 3:54
zurück, d. h. in einer Kilometerzeit von etwa 2:20. Gemessen an diesen
Zeiten würde ein heutiger Traber mit einer Leistung von 1:22 auch bei
einer Zulage von 1.000 m noch gewinnen!

Der heute so kräftig blühende westdeutsche Trabrennsport ist erst nach Hamburg, Berlin und München in die Geschichte des deutschen Trabersports eingetreten. - Zwar unterhielt der Großindustrielle Christian Schaurte bereits 1887 bei Neuß das Gestüt Schabernack, das zu den besten und größten in Deutschland zählte, doch wurde es mit dem Tode seines Besitzers nach dem Ersten Weltkrieg aufgelöst. - Im Jahre 1909 gründeten 26 Herren den Dortmunder Traber-Club und legten je 200 Mark als Entrée auf den Tisch, waren dafür aber auf Lebenszeit von allen Beiträgen befreit. Die Rennen wurden in Huckarde, Hamm und Warendorf durchgeführt, die Rennpreise schwankten zwischen 500 und 800 Mark. - In Gronau und Mönchengladbach zeigten sich ähnliche Aktivitäten, gestützt auf die ausgezeichneten Zuchterfolge der westfälischen und rheinischen Landwirte, doch der entscheidende Fortschritt war erst dann zu verzeichnen, als der Westfälische Traberzucht-Verein e. V. am 29. September 1912 die Rennbahn auf dem Flugplatzgelände in Gelsenkirchen-Rotthausen eröffnete. - In welch guter Kondition die teilnehmenden Pferde bereits damals waren, bewies u. a. Heinrich van Eicken, der seinen "Homunkulus" im Wagengeschirr von Wevelinghofen am Niederrhein nach Gelsenkirchen lenkte und am selben Tag zwei Rennen eines Stichfahrens gewann!

Derartige Robustheit mußte sich eines Tages auszahlen, und so ist es nicht verwunderlich, daß der heutige deutsche Traber nicht nur in der Rennszene, sondern auch in der Warmblutzucht hoch angesehen ist. - Wer kennt nicht die Wunderstute "Halla", das wohl beste Springpferd aller Zeiten!? - Ihre Mutter war die Fuchsstute "Helene", Herkunft unbekannt, ihr Vater der Traberhengst "Oberst"!

Kindertage des Springsports

Am Anfang des sportlichen Springreitens in Deutschland stand die Campagnereiterei der preußischen Kavalleristen.

Es regierte der Geist, der bei den "schwarzen Reitern" des Grafen v. d. Lippe das Gesetz erzeugte, niemals einen der vielen Schlagbäume, welche die Wege Westfalens kreuzten, zu öffnen, sondern zu überspringen. Eine Verletzung dieses ungeschriebenen Gesetzes zog harte Strafen nach sich.

Solche Gesinnung war es, die auch den jungen Seydlitz formte. Seydlitz wurde am 3. Februar 1727 im niederrheinischen Kalkar geboren, wo sein Vater als preußischer Rittmeister stationiert war. Im Alter von 14 Jahren gelangte Seydlitz als Page an den Hof des Markgrafen von Brandenburg, dessen wilde, waghalsige Abenteurernatur weithin bekannt war. Vor allem war er ein wüster Fahrer. Ein Gemälde stellt ihn und den jungen Seydlitz in einem leichten Jagdwagen dar, wie sie am Rande eines Abgrundes im rasenden Lauf dahinjagen; die fortgeworfenen Leinen tanzen auf den Hälsen der durchgehenden Rosse, auf die der Fürst noch immer mit langer Peitsche einschlägt.

Von diesem Fürsten ermuntert, unternahm Seydlitz die verwegensten Sprünge zu Pferde, ritt wilde Hirsche im Park und preschte zwischen den sausenden Flügeln einer Windmühle hindurch. - Im Jahre 1748 begleitete Seydlitz den Markgrafen zu den Berliner Manövern. Beim Zurückreiten in die Stadt befand er sich im Gefolge des "Großen Fritz", wobei Seydlitz die Bemerkung fallen ließ, daß nur der Verlust des Pferdes einen Reiteroffizier entschuldigen könne, gefangen zu werden. Friedrich der Große hatte dem Gespräch zugehört, und als man an der Brücke des Zeughauses ankam, ließ er die Zugbrücke hochziehen und sagte: - "Nun wäre Er doch mein Gefangener! Was wird Er nun machen?" - Seydlitz gab, ohne jede Erwiderung, seinem Pferd die Sporen und nötigte es, in einem gewaltigen Sprung über das Brückengeländer zu setzen. So war er in einem Nu mit und auf seinem Pferd in der Spree und schwamm auf eine der Auffahrten des Zeughauses. - Friedrich erkannte den ganzen Wert dieser raschen, entschlossenen Handlung und

Seydlitz als Husar. Aus Oscar Fritz, Reiterspiele und Quadrillen. Berlin 1926

honorierte die Tat des gerade 21jährigen Cornet Seydlitz mit dessen Ernennung zum Husaren-Rittmeister.

1763 wurde der in vielen Schlachten erprobte Seydlitz zum "commissaire inspecteure" sämtlicher Reiterregimenter in Schlesien (70 Schwadronen) ernannt, welche unter seiner Leitung zum Muster der preußischen Kavallerie wurden, zum Ideal der Kühnheit, des Ungestüms und der geordneten Attacke. Allen voran war sein eigenes Kürassier-Regiment, insbesondere die Leibschwadron. - Als bei diesem Regiment innerhalb eines Jahres eine große Anzahl von Reitern sich den Hals brachen, erwiderte Seydlitz auf die Rüge des Königs kurz, wo gehobelt werde, würden auch Späne fallen, und wenn man eine Reiterei haben wolle, die gegen den Feind ihre Schuldigkeit tun soll, müsse man dergleichen bedauerlichen Vorkommnisse in Kauf nehmen.

Seydlitz starb am 8. November 1773 zu Ohlau "an gänzlicher Entkräftung und Austrocknung der Säfte", wie es im ärztlichen Bulletin heißt. - Sein reiterlicher Geist aber lebte in der preußischen Jugend weiter, deren größter Wunsch es war, bei Blücher, Zieten, Lützow, Belling oder sonst einem berühmten Reiterregiment dienen zu dürfen. Manche Kavallerieregimenter bestanden daher ausschließlich aus solchen Freiwilligen.

Ein glänzender Reiter zu sein, Unglaubliches zu leisten, das war im 18. und 19. Jh. ein Hauptstreben jedes Kavalleristen. Viele versuchten mit Seydlitz' kühnen Reiterstreichen zu wetteifern, so auch Graf Wilhelm zu Schaumburg-Lippe, ein Reitersmann von außergewöhnlichem Format. Seine Sicherheit im Passieren von Hindernissen zeigte er u. a. während des Feldzuges 1759, als er dem Höchstkommandierendem der alliierten Armee beweisen wollte, wie wenig eine im Hauptquartier hochgelobte Feldschanze in Wirklichkeit taugte. Graf Wilhelm sprang zu Pferde bis auf die Krone der Brustwehr. Dort grüßte er schweigend durch Hutabnehmen die Stabsoffiziere und ritt sodann im Schritt davon.

Es läßt sich denken, daß solchen Leistungen in oft renommistischer Weise nachgeeifert wurden, doch hatte nicht jeder dieser eitlen Kavaliere auch die Fähigkeit, sich wie Münchhausen an seinem eigenen Zopf wieder aus dem Sumpf der Übertreibung und Angeberei herauszuziehen. - So sagte doch einst Fürst Kaunitz, der Erste Minister der Kaiserin Maria Theresia, zu einem vornehmen Russen:

> "Ich rate Ihnen, kaufen Sie sich mein Porträt, denn man
> wird in Ihrem Lande froh sein, das Bild eines der berühmtesten Männer kennen zu lernen, eines Mannes, der am
> besten zu Pferde sitzt, der als der beste Minister der österreichischen Monarchie seit fünfzehn Jahren regiert, der
> alles kennt, alles weiß, sich auf alles versteht!"

Man mag über die arrogante Selbstherrlichkeit des Fürsten den Kopf schütteln, doch ist an dieser Aufzählung seiner Fähigkeiten die Rangfolge nicht uninteressant, räumt doch der Erlauchte dem Gut-zu-Pferde-sitzen einen höheren Stellenwert ein als dem Regieren eines Kaiserreiches!

Die sichtbaren Erfolge der deutschen Halbblutzucht und die sportliche Grundeinstellung von Klassereitern wie v. Wrangel, v. Barner, v. Schreckenstein u. a. brachte Mitte des vergangenen Jahrhunderts neue Frische in die Campagnereiterei, deren Entwicklung zum Wettkampfsport nun nicht mehr zu stoppen war.

Großen Zuspruches erfreuten sich die Jagdrennen nach englischem Steeplechase-Muster. - Das bedeutendste Ereignis war das "Große Armeejagdrennen" in Berlin-Hoppegarten, das von 1863 an alljährlich vor den Augen des obersten Kriegsherrn ausgetragen wurde. Das Pendant hierzu bildete das für Inländer reservierte "Kaiserin Augusta Viktoria-Jagdrennen" am Tage des "Hansapreises" (Galopprennen) auf der Hamburg-Horner Bahn. - Schließlich wies fast jede Provinzhauptstadt ein Rennen um den Ehrenpreis des Kaisers auf, das den Offizieren des jeweiligen Armeekorps vorbehalten war.
Ein anschauliches Bild vom Renngeschehen vermittelt ein Rennbericht von 1871 anläßlich des Großen Armeejagdrennens in Berlin. An jenem Tage konnte das Meeting ganz besonderen Glanz entfalten, denn abgesehen davon, daß es noch nie so stark besetzt gewesen war, gab ihm zudem Seine Majestät der Kaiser durch persönliche Anwesenheit die Ehre.

> "Und dann nahm das Jagdrennen seinen Anfang. Die Bahn war zweimal zu durchlaufen, begann bei der Rosenhecke, führte an den Tribünen vorbei nach oben hin über das Fließ durch den Forstgarten, die Tiefsprünge hinunter nach dem Antoniusgraben, wieder an den Tribünen vorbei, dann in die kleine Hürdenbahn zum irischen Wall und von hier in die freie Bahn dem Ziel vor der Kaiserloge zu. Siebzehn Hindernisse waren zu nehmen. Als der Starter die Fahne senkte, galoppierten 15 Reiter in dichtem Haufen davon. Am Tribünensprung führte Graf Arnim vom Regiment Gardes du Corps. An dem Fließ kam Baron Ziegler von den dritten Garde-Ulanen zu Fall, ebenso auch Leutnant v. Zettlitz-Neuhaus vom Königshusarenregiment. Vor dem Antoniusgraben stürzte Graf Arnim. Die anderen nehmen die übrigen Hindernisse fliegend und in einer Pace, daß man meint, es werde ein Flachrennen gerit-

ten und nicht ein Jagdrennen, bei dem man an den Hindernissen leicht das Leben riskieren kann. Leutnant v. Natzmer von den dritten Garde-Ulanen führt die Wilde Jagd an, später Leutnant v. Bruneck von den zweiten Garde-Dragonern. Jetzt geht es zum irischen Wall: der erste ist glücklich hinüber, der zweite und der dritte auch, der vierte stürzt, der fünfte und sechste auch, die anderen ebenfalls über diese hinweg. Reiter und Pferde überschlagen sich, ein wirrer Knäuel von Menschen und Pferden über- und untereinander. Endlich erhebt sich einer nach dem anderen. Die Pferde werden, sofern sie nicht entlaufen sind, wieder bestiegen und das Jagdrennen nimmt seinen weiteren Verlauf. Die ersten haben inzwischen das Rennen fortgesetzt und sind in das Ziel eingegangen, wo der Kaiser ihnen unter anerkennenden Worten die Preise aushändigt. - Der Sieger, Premier-Leutnant v. Bruneck, erhielt einen silbernen Tabakskasten mit der Gravierung: 'Kaiser Wilhelm dem Sieger im Armeejagdrennen 1871'."

Reine Springwettbewerbe wurden erstmals Ende des vergangenen Jahrhunderts in Italien ausgetragen. - Dort hatte der junge Capitano Federigo Caprilli (1868-1907) die geradezu revolutionäre Behauptung aufgestellt, daß jede Art von "Versammlung" den Vorwärtsdrang des Pferdes hemme und daher kategorisch abzulehnen sei. Seiner Meinung nach brauchte der Reiter dem Pferd lediglich klarzumachen, was es tun sollte, und die Durchführung der Aufgabe dann dem Tier zu überlassen, dem er sich so weit wie möglich anzupassen hatte. Aus dieser Theorie entwickelte Caprilli nach vielen praktischen Versuchen den sogenannten "italienischen Sitz", dessen nahe Verwandtschaft zu dem "Affensitz" des amerikanischen Flachrennjockeys Tod Sloan nicht zu leugnen war. Caprilli übertrug diesen Sitz nunmehr auf jede Form des sportlichen Reitens in der Weise, daß er die Schwerpunktlinien von Pferd und Reiter in jeder Bewegungsphase zur Deckung brachte.

Grundvoraussetzung für diesen neuen Reitstil war eine Verkürzung der Steigbügelriemen, wodurch der Schwerpunkt des Reiters nach vorn verschoben wurde, so daß seine Unterschenkel hinter die am Widerrist des Pferdes gelegene Schwerpunktlinie rückten und sein Körper sich nach vorn neigte - bei langsamer Gangart nur leicht, bei schnellem Tempo und beim Springen, wo sich der Schwerpunkt des Pferde weit nach vorn verlagert, jedoch so weit über den Widerrist hinweg, daß der Reiter in den Steigbügeln stand. Dabei sollten sich die Armbewegungen und somit auch die Zügelhaltung stets den Kopfbewegungen des Pferdes angleichen, um den Vorwärtsdrang des Tieres zu unterstützen.

Zunächst nahm niemand Notiz von Caprilli, obgleich einige Ausländer, die das italienische Trainingszentrum Pinerolo besucht hatten und von seinen Methoden beeindruckt waren, in Zeitschriften darüber berichteten. Als aber seine Schüler, allen voran Major Piero Santini, bei internationalen Springkonkurrenzen immer kräftiger absahnten, wurde man auch in Ausland hellhörig. - So auch in Deutschland, dessen Farben beim Concorso Ippico Internazionale 1901 in Turin durch einige Reitoffiziere vertreten waren, die nach ihrer Heimkehr den staunenden Kameraden Wunderdinge über das dort veranstaltete Springen zu berichten wußten. - Man probierte den Crapilli'schen Reitstil aus - und siehe da, es ging viel glatter über die Hindernisse. Hatte man zuvor Mauern und Koppelricks von einem Meter Höhe schon als außergewöhnlich hoch angesehen, so waren nunmehr Sprünge über 1,50 m und höher keine Seltenheit.

Die ersten Springkonkurrenzen in Deutschland wurden in Karlsruhe und in München ausgetragen. Auch Berlin sah gelegentlich derartige reiterliche Veranstaltungen, so z. B. 1897 in Karlshorst, wo die Rittmeister v. Willich und v. Eben dreimal über ein 1,50 m hohes Hindernis sprangen und sich daraufhin den Sieg teilten. - Auch auf den kleineren Rennplätzen, z. B. Willstädt in Bayern, wurden Hochsprungwettbewerbe als Rahmenveranstaltungen vor und nach den Flachrennen durchgeführt, wie überhaupt Süddeutschland für sich in Anspruch nehmen kann, auf diesem Gebiet Vorreiter gewesen zu sein.

Einen dauernden, festen Rahmen aber gab dem Turniersport erst Frankfurt a. M. in dem eigens zu diesem Zweck geschaffenen Hippodrom, wo aus anfänglichen Reiterspielen alljährlich Wettkämpfe entstanden, bei denen sich Nord und Süd friedlich trafen und der bayrische Chevaux-Leger-Offizier und der preußische Garde-Ulan, oder die Reitschüler aus Hannover und die der Münchener Equitationsanstalt sich miteinander messen konnten. - Viele Fürsten, allen voran Se. Majestät der Kaiser, wandten nunmehr verstärkt ihre Aufmerksamkeit auch diesem jüngsten Zweig der Reitkunst zu, der durch diese mächtigen Förderer einen kräftigen Aufschwung erfuhr. - Bayerns und Preußens Fürstensöhne stiegen persönlich in den Sattel, um sich an den Wettkämpfen in Frankfurt a. M. und München zu beteiligen, und der deutsche Kronprinz selbst vermochte 1911 in Schwerin auf seiner irischen Fuchsstute "Sumurun" eine Hochsprungkonkurrenz zu gewinnen.

Anläßlich der Internationalen Sportausstellung 1910 in Frankfurt a. M. siegte erstmals ein deutscher Reiter, Ulanen-Leutnant Graf von Schaesberg, in einem schweren Hochsprungwettbewerb gegen starke ausländische Teilnehmer. - Bei dieser Ausstellung kam zum ersten Mal auf deutschem Boden auch ein Hoch-Weitsprung-Wettbewerb zur Austragung. Das Hindernis war 1,80 m hoch und hatte eine Basisbreite von 2,40 m zum Absprunghindernis. Der Wettbewerb mußte schließlich wegen der einbrechenden Dunkelheit und des glitschigen Bodens abgebrochen werden. Den Siegpreis teilten sich die bis dahin führenden französischen Springpferde "Petit Ami" und "Debutant".

In jenen Jahren ging man im Ausland bereits dazu über, mehrere und verschiedenartige Hindernisse aufzustellen, wie z. B. 1912 in Spa (Belgien), wo man auf dem Parcours die Steinmauer auf 1,70 m erhöhte, vier weitere Hindernisse über 1,50 m aufbaute und schließlich noch einen Hoch-Weit-Sprung anlegte, der über zwei Tore von je 1,30 m Höhe bei einer Basisbreite von 2,00 m ging. - Bei den reinen Hochsprung-Veranstaltungen ritt man zumeist auf Pferden, die schon jahrelang im Metier des Jagdreitens erprobt waren, also nur Pferde von etwa 10 Jahren an aufwärts. Zu diesen Spezialisten zählte auch "Jubilee", eines der besten und bekanntesten Springpferde jener Zeit, das noch im Alter von 25 Jahren mit Sprüngen über zwei Meter eine ganze Reihe von Wettbewerben gewinnen konnte.

Nicht unerwähnt sollte auch jener deutsche Offizier bleiben, der seinerzeit die bei weitem meisten Erfolge erzielte: Rittmeister v. Günther vom 6. Ulanenregiment. Er war es auch, der 1911 in Wien ein international besetztes Hochspringen gewann, während im selben Jahr eine auf Befehl des Kaisers entsandte Mannschaft - Lt. Graf Schaesberg, Oblt.

Freyer und Oblt. Sommerhoff - in London erfolgreich war. - Bei den olympischen Spielen 1912 in Stockholm war den Deutschen zwar noch kein voller Erfolg beschieden, doch holte Lt. v. Kröcher mit seinem Hannoveraner Fuchs "Dohna" in den schweren Jagdrennen nach zwei Stechen gegen einen Franzosen immerhin eine Silbermedaille. Ebenfalls Silber ging bei der Military an Lt. v. Rochnow vom 16. Ulanenregiment.

Auch außerhalb der Olympiade konnten deutsche Reiter schöne Erfolge verbuchen, so vor allem der Herrenreiter P. Heil, der in Frankfurt a. M. einen großen Stall mit Halbblut-Springpferden unterhielt, und Graf Görtz-Schlitz. P. Heil siegte u. a. in Luzern gegen schärfste internationale Konkurrenz, Graf Görtz-Schlitz triumphierte bei einer ganzen Reihe von Wettbewerben in Belgien, Holland und Frankreich.

Mit der Vielzahl der Sprünge und den immer schwieriger aufgebauten Springkombinationen war das Ende für die reinen Hochsprungspezialisten - und in gewisser Weise auch für Caprillis Reitmethoden - gekommen. Der Reiter erkannte, daß nur bei ihm die Verantwortung dafür liegen konnte, das Pferd genau vor das Hindernis zu dirigieren und es zum Absprung zu bringen - kurz, ihm nicht nur vorzuschreiben, was es zu tun, sondern auch, wie es das zu tun hatte. Man behielt zwar Caprillis Sitzhaltung bei, griff aber sonst wieder auf die Tradition einer Reitschule zurück, die auf Versammlung, Kontrolle und Disziplin beruhte - letztlich also auf die Dressur, die dem Capitano Caprilli so suspekt gewesen ist.
Weiterhin erkannte man, daß die Hindernisse fair aufgebaut und natürlich aussehen mußten, damit die Pferde nicht scheuten oder ausbrachen. Gerade an unfairen Hindernissen ist schon manches Pferd verdorben worden, und wo alles bereits auf den ersten Blick künstlich und steril erscheint, verliert auch das Pferd bald jede Freude, wird ängstlich und unerzogen und springt künftig ohne Herz und Passion! - Und was den Pferden recht ist, sollte auch für den Zuschauer und die Aktiven gelten, die ein bunt und natürlich gestalteter Parcours weit mehr anzieht, als ein einfallsloser.

Vor allem aber sollte man bedenken, daß das Pferd nicht zu einem Objekt degradiert wird, welches nur noch nach seiner Schnelligkeit und seinem Springvermögen bewertet wird. Sicherlich hat der heutige Pferdesport dem Springreiten eine Menge zu verdanken, doch gilt es, dem mancherorts schon reichlich auswuchernden Turnierzirkus entgegenzuwirken.

Wenn man andererseits sieht, mit welcher Zuneigung gerade junge Menschen dem Pferd begegnen, sei es beim Pony-Sport, beim Voltigieren, Wanderreiten und Polo, sei es bei Fuchs-, Schlepp- und Schnitzeljagden, bei der Dressur oder anderen reitsportlichen Veranstaltungen und Übungen, so dürfte man sich über die Zukunft von Roß und Reiter eigentlich keine Sorgen machen. - Hier scheint sich jener alte Reiterspruch zu bewahrheiten, den letztlich jeder Pferdefreund beherzigen sollte:

"Omnis nobilitas ab equo - Aller Adel stammt vom Pferde!"

Bibliographie

Adlersflügel, Georg Simon Winter v.	Neuer Tractat von der Stuterey oder Fohlenzucht. Nürnberg 1672. Reprint Hildesheim 1975
Alvisi, Alessandro	Aphorismen und Paradoxe über das Reiten. Berlin 1940
Ammon, K.W.	Pferdezucht der Araber und des arabischen Pferdes. Nürnberg 1834. Reprint Hildesheim 1983
Andrade, Ruy de	Alrededor del Caballo. Lissabon 1954
Antonius, O.	Grundzüge einer Stammesgeschichte der Haustiere. Jena 1922
Asil-Club	Asil Araber, Arabiens edle Pferde IV. Hildesheim 1993
Aubin, H.	Vom Altertum zum Mittelalter. München 1949
Baucher, F.	Méthode d'Equitation. Paris 1874
Berger, A.	Die Jagd aller Völker im Wandel der Zeit. Berlin 1928
Bintz, Julius	Die Leibesübungen des Mittelalters. Gütersloh 1880
Blundeville, A.	The Art of Riding. 1534
Böhlke, W.	Die Zucht des edlen ostpreußischen Warmblutpferdes. Berlin 1940
Bogeng, G.A.E.	Geschichte des Sports. Leipzig 1926
Born, Franz	Hengst der Sonne. Nürnberg 1961
Bühler, Johannes	Die Kultur des Mittelalters. Leipzig 1934
Buesching, J.G.G.	Ritterzeit und Ritterwesen. Leipzig 1823
Cavendish, William	Des Weltberühmten Hertzog Wilhelms von Newcastle Neu-eröffnete Reit-Bahn. Nürnberg 1700. Reprint Hildesheim 1973
Dechamps, Bruno J.G.	Über Pferde. Ein Beitrag zur Geschichte des Pferdes. Berlin 1957
Deutscher Sportverlag	80 Jahre deutscher Trabrennsport. Köln 1954

Diem, Carl	Weltgeschichte des Sports und der Leibeserziehung. Stuttgart 1960
Diem, Carl	Asiatische Reiterspiele. Berlin 1941. Reprint Hildesheim 1982
Disston, H.	Know About Horses. New York 1961
Dobie, J. Frank	The Mustangs. Boston 1952
Eisenberg, Baron v.	Wohleingerichtete Reitschule. Zürich 1748. Reprint Hildesheim 1974
Esebeck, H.A. v.	Die Parforce-Jagd auf Hasen. Leipzig 1914
Fillis, James	Grundsätze der Dressur und Reitkunst. Berlin 1894. Reprint Hildesheim 1990
Fischart, Johann	Geschichtsklitterung (Gargantua). Neuherausgegeben von A. Alsleben. Halle 1891
Flade, J.E.	Das Araberpferd. Wittenberg Lutherstadt 1978
Freytag, Gustav	Bilder aus der deutschen Vergangenheit. Leipzig 1924-25
Friedländer, Ludwig	Sittengeschichte Roms. Köln 1957
Fritz, Oscar	Reiterspiele und Quadrillen. Berlin 1926 Reprint Hildesheim 1992
Fugger, Marcus	Von der Gestüterey. Frankfurt 1584
Gillet, Bernard	Histoire du Sport. Paris 1949
Ginzrot, J. Christian	Die Wagen und Fahrwerke der Griechen und Römer. München 1817 Reprint Hildesheim 1975
Ginzrot, J. Christian	Die Wagen und Fahrwerke der verschiedenen Völker des Mittelalters. München 1830. Reprint Hildesheim 1975
Goodall, Daphne Machin	Weltgeschichte des Pferdes. München 1984
Grisone, Federigo	Künstlicher Bericht und allerzierlichste Beschreibung wie die streitbaren Pferdt geschickt und volkommen zu machen. Augsburg 1570. Hildesheim 1972
Guérinière, F.R. de la	Ecole de Cavalerie. Paris 1733 Reprint Hildesheim 1974

Grix, Arthur Japans Sport in Bild und Wort.
Berlin 1937
Hamlyn, P. The Book of the Horse. London 1970
Hancar, Franz Das Pferd in prähistorischer und
früher historischer Zeit. Wien 1955
Handbuch Pferd München-Wien-Zürich 1984
Heinze, Theodor Pferd und Reiter. Leipzig und Berlin 1873
Hasperg, H. Polo zu Pferde. Leipzig 1914
Hervey, J. The American Trotter. New York 1947
Hislop, J. Steeplechasing. Hutchinson 1955
Horn, Valentin Das Pferd im alten Orient.
Hildesheim 1995
Howard, R.W. The Horse in America. Chicago und
New York 1965
Huizinga, Johan Herbst des Mittelalters. Leipzig 1931
Hutten-Czapski, Graf B. v. Geschichte des Pferdes. Berlin 1876
Jähns, Max Roß und Reiter. Leipzig 1872
Jankovich, M. Pferde, Reiter, Völkerstürme, München
1978
Jüthner, Julius Herkunft und Grundlagen der Griechen-
schen Nationalspiele. In: Die Antike XV
Jusserand, J.J. Les Sports et Jeux d'Exercice dans
l'Ancienne France. 2. Aufl. Paris 1901
Knauff, Elisabeth Frau und Pferd. Berlin 1937
Koch, Ludwig Die Reitkunst im Bilde. Wien 1928
Lawrence, John The History and Delination of the Horse.
London 1809. Reprint Hildesheim 1979
Lehndorff-Graditz, Graf v. Hippodromos. Einiges über
Pferderennen im Altertum. 1876
Liliencron, D. v. Die historischen Lieder der Deutschen.
Leipzig 1865
Löhneysen, Georg E. Della Cavalleria - Über die Reutterei.
Remlingen 1609.
Reprint Hildesheim 1977

Maercken zu Geerath,
Ernst Freiherr v. Geländereiten und Springen.
Leipzig 1913. Reprint Hildesheim 1990
Marsani, A.R. Pferde u. Reiter in aller Welt.Berlin 1940

Meyer, Heinz	Mensch und Pferd. Hildesheim 1975
Mitscherlich, Alexander	Reiterbuch. Berlin 1935
Möbius, Peter Paul	Kerle im Rennstall. Berlin 1940
Mohr, E.	Das Urwildpferd. Wittenberg 1959
Montfort, M.	Le Cheval. Paris 1982
Montgomery, E.S.	The Thoroughbred. New York 1971
Mynsinger, H.	Von Falken, Hunden und Pferden. Stuttgart 1863
Niebuhr, Carsten	Reisebeschreibung nach Arabien und anderen umliegenden Ländern. Kopenhagen 1774
Niederwolfsgruber, F.	Kaiser Maximilians I. Jagd- und Fischereibücher. München 1965
Niedner, Felix	Das deutsche Turnier im 12. und 13 Jahrhundert. Berlin 1881
Norman, Graf von senior	Jagdreiten. Berlin 1940
Norman, Graf von senior	Hippologisches Lexikon. Berlin 1940
Oeynhausen, B. v.	Pferdeliebhaber. Wien 1865
Oettingen, B. v.	Über die Geschichte und die verschiedenen Formen der Reitkunst.Berlin 1885
Olshausen-Schönberger, K.	Damen-Reitkunst. Leipzig 1909
Pawel, J.	Die Kunst des Reitens und Pferdespringens bei den Völkern des Altertums, insbesondere bei den Griechen und Römern. Jahrbuch für klassische Philologie 1891 IV
Pluvinel, Antoine de	L'instruction du Roy. Frankfurt 1670 Reprint Hildesheim 1989
Potratz, Hanns A.	Das Pferd in der Frühzeit. Rostock 1938
Petersen, J.A.	Pferde, Pferdezucht und Sport in Ostindien. Berlin 1892
Rheiffen, Helene v.	Die Dame zu Pferde. Berlin 1907. Reprint Hildesheim 1992
Riemenschneider, M.	Welt der Hethiter. Stuttgart 1954
Salet, F.	Die Nachfolger Alexander d. Gr. in Baktrien und Indien. Berlin 1879
Schadendorf, W.	Zu Pferde, im Wagen, zu Fuß. München 1961

Schmökel, Hartmut	Ur, Assur und Babylon. 2. Aufl. Stuttgart
Schoenbeck, R.	Fahr-ABC. Berlin 1907
Schrader, O. / Nehring A.	Reallexikon der indogermanischen Altertumskunde. Berlin 1924
Schröder, Bruno	Der Sport im Altertum. Berlin 1927
Schultz, A.	Das höfische Leben zur Zeit der Minnesänger. 2. Aufl. Leipzig 1889
Schurig, A.	Die Eroberung von Mexiko durch Ferdinand Cortes. Leipzig 1923
Schwarz, F. v.	Turkestan, die Wiege der indogermanischen Völker. Freiburg/Br. 1900
Seidler, E.F.	Die Dressur diffiziler Pferde. Berlin 1846. Reprint Hildesheim 1990
Silver, C.	Pferderassen der Welt. München-Berlin-Wien 1978
Sohns-Laubach, E.	Die schönsten Reiterbilder aus europäischen Sammlungen. Heidelberg-München 1962
Spemann, W.	Spemanns goldenes Buch des Sports. Berlin-Stuttgart 1910
Stegmann von Pritzwald F.P.	Die Rassengeschichte der Wirtschaftstiere. Jena 1924
Thalhofer, F.K.	Unterricht und Bildung im Mittelalter. München 1928
Tschoepe, T.	Der Traber-Sport. Leipzig 1914
Trench, C.	Geschichte der Reitkunst. München 1970
Trunz, H.	Pferde im Lande des Bernsteins. Berlin 1967
Unger, W. v.	Meister der Reitkunst. Bielefeld-Leipzig 1926
Vernon, Arthur	History and Romance of the Horse. Boston 1939
Vogt, Martin	Der antike Sport. München 1934
Wendt, U.	Kultur und Jagd. Berlin 1907
Weinhold, Karl	Altnordisches Leben. Stuttgart 1944
Widmer, Jack	The American Quarter Horse. New York 1959

Wiesner, J.	Der alte Orient. Leipzig 1939
Wiesner, J.	Die Thraker. Stuttgart 1936
Wilken, B.	Die Parteien der Rennbahn. Berlin 1830
Willoughby, David P.	The Empire of Equus. South Brunswick-New York 1974
Wrangel, Carl Gustav	Das Luxus-Fuhrwerk. Stuttgart 1898. Reprint Hildesheim 1992
Wrangel, Carl Gustav	Das Buch vom Pferde. Stuttgart 1927 Reprint Hildesheim 1994
Zorn, W.	Pferdezucht. Stuttgart 1952